벌코프
조직신학 개론

● **독자 여러분들께 알립니다!**
'CH북스'는 기존 '**크리스천다이제스트**'의 영문명 앞 2글자와
도서를 의미하는 '**북스**'를 결합한 출판사의 새로운 이름입니다.

벌코프 조직신학 개론

1판 1쇄 발행 2001년 1월 10일
1판 중쇄 발행 2024년 8월 1일

지은이 루이스 벌코프
옮긴이 박희석
발행인 박명곤 **CEO** 박지성 **CFO** 김영은
기획편집1팀 채대광, 김준원, 이승미, 이상지
기획편집2팀 박일귀, 이은빈, 강민형, 이지은, 박고은
디자인팀 구경표, 임지선
마케팅팀 임우열, 김은지, 전상미, 이호, 최고은

펴낸곳 CH북스
출판등록 제406-1999-000038호
전화 070-4917-2074 **팩스** 0303-3444-2136
주소 서울시 강서구 마곡중앙6로 40, 장흥빌딩 10층
홈페이지 www.hdjisung.com **이메일** support@hdjisung.com
제작처 영신사

ⓒ CH북스 2001

벌코프 조직신학 개론

루이스 벌코프 · 박희석 옮김

크리스찬
다이제스트

머리말

　필자는 「조직신학」(*Systematic Theology*)을 펴낸 뒤에 출판사로부터 고등학교와 대학의 강의 시간에 사용할 수 있고, 세례 받기를 원하는 장년 학습자들도 유익하게 사용할 수 있는 좀더 간략한 기독교 교리서를 집필 해 달라는 부탁을 받았다. 교회의 어린 사람들에게 올바른 교리를 가르치는 일이 얼마나 중요한가를 깊이 생각한 필자는 감히 부탁을 거절할 용기를 내지 못하고 간략한 지침서를 집필하는 작업에 착수했다.

　필자가 이 작업을 각별히 중요하게 여겼던 이유는, 먼저 오늘날 팽배해 있는 교리에 대한 무관심이 우려되었기 때문이고, 그 결과 교회 강단에서 조차 교묘한 오류들이 열정적으로 선전되고 있는데도 그리스도인이라고 자인하는 많은 사람들이 그것들을 피상적으로 대하거나 진리와 혼동하는 현실이 우려되었기 때문이며, 온갖 분파들이 빠른 속도로 사방에서 독버섯 처럼 자라고 있는 현실이 우려되었기 때문이다.

　교회가 소중한 유산, 즉 주께로부터 위탁받은 진리의 보고(寶庫)를 지켜야 할 사명이란 어느 시대나 긴요한 것이었겠지만, 오늘날만큼 절실한 때가 없었다. 필자는 우리가 물려받은 종교개혁의 진리 개념을 비교적 포괄적이면서도 상세하게 소개하고자 노력했으나, 다만 간결을 기하려 했다가 의미를 모호하게 만드는 우를 범하지 않았기를 간절히 바랄 뿐이다.

　교회를 다스리시는 왕께서 이 지침서를 복되게 쓰셔서 같은 언약을 받은 우리의 젊은 사람들을 지도하는 데 유익하게 해주시기를 앙망한다.

벌코프 (L. Berkhof)
미국 미시건 그랜드 래피즈
1933년 5월 10일

차례

제2편 하나님의 사역

인간론 : 하나님과 관계를 맺고 있는 인간에 관한 교리

제1편 원시 상태의 인간

제2편 죄의 상태에 있는 인간

제3편 은혜 언약 안에 있는 인간

그리스도론 : 그리스도의 인격과 사역에 관한 교리

제1편 그리스도의 인격

제2편 그리스도의 사역

구원론 : 구속 사역의 적용에 관한 교리

교회론: 교회와 은혜의 방편에 관한 교리

제1편 교회

제2편 일반적 종말론

서론

제1장

종교

A. 종교는 보편 현상이다

인간을 가리켜 '숙명적으로 종교적인' 존재라고들 해왔다. 이것은 한 마디로 종교가 보편 현상이라는 말이다. 선교사들은 지상의 모든 민족과 부족 사이에 종교가 이런저런 형태로 존재한다고 증거한다. 종교란 인간의 삶에서 매우 현저하게 두드러지는 현상으로서, 이것이 인간의 영적 존재의 저 깊은 근원을 건드리고, 그의 사고를 통제하고, 정서를 자극하며, 행동을 인도한다. 대다수 사람들이 종교만큼 인류가 받은 큰 복도 없다고 높이 평가하는 반면에, 더러는 종교만큼 세상의 삶에 유해한 것도 없다고 비판한다. 하지만 아무리 종교를 적대시하는 사람들도 종교가 개인들과 민족들의 삶에 항구적인 중요성을 갖고 엄청난 영향을 미친다는 것을 부정하지 못한다. 따라서 사려 깊은 사람들이라면 자연스럽게 종교에 관해서 생각하지 않을 수 없다. 철학자 흄(Hume)조차 초자연에 대해 철저히 회의적이고 비판적이었음에도 불구하고 이런 말을 남겼다. "종교를 전혀 갖고 있지 않은 사람들이 있는지 살펴 보라. 만약 그런 사람들이 있다면 그들은 틀림없이 야수들과 크게 다르지 않을 것이다."

B. 종교의 본질

종교란 대체 무엇인가? 우리 시대에는 이 질문에 대해서 많은 사람들이 세계의 종교들과, 인간의 삶에 나타나는 종교의 다양한 표현들을 연구함으로써 답을 구하려고 한다. 이들은 비교 연구에 의존하여 종교의 진정한 본질을 발견하려고 하며, 세계의 민족들 사이에 나타난 모든 형태의 종교들을 아우를 수 있을 정도로 광범위한 정의를 내릴 수 있다고 고집한다. 하지만 이것은 올바른 방법이 아니다. 이 방법은 현재 세계에 나타나 있는 종교 생활의 형태들을 파악할 수 있게 해줄지언정, 종교의 진정한 본질을 판단할 수 있게는 해주지 못한다. 오직 성경만이 올바른 종교 개념을 깨닫게 해줄 수 있다.

종교는 인간이 하나님과 맺고 있는 관계에 관련되는데, 인간에게는 이 관계의 본질을 결정할 권한이 없다. 인간이 하나님과 어떻게 관계를 맺어야 할 것인가를 명시하는 일은 하나님의 대권에 속한 일이며, 하나님께서는 자신의 신적인 말씀으로써 이 일을 하신다. '종교'(religion)라는 단어는 라틴어 렐레게레(relegere)에서 유래했을 개연성이 큰데, 이 라틴어는 '다시 읽다', '반복하다', '주의 깊게 관찰하다'라는 뜻이며, 신들을 숭배하는 데 따르는 모든 규정들을 항상 근실하게 준수하는 행위를 가리키는 데 자주 쓰였다.

구약성경에는 종교(혹은 신앙)가 "여호와를 경외하는 것"으로 표현된다. 이 '경외'(敬畏)는 이교들의 특징인 '공포'와 같지 않다. 물론 그러한 공포가 완전히 배제되어 있지는 않지만 말이다. 경외란 하나님께 대해서 두렵고 떨림으로 존경하는 마음과, 불순종이나 (경우에 따라서는) 불순종에 대한 형벌을 두려워하는 태도로 설명할 수 있다. 이러한 경외의 태도는 구약의 이스라엘 백성이 율법을 받을 때 드러낸 반응에 잘 나타났다.

신약성경에서는 복음이 전면에 부각되며, 하나님의 계시에 대한 인간의 반응이 다소 다른 형태, 즉 '믿음'[신앙]이라는 형태를 띤다. 신약성경에는 종교를 뜻하는 다른 용어들이 있지만(이를테면 공경〈godliness, 딤전 2:10〉, 경외〈godly fear, 히 5:7〉), 대체로는 '믿음'이라는 용어가 인간의 종교적 태도를 표현하는 데 널리 쓰인다. 믿음으로 우리는 성경에 기록된 하나님의 증거를 사실로 받아들이며, 하나님께서 예수 그리스도 안에서 자신을 계시하신 대로 우리 자신을 그분께 의뢰하여 구원을 얻는다. 신약성경에는 신뢰의 요소가 크게 강조된다. 영광스러운 구속(救贖)의 복음 앞에서 인간 측에서 내놓는 믿음[신앙]이 있다. 이 믿음은 예수 그리스도를 어린아이처럼 신뢰하는 것으로 나타나며, 하나님을 사랑하고 그분을 섬길 수 있게 하는 근원이 된다.

성경의 빛에 힘입어 우리는 '종교'라는 단어가 인간이 하나님과 맺고 있는 관계를 뜻한다는 것을 배우고 깨닫는다. 사람들은 종교의 전형적인 요소를 경건, 두려움, 신앙, 의존감 등에서 찾아왔다. 하지만 이런 것들은 모두 사람을 존경할 때도 생기는 정서들이다. 종교만 갖고 있는 진정한 특징은, 사람이 종교에서 하나님의 절대 엄위와 무한한 권세를 의식하고, 자신이 정말로 하찮은 존재이며 철저히 무능하다는 것을 자각한다는 점이다. 하지만 이것은 종교가 순전히 정서의 문제에 지나지 않는다는 뜻도 아니고, 인간에게 단순히 부과된 필연이라는 뜻도 아니다. 종교에서 인간이 하나님과 맺는 관계는 의식적이고 자발적인 관계이며, 따라서 종교는 사람을 예속하는 대신에 가장 고등한 자유를 누리도록 인도한다. 종교는 하나님과 맺는 의식적이고 자발적인 영적 관계로서, 그 자체는 삶 전체로, 특히 예배 행위로 나타내는 것이라고 정의할 수 있다. 하나님께서는 자신이 받으셔야 할 경배(adoration)와 예배(worship)와 섬김(service)을 친히 정하신다. 하나님의 말씀에 어긋나는 모든 자의적 예배는 절대 금지된다.

C. 종교의 자리

인간 영혼에서 종교가 차지하는 자리에 관해서는 견해가 크게 엇갈린다. 어떤 사람들은 사람의 삶에서 종교가 차지하는 중심적 중요성을 바라보지 못하며, 종교가 영혼의 기능들 가운데 단 한 가지 안에 자리잡고, 그것을 통해서 기능을 수행한다고 생각한다. 다른 사람들은 인간의 모든 마음의(psychical) 본질이 종교적 삶에 포함되어 있는 사실을 강조한다.

1. 종교의 자리에 관한 일방적 견해들

어떤 사람들은 종교의 자리를 지성(the intellect)에서 발견한다. 종교를 일종의 지식으로, 불완전한 철학으로 간주하며, 그로써 사실상 인간이 하나님께 관해서 갖고 있는 지식의 정도를 경건의 정도로 간주한다. 다른 사람들은 종교의 자리를 정서에 둔다. 그들에 따르면, 종교는 지식과 별로 혹은 전혀 상관이 없으며, 다만 어떤 우월한 존재에 대한 의존감일 뿐이라고 한다. 인간은 사실상 하나님을 알지 못하지만, 영혼 깊은 곳에서는 그분을 직접 의식하게 된다고 한다. 또 다른 사람들은 종교가 의지에 자리를 둔다고 주장한다. 인간은 내면에서 양심이 모든 행동 과정을 지시(dictate)하는, 명령하는 소리를 의식한다. 인간은 종교 안에서 양심이 명령하는 의무들을 신의 명령으로 인정할 따름이다. 이 견해대로라면, 종교는 단순히 실천적 도덕성이 되고 만다.

하지만 이러한 견해들은 종교가 인간 삶에서 차지하는 근본적이고 중심적인 자리를 제대로 인식하지 못한다. 이 견해들은 성경에 위배되며, 심지어 현대 심리학과도 어긋난다. 왜냐하면 이 견해들은 인간 영혼의 근본적 통일성을 무시하고, 영혼의 한 가지 기능이 나머지 기능들과 따로 떨어져 작용할 수 있다고 추정하는 데로 나아가기 때문이다. 종교 안에서 기능을 수행하는 것은 언제나 전인(全人)이다.

2. 종교의 자리에 대한 성경의 견해

유일하게 정확하고 성경적인 견해는 종교가 마음(heart)에 자리잡고 있다는 견해이다. 성경 심리학에서는 마음이 인간의 총체적 윤리 생활의 중심이자 초점이며, 영혼의 인격적 기관(organ)이다. 마음으로부터 삶과 사고와 의지와 정서의 모든 문제들이 나온다. 종교는 하나님의 형상에 뿌리를 두고 있으며, 그 형상은 자신의 모든 재능과 능력을 지닌 전인(全人)의 중심을 차지하며, 전인 안에서 자체를 드러낸다. 결과적으로 인간과 하나님의 관계는 전인에도 중심을 차지하며, 전인을 포함한다. 인간은 마음을 다하고 영혼을 다하고 정신을 다하여 하나님을 사랑해야 한다. 인간은 하나님께 육신과 영혼으로, 모든 은사와 재능을 다하여, 삶의 모든 관계들을 다하여 자신을 하나님께 다 구별해서 드려야 한다. 종교는 마음에 자리를 두고 있기 때문에, 자신의 모든 생각과 느낌과 의지를 지닌 전인을 포괄한다. 인간이 주님께 드려야 할 것은 마음이다(신 30:6; 잠 23:26). 종교에서는 마음이 지성을 통제하며(롬 10:13, 14; 히 11:6), 감정을 통제하며 (시 28:7; 30:12), 의지를 통제한다(롬 2:10, 13; 약 1:27; 요일 1:5-7). 전인은 삶의 모든 영역에서 하나님께 순종하도록 지어졌다. 이것이 종교를 정당하게 평가하는, 그리고 인간의 삶에서 종교가 차지하는 최우선적인 중요성을 인정하는 유일한 견해이다.

D. 종교의 기원

종교의 기원에 관한 문제는 19세기에 많은 학자들의 주목을 받았으며, 현대의 종교 논문들에서도 여전히 크게 대조된다. 어떤 학자들은 진화론의 영향을 받아서, 인간이 종교가 없는 존재로부터 종교적 존재로 발전했다고 주장했으며, 이러한 전환이 어떻게 해서 발생했는지 입증하기 위해서 사력을 다하였다. 하지만 하나님의 계시에 비추어 이 문제를 해결하려고 모색하는 사람들은 완전히 다른 결론에 도달한다. 그들은 인간이 종교적 존재로 창조되었음을 발견한다.

1. 종교의 기원에 관한 자연주의적(naturalistic) 견해들

어떤 학자들은 종교를 제사장[사제]들의 간계나 군주들의 술수의 산물로 간주했다. 그들이 무지한 대중을 장악하기 위해서 그들의 경신(輕信)과 두려움을 이용했다는 것이다. 다른 사람들은 물신 숭배(fetish-worship, 즉 신성하다고 간주되는 무생물적 대상들, 이를테면 돌, 막대기, 뼈, 발톱 같은 것들을 숭배하는 행위)를 고등한 형태의 종교들이 발전할 수 있게 한 씨앗으로 지목했다. 또 다른 사람들은 영들 숭배, 아마 죽은 조상들의 영들을 숭배하는 것이 가장 근본적인 형태의 종교라고 주장했으며, 거기서 다른 모든 형태의 종교들이 점진적으로 발전했다고 했다. 좀더 널리 통용되는 견해는 자연 숭배가 점진적으로 종교를 낳게 했다는 것이다. 인간은 거대하고 압도적인 자연 현상들 앞에서 약하고 무력하게 느끼며, 따라서 이 현상들 자체나 이 현상들이 겉으로 나타나는 배후에 감춰진 세력들을 숭배하게 되었다고 한다. 좀더 최근에는 종교가 어떤 방식으로든 마술에 대한 일반적 신앙에서 진화했다는 견해가 지지를 얻는다.

하지만 이러한 이론들은 종교의 기원을 설명하지 못한다. 이 이론들은 사실들에 모순되는 추정, 즉 인간이 원래 종교 없이 지냈던 존재라는 추정과 더불어 시작한다. 이러한 비종교적 인간은 아직까지 발견된 적이 없으며, 바로 그러한 이유에서 종교가 생성 과정에 있는 것을 볼 수가 없었다. 더욱이 이 이론들은 순전히 자연주의적 추정, 즉 종교의 가장 낮은 단계의 형태가 필연적으로 가장 오래된 것이며, 종교란 순전히 자연주의적 진화의 결과라는 추정으로 이어진다. 이 견해들은 인류의 종교적 삶에 퇴화가 있을 수도 있었다는 사실을 제대로 바라보지 못한다.

그리고 마지막으로, 이 이론들은 반드시 설명해야 하는 점을 추정하는 데 그치는 경우가 빈번하다. 기만적인 사제들, 물신 숭배나 영혼 숭배, 좀 더 고등한 세력에 대한 의존감, 그리고 자연 세력들의 배후에 어떤 보이지 않는 세력이 있다는 사상, 이런 것들이 설명을 필요로 하는 것들이다. 이런 것들은 이미 종교의 현상들이다.

2. 종교의 기원에 관한 성경적 견해

하나님의 특별 계시는 종교의 기원에 관해서 밝히 비추어 줄 수 있다. 특별 계시는 종교가 오직 하나님 앞에서 그 설명을 발견한다는 사실을 인식하게 해준다. 만약 종교의 기원을 설명하고자 한다면 하나님이 계시다는 전제에서 시작해야 한다. 하나님 없는 참 종교란 생각할 수 없기 때문이다. 만약 종교가 실재(reality)에 근거하지 않는다면, 그것은 기만적 환영(幻影)으로서, 현실에는 어떤 실질적 가치가 있을 수 있으나 종국에는 실망을 안겨주고 말 것이다. 더 나아가 인간은 스스로의 힘으로 하나님을 발견할 수도 없고 하나님을 알 수도 없기 때문에, 하나님께서 자신을 계시하실 필요가 있었다. 이렇게 하나님께서 자신을 계시하시는 일이 없었다면 인간이 하나님과 종교적 관계를 맺게 된다는 것은 철저히 불가능할 것이다. 하나님은 자신을 계시하셨으며, 이러한 계시로써 친히 기뻐하시는 예배와 섬김을 결정해 주셨다.

하지만 하나님이 이렇게 자신을 계시하셨을지라도 만약 인간에게 그것을 이해할 능력과 그것에 반응을 나타낼 능력을 주시지 않았다면 종교적 관계란 수립되지 않았을 것이다. 종교는 인간 본성 전체에 토대를 두고 있으며, 의무로부터 그에게 부과되지 않았다. 인간이 먼저 종교 없이 존재했으며, 그런 뒤에 종교를 자신의 존재에 덧붙은 어떤 것으로 부여받았다고 생각하는 것은 잘못이다. 인간은 하나님의 형상으로 지음을 받았기 때문에 하나님의 자기 계시를 받고 이해할 수 있는 선천적 능력을 갖고 있다. 인간은 선천적으로 부여받은 능력들에 힘입어 하나님과의 사귐을 추구한다. 비록 지금은 그것을 그릇된 방식으로 추구하지만 말이다. 죄인이 적어도 원리상 하나님께서 받으실 가치가 있는 섬김을 드릴 수 있는 것은 오로지 하나님의 특별 계시의 영향을 받을 때에야 가능하다.

제2장

계시

종교에 대한 견해는 자연스럽게 계시에 대한 견해로 이어진다. 계시를 따라서 종교를 설명하려는 시도들이 많이 있었지만, 오늘날은 모든 종교가 계시에서 발생한다는 확신이 점차 증가하고 있다. 그리고 이것이 계시에 대한 유일하게 정확한 견해이다. 만약 하나님이 자신을 계시하시지 않았다면 인간은 하나님을 조금이라도 알 수 있는 위치에 있지 못했을 것이고, 종교란 불가능할 것이다.

A. 계시 일반

하나님께서 인간에게 주신 여러 종류의 계시를 논의하기 전에, 계시 일반에 대해 몇 가지 언급을 해둘 필요가 있다.

1. 계시 개념

하나님은 인간이 다 이해할 수 없는 분이시다. 인간은 하나님께서 신적 존재의 깊이에 숨어 계실 경우 하나님을 알 수 없다. 오직 하나님의 영께서만 하나님의 깊은 것을 통달(search)하실 수 있다(고전 1:10). 인간이 하나님께 대해서 온전한 지식을 갖는다는 것은 불가능하다. 이런 지식을 가지려면 하나님보다 더 큰 존재여야 하기 때문이다. 욥의 질문은 인간이 무한하신 분을 이해할 수 있는 능력을 명백하게 부정한다. "네가 하나님의 오묘를 어찌 능히 측량하며 전능자를 어찌 능히 온전히 알겠느냐"(욥

11:7). 동시에 인간은 오로지 자신이 필요한 만큼만 하나님을 알 수 있다. 하지만 이 정도의 지식을 얻을 수 있는 것도 하나님께서 그렇게 자신을 계시하시기를 기뻐하시기 때문이다. 성경의 설명에 따르면, 이것은 하나님께서 자신을 가리셨던 베일을 걷으시고 자신을 보일 수 있도록 드러내셨음을 의미한다. 다른 말로 하자면, 하나님은 어떤 방식으로 자신을 아는 지식을 인간에게 전달하셨고, 그로써 인간이 하나님을 알고, 예배하고, 하나님과 사귐을 가지며 살 수 있는 길을 열어 놓으신 것이다.

2. 계시 개념에 대한 구분들

세월이 흐르는 과정에서 두 종류의 신적 계시가 구분되었다. 그것은 자연 계시와 초자연 계시이며, 일반 계시와 특별 계시이다. 일반적으로 말하자면 이 두 가지 구분은 평행선을 그으며 움직인다. 동시에 이 두 가지는 주목해야 할 몇 가지 특징들에서 서로 다르다.

a. 자연 계시와 초자연 계시

이 구분은 하나님의 계시의 양태에 기초한다. 원래 모든 계시는 초자연적이다. 왜냐하면 계시는 하나님께로부터 나오기 때문이다. 하지만 하나님께서 자신을 계시하시는 방식에 차이가 있다. 자연 계시는 인간의 구조(constitution) 자체를 포함한 자연 현상들을 통해서 전달되는 계시이다. 그것은 언어로써 전달된 계시가 아니라, 충분하고 의미심장한 사실들로써 구현된 계시이다. 비유적으로 말하자면, 자연은 하나님께서 크고 작은 문자들로 기록하신 거대한 책으로서, 인간은 이 책에서 하나님의 선하심과 지혜를, 즉 '영원한 능력과 신성'을 배울 수 있다. 반면에 초자연적 계시는 하나님께서 사건들의 자연적 과정에 개입하시는 계시이며, 이런 계시를 쓰실 경우 하나님은 꿈과 구두(口頭) 전달 같은 자연적 수단을 사용하실 때조차 초자연적 방법으로 사용하신다. 그것은 언어가 사실들을 설명하고, 사실들이 언어를 예증하는, 언어적인 동시에 사실적인 계시이다.

b. 일반 계시와 특별 계시

두번째 구분은 하나님의 계시의 본질과 대상[목적]에 따라 결정된다. 일반 계시는 그 뿌리를 창조와, 하나님과 사람의 일반적 관계들에 두고, 그 전달 대상을 단순히 하나님의 피조물이자 하나님의 형상을 지닌 자로서 간주되는 인간으로 삼으며, 그 목표를 인간으로 하여금 자신이 창조된 목적, 즉 하나님을 알고 하나님과의 사귐을 누려야만 도달할 수 있는 목적을 실현하는 데 둔다.

반면에 특별 계시는 하나님의 구속 사역에 뿌리를 두며, 죄인인 인간에게 전달되며, 타락한 인간의 도덕적·영적 필요에 맞춰지며, 죄인으로 하여금 예수 그리스도 안에 계시된 하나님의 구속의 사랑을 구체적으로 앎으로써 하나님께 돌아오도록 하는 데 목표를 둔다. 특별 계시는, 일반 계시와 같이 모든 사람을 비추는 빛이 아니라, 성령의 특별 사역에 의해 진리를 받는 사람들의 길을 비추는 빛이다.

3. 하나님의 계시에 대한 부정

사람들은 신적 계시를 이런저런 형태로 자주 거부한다. 이처럼 일반 계시와 특별 계시가 모두 거부되지만, 일반 계시보다 특별 계시가 더 거부된다.

a. 일반 계시에 대한 부정

하나님의 존재 자체를 부정하는 무신론자는 자연히 모든 계시를 부정한다. 인간이 하나님을 알 수 있음을 믿지 않고, 따라서 하나님께 대해서 거대한 '미지의 존재' 라고 말하는 불가지론자도 계시 자체를 부정한다. 범신론자들은 경우에 따라 신이 자신을 계시하신다고 믿는 척한다. 그럴지라도 계시 개념은 그들의 사상 체계에 전혀 맞지 않는다. 그들은 의식적으로 자발적으로 자신을 계시할 수 있는 인격신의 존재를 인정하지 않는다. 혹시 인정하더라도 신이 자신을 알릴 수 있는 신 바깥의 어떤 대상도 알려고 하지 않는다. 그들에게는 신과 인간이 하나이다.

b. 특별 계시에 대한 부정

18세기의 이신론(理神論, Deism)은 하나님의 일반 계시는 인정하면서도, 특별하고 초자연적인 계시의 필요성과 가능성과 실재성은 부정했다. 하나님의 일반 계시를 타락한 인간을 위해서까지도 충분하다고 간주했으며, 일반 계시가 불충분하다고 보는 생각을 하나님의 지혜나 권능에 대한 비난으로 간주했다. 이신론은 일반 계시가 불충분하다고 보는 생각에 대해서, 그것은 하나님께서 어떠한 조건에서든 신적 계시의 모든 요구에 부합하는 세상을 창조하는 일을 앞두고서 그 일에 필요한 지혜나 능력이 부족하셨음을 암시하는 꼴이 되는 것이라고 간주했다. 오늘날의 자유주의 신학도 범신론적 관념주의의 영향을 받아 하나님의 특별 계시를 부정한다. 성경을 하나님의 일반 계시의 한 부분으로 격하하며, 자연과 초자연 사이의 구분을 쉽게 지워버린다.

B. 일반 계시

하나님의 일반 계시와 특별 계시는 나란히 존재하지만, 시간상으로는 일반 계시가 특별 계시에 앞섰다. 따라서 일반 계시를 먼저 생각한다.

1. 하나님의 일반 계시에 대한 견해

일반 계시는 직접적 구두 전달의 형태로 인간에게 오지 않는다. 이 계시는 자연 현상들과, 인간 정신의 일반적 구조와, 경험이나 역사 사실들 안에 신적 사고(thought)가 구현되는 것에 존재한다. 하나님은 창조 세계 전체 안에서, 자연의 세력들과 위력 안에서, 인간 정신의 구조 안에서, 양심의 음성 안에서, 그리고 일반적으로는 세계를, 특별하게는 개인들의 삶을 섭리로써 통치하시는 데서 인간에게 말씀하신다. 시인은 이렇게 노래한다. "하늘이 하나님의 영광을 선포하고 궁창이 그 손으로 하신 일을 나타내는도다. 날은 날에게 말하고 밤은 밤에게 지식을 전하니"(시 19:1, 2). 그리고 사도 바울은 이렇게 말한다. "창세로부터 그의 보이지 아니하는 것들 곧 그의 영원하신 능력과 신성이 그 만드신 만물에 분명히 보여 알게 되나니 그러므로 저희가 핑계치 못할지니라"(롬 1:20).

이 일반 계시는 완전히 자연적이었던 경우가 없고, 항상 초자연이 포함되고 섞여 있었다. 타락 전에도 하나님께서는 자신을 행위 언약 안에서 초자연적으로 인간에게 계시하셨다. 그리고 계시 역사의 과정에서, 하나님은 초자연적 방법으로 특별 계시 영역 밖에서 자신을 자주 계시하셨다(창 20:3 이하; 40:5 이하; 41:1이하; 삿 7:13; 단 2:1이하).

2. 현실에서 일반 계시의 실질적 불충분성

펠라기우스주의자들, 이신론자들, 합리주의자들은 하나님의 일반 계시를 현재 인간의 필요에 완전히 충분하다고 간주하는 데 일치하는 반면에, 로마 가톨릭 교회와 개신교는 그것의 불충분성에 동의한다. 그것이 불충분하다고 봐야 할 몇 가지 이유가 있다.

a. 죄가 이 계시를 변경시켰고, 인간이 이 계시를 받을 수 있는 능력도 변경시켰다.

인간의 타락으로 죄의 어두운 그늘이 창조 세계 전반에 드리워지게 되었다. 타락의 요소가 하나님이 지으신 아름다운 세상에 들어왔고, 하나님이 써 놓으신 것을 비록 완전히 지우지는 않았을지라도 흐리게 만들어 놓았다. 물론 자연은 여전히 하나님께 지음을 받았다는 특징들을 보이고 있지만, 지금은 불완전한 점들로 가득하며, 파괴적 세력들에 쉽게 희생된다. 자연은 한때 하나님을 분명히 계시했지만 지금은 더 이상 그렇지 못하다. 더욱이 인간은 죄로 인해 어두워졌기 때문에 자연에 새겨진 하나님의 글을 읽지 못하며, 오류와 왜곡의 힘에 굴복하게 되었으며, 그 결과 불의로 진리를 가로막고 심지어 진리를 거짓과 바꾼다(요 1:5; 롬 1:18, 25; 엡 4:18; 골 1:13; 요일 2:9, 11).

b. 일반 계시는 하나님과 영적 사실들에 관한 철저히 신뢰할 만한 지식을 전달하지 못한다.

앞 문단에서 진술한 사실들 때문에, 일반 계시에 의해 전달되는 하나님과 영적이고 영원한 사실들에 관한 지식은 너무나 불확실하여서 영원히 수립할 만한 신뢰성 있는 토대를 형성하지 못한다. 그리고 인간은 불확실한 것들에 장래의 소망을 둘 수가 없다. 과학과 철학의 역사는 일반 계시가 안전하지 않고 확실하지 않은 안내자임을 뚜렷이 보여준다. 이런저런 체계가 수립될지라도, 그것은 다음 세대에 무너지고 만다. "우리의 작은 체계들에는 수명이 있어서, 수명이 다하면 더 이상 존재하지 않는다."

c. 일반 계시는 종교 일반을 위한 적절한 토대조차 제공하지 못한다.

종교사(宗敎史)는 오로지 자연 계시에만 기초를 두는 종교들이 없다는 것을 입증하며, 이 점은 시간이 흐를수록 더욱 인정된다. 순전히 자연적인 종교는 존재하지도 않고 존재할 수도 없다는 것이 갈수록 자명해진다. 어떠한 이방 민족들과 부족들이든 저마다 신들에게 받았다고 하는 다소 특별한 계시를 종교의 토대로 삼는다.

d. 일반 계시는 기독교 신앙을 위한 토대로서도 불충분하다.

우리는 일반 계시에 힘입어 하나님의 선하심과 지혜와 권능에 관해 약간의 지식을 얻을 수 있지만, 구원의 유일한 길이신 그리스도께 관해서는 배울 수가 없다(마 11:27; 요 14:6; 17:3; 행 4:12). 일반 계시는 구원의 은혜, 사죄, 구속에 관해 아무것도 모르며, 따라서 죄인들을 죄의 노예 상태에서 하나님 자녀들의 영광스러운 자유로 인도할 수 없다. 일반 계시는 하나님께서 인류 구원을 위해 시작시켜 놓으신 구속 과정의 일부가 아니다. 이것이 일반 계시가 불충분한 가장 큰 이유이다. 하나님은 죄인들을 구원하여 자신의 영광스러운 이름 안으로 연합시키기를 바라셨고, 따라서 인류를 좀더 특별한 계시, 즉 예수 그리스도 안에서 베푸신 구속 은혜의 계시로 부요하게 하셔야 했다.

3. 일반 계시의 가치와 중요성

인간 타락 이후에 일반 계시가 특별 계시로 대체되었다는 사실 때문에 일반 계시를 쉽게 폄하할 우려가 있다. 하지만 하나님이 시초에 내리신 이 계시가 여전히 커다란 중요성을 갖고 있음을 잊어서는 안 된다.

a. 이방 세계와 관련하여

대대로 전수된, 그러면서 종종 인식 불가능할 정도로 왜곡된 초자연적 요소들을 포함하는 하나님의 일반 계시는 어쨌든 이방 종교들에게 확고하고 항구적인 토대를 제공한다. 이런 사실에 힘입어 이방인들조차 자신들을 하나님의 소생이라고 느끼고(행 17:28), 혹시나 하나님을 느끼고 발견할까 하고서 하나님을 찾고(행 17:27), 자연에서 하나님의 영원한 권능과 신성을 바라보며(롬 1:19, 20), 본성으로 율법의 일들을 행한다(롬 2:14).

그들은 비록 무지와 죄의 어둠 속에서 살면서 진리를 거짓으로 바꿈으로써 진리를 왜곡시키고, 신들이 아니고 거짓과 허영인 신들을 섬기지만, 그럴지라도 로고스의 조명과 성령의 일반 사역에 가담한다(창 6:3; 욥 32:8; 요 1:9; 롬 2:14, 15; 행 14:16, 17; 17:22-30). 그 결과 그들의 종교들은 성경에 거짓으로 묘사되었음에도 불구하고 기독교 선교의 복음에 접촉점들을 제공하는 진리의 요소들을 담고 있다.

b. 기독교 신앙과 관련하여

하나님께서는 특별 계시를 주실 때 단순히 이것을 원래의 계시[일반 계시]와 나란히 두시지 않고, 일반 계시에 구현된 진리들을 그[특별 계시] 속에 포함시키시고, 그 진리들 가운데 곡해된 부분들을 특별 계시로써 바로잡으시고, 그 진리들을 인류를 위해 해석해 주셨다. 그 결과 오늘날 그리스도인은 신앙의 눈과 하나님 말씀의 빛으로 하나님의 일반 계시를 읽으며, 바로 그 이유 때문에 자연에 나타나 있는 하나님의 손길과 역사에 남아 있는 하나님의 발자국들을 볼 수 있다. 그리스도인은 주위의 모든 것에서 하나님을 보며, 그로써 세계를 올바로 이해할 수 있게 된다.

하지만 만약 특별 계시가 일반 계시를 참되게 이해할 수 있게 해준다면, 일반 계시가 특별 계시를 제대로 이해하도록 장려하는 것도 똑같이 사실이다. 성경은 자연에 나타난 하나님의 계시를 배경으로 읽어야 제대로 이해할 수 있다. 일반 계시가 특별 계시에 고마운 빛을 비춰주는 경우가 빈번하다. 더 나아가 일반 계시는 그리스도인들과 비그리스도인들에게 서로 만나 논의할 수 있는 공통의 토대를 제공하기도 한다. 만민을 비추는 로고스의 빛은 그들을 하나로 연합시키는 띠이기도 하다. 마지막으로, 특별 계시가 사실상 허공에 떠있지 않고 모든 점에서 세계의 삶에 접촉해 있는 것은 하나님의 일반 계시 덕분이다. 일반 계시는 자연과 은혜, 세상과 하나님 나라, 자연 질서와 도덕 질서, 창조와 재창조 사이의 연결을 유지한다.

C. 특별 계시

우리는 자연과 역사에 나타나 있는 일반 계시와 나란히 특별 계시를 지니고 있으며, 이것이 지금 성경에 구현되어 있다. 성경은 비류 없는 특별 계시의 책이다. 특별 계시에는 말씀들과 행위들이 나란히 진행하며, 전자가 후자를 해석하고, 후자가 전자를 구체적으로 구현한다.

1. 특별 계시의 필요성

죄가 세상에 들어옴으로써 하나님의 일반 계시가 어두워지고 변질되었으며, 그로써 자연과 인간의 상황 자체에 나타나 있는 하나님의 글씨도 지금은 창조의 아침만큼 쉽게 읽을 수 없다. 더욱이 인간은 어둠과 무지, 오류와 불신앙의 세력에 예속되었으며, 이러한 어둠과 왜곡에 사로잡혀 이제는 그나마 남아 있는 원(原) 계시의 흔적들조차 올바로 읽지 못한다. 인간은 심지어 하나님의 진리를 거짓과 바꾸는 데서 기쁨을 취한다. 일반 계시가 더 이상 하나님과 영적인 것들에 관한 절대 신뢰 가능한 지식을 인간에게 전달하지 못하고, 인간에게 올바로 이해되지 못하며, 인간을 하나님과 사귐을 갖는 상태로 회복시키지도 못한다.

그러므로 다음 네 가지 목적을 성취할 특별한 신적 역사가 필요했다: (a) 오늘날 일반 계시로부터 수집되는 진리들을 바로잡고 해석하는 목적: (b) 인간에게 빛을 비추어 다시 한 번 자연에 기록되어 있는 하나님의 글씨를 읽을 수 있게 하는 목적: (c) 인간에게 하나님의 구속의 사랑의 계시를 제공하는 목적: (d) 인간을 죄의 세력으로부터 구속하고, 그를 하나님과 사귐을 갖는 삶으로 다시 인도하심으로써 그의 영적 상태를 바꿔 주시는 목적.

2. 특별 계시의 방편들

하나님의 특별 계시의 방편들은 일반적으로 세 가지 종류로 좁혀 생각할 수 있다.

a. 신현(神顯) 곧 하나님의 현현(顯現)

성경에 따르면 하나님은 멀리 떨어져 계신 하나님이실 뿐 아니라 가까이 계신 하나님이기도 하시다. 구약시대에 하나님은 상징적으로 그룹들 사이에 거하셨다(시 80:1; 99:1). 하나님의 임재가 불과 연기 나는 구름 속에(창 15:17; 출 3:2; 19:9, 16 이하; 33:9; 시 78:14; 99:7), 폭풍 속에(욥 38:1; 40:6; 시 18:10-16), 세미한 소리 속에(왕상 19:12) 나타났다. 이런 것들은 모두 하나님의 임재의 징표들로서, 이 징표들 안에서 하나님께서 자신의 영광의 일면을 나타내셨다.

구약의 신현들 가운데 '여호와의 사자'가 나타나신 일은 특별한 지위를 차지한다. 이 사자는 창조된 천사가 아님이 분명했다. 이 사자는 한편으로 하나님과 구분되지만(출 23:20-23; 사 63:8, 9), 다른 한편으로는 하나님과 동일시되기도 한다(창 16:13; 31:11, 13; 32:28). 지배적인 견해는 이 사자가 삼위일체의 제2위이신 하나님이셨다는 것이다(참조. 말 3:1). 신현은 신성의 충만함이 육체로 거한 그리스도의 성육신에서 정점에 달했다(골 1:19; 2:9). 그리스도 안에서 교회가 성령의 전(殿)이 된다(고전 3:16; 6:19; 엡 2:21). 장차 새 예루살렘이 하늘로서 하나님께로부터 내려오고, 하나님의 성막이 사람들 사이에 세워질 때, 하나님께서 인간과 거하시는 일이 훨씬 더 충만하게 실현될 것이다.

b. 직접적 의사 전달

하나님은 자신의 생각과 의지를 다양한 방식으로 인간에게 전달하셨다. 때로는 들을 수 있는 음성으로 계시의 전달자들(organs)에게 말씀하셨다(창 2:16; 3:8-19; 4:6-15; 9:1, 8, 12; 32:26; 출 19:9; 신 5:4, 5; 삼상 3:4). 다른 경우들에는 제비뽑기와 우림, 둠밈 같은 방법을 사용하셨다(삼상 10:20, 21; 대상 24:5-31; 느 11:1; 민 27:21; 신 33:8). 꿈은 대단히 공통된 계시의 방법이었으며(민 12:6; 신 13:1-6; 삼상 28:6; 욜 2:28), 이스라엘 이외의 사람들에게 계시가 임할 때도 사용되었다(창 20:3-6; 31:24; 40:5; 41:1-7; 삿 7:13). 이와 밀접한 관계가 있긴 하지만, 보다 고등한 형태의 계시는 이상(異象, 환상)으로서, 이것은 선지자들의 경우에 대단히 공통된 방법이었다(사 6장; 21:6 이하; 겔 1-3장; 8-11장; 단 1:17; 2:19; 7-10장; 암 7-9장). 선지자들은 깨어 있을 때, 그리고 때로는 다른 사람들 앞에서 이상을 받았다(겔 8:1이하).

하지만 하나님께서 자신을 선지자들에게 계시하실 때 좀더 일반적으로 사용하신 방법은 계시의 영(spirit)을 통한 내적 조명이었다. 신약성경에서 그리스도는 가장 높고 참되고 어떤 의미에서는 유일한 선지자로서 나타나신다. 그리스도께서는 모든 믿는 자들에게 계시와 조명의 영이기도 하신 성령을 주신다(막 13:11; 눅 12:12; 요 14:17; 15:26; 16:13; 20:22; 행 6:10; 8:29). 성령 안에서 그분의 모든 백성은 거룩하신 분의 기름부음을 지니며, 주님께 관해서 배운다(요일 2:20).

c. 이적

성경에 따르면 하나님은 이적으로써도 자신을 계시하신다. 성경의 이적들은 특별히 이러한 관점에서 연구해야 한다. 이적은 비록 경이감을 일으키긴 하나, 주로 보는 사람을 경이감에 사로잡히게 하는, 이른바 이교의 술객들이 일으키는 이적들과 같지 않다. 성경의 이적들은 무엇보다도 하나님의 특별한 권능의 현시들이고, 하나님의 특별한 임재의 징표들이며, 영적 진리들을 상징하는 기능을 수행하는 경우가 빈번하다. 성경의 이적들은 계속 임하는 하나님 나라의 현시들로서, 구속의 대업에 종속된다. 따라서 성경의 이적들은 악인들을 벌하고 하나님의 백성을 돕거나 구원하는 역할을 자주 수행한다. 성경의 이적들은 예언의 말씀을 확증하고, 하나님께서 세우고 계시는 새로운 질서를 가리킨다. 성경의 이적들은 모든 이적들 중에서 가장 위대하고 가장 중심적인 성육신에서 절정에 달한다. 절대적인 이적이신 그리스도 안에서 만물이 회복되며, 창조물은 창조 때의 아름다움으로 되돌려진다(창 3:21).

3. 특별 계시의 내용

하나님의 특별 계시의 내용과 관련하여 특별히 언급할 가치가 있는 세 가지 점이 있다.

a. 특별 계시는 구속의 계시이다.

특별 계시는 인간에게 하나님께 관한 일반 지식을 전달하는 목적만 수행하지 않는다. 하나님께서 죄인들을 구원하시기 위해서 세우신 계획에 관한 구체적 지식과, 예수 그리스도 안에서 하나님과 죄인들이 화목하게 된 일에 관한 지식, 그리고 그리스도의 구속 사역에 의해서 활짝 열린 구원의 길, 변화시키시고 성화시키시는 성령의 감화, 그리고 성령의 생명에 참여하는 사람들에게 하나님께서 요구하시는 의무들에 관한 지식을 사람들에게 드러낸다. 그것은 사람을 새롭게 하고, 정신을 조명하고, 의지를 선으로 향하게 하고, 그에게 거룩한 정서들을 채우며, 그를 하늘의 집에서 살기에 합당하도록 준비시키는 계시이다.

b. 그것은 언어 계시이자 사실 계시이다.

특별 계시는 언어와 교리(doctrine)로만 이루어지지 않고, 단순히 지식인들에게만 말씀하지 않는다. 하나님은 자신을 율법과 선지자들과 복음서들과 서신서들로만 계시하시지 않고, 이스라엘의 역사 안에서, 구약의 의식적(儀式的) 예배 안에서, 신현들과 이적들 안에서, 예수의 생애에 나타난 구속의 사실들 안에서도 계시하신다. 더욱이 특별 계시는 인간에게 구원의 도리에 관한 지식을 전달할 뿐 아니라 죄인들을 성도들로 변화시킴으로써 그들의 생활을 변화시키기도 한다.

c. 그것은 역사적 계시이다.

특별 계시의 내용은 여러 세기를 지나는 과정에서 점진적으로 나타났으며, 따라서 역사적이며 점진적 발전의 성격을 띤다. 구속의 위대한 진리들이 처음에는 희미하게 나타나지만, 점진적으로 선명해지며, 종국에는 신약 성경 계시 안에서 장엄하게 드러난다. 신현과 예언과 이적에는 하나님께서 인간에게 항상 오시는 일이 있으며, 이 오심은 하나님의 아들의 성육신과 성령께서 교회에 거하시는 일에서 정점에 도달한다.

제3장

성경

특별 계시를 논하는 데서 성경을 논하는 데로 넘어간다. 이 전환은 자연스럽고 이해하기 쉬운 결과이다. 왜냐하면 성경이 하나님의 특별 계시에 관한 책이기 때문이다. 여기서는 세 가지 점을 주로 생각할 필요가 있다. 즉 성경과 특별 계시의 관계, 성경의 영감(靈感), 그리고 성경의 특성이다.

A. 특별 계시와 성경의 관계

일반적으로 하나님의 특별 계시가 성경에서 항구적 형태를 취했고, 그로써 후대를 위해 보존되었다고 말할 수 있다. 하나님은 자신의 계시가 후에 올 인간의 모든 세대들에게 영구한 말씀이 되도록 의도하셨고, 따라서 계시가 상실과 부패와 오류에 빠지지 않도록 보존하셔야 했다. 하나님께서는 계시에 대한 무오한 기록을 제공하심으로써, 그리고 섭리의 보호로 이 일을 관장하심으로써 이 일을 수행하셨다. '특별 계시'라는 용어는 항상 같은 의미로만 쓰이지 않는다. 그것은 일련의 신적 자아 전달을 가리킬 수도 있지만, 성경을 가리킬 수도 있다.

1. 특별 계시와 성경이 다른 점

만약 '특별 계시'라는 용어가 하나님의 직접적인 자기 전달들을 가리키는 데 쓰인다면, 그것은 단순히 성경의 또 다른 이름으로 간주할 수 없다. 이것은 성경이, 초자연적 방법으로 전달되지 않고, 경험으로 추론되거나 역사 연구에 의해서 수집된 내용을 상당 부분 포함하고 있는 사실에서 뿐만 아니라, 선지자들과 사도들이 성경을 기록하기 오래 전에 자주 하나님의 전달을 받았다는 사실에서 아주 분명하게 드러난다(렘 25:13; 30:1; 36:2; 요 20:30; 21:25). 이러한 특정한 의미로 '특별 계시'라는 용어를 사용할 경우, 성경이 하나님의 말씀이라고 말할 수 없고 다만 하나님의 말씀이 성경에 포함되어 있다고 말할 수밖에 없다. 하지만 이것은 하나님의 말씀을 신적인 것으로, 그것의 기록을 인간적인 것으로 구분하는 것을 정당화하지 않는다. 게다가 이것은 성경이 하나님의 말씀이 아니라 하나님의 말씀을 포함한다는 부당한 진술을 보충하지도 않는다. '하나님의 말씀'이라는 용어와 '특별 계시'라는 용어들은 '성경'과 동일한 의미로 사용된다.

2. 특별 계시와 성경이 동일하다는 의미

'특별 계시'라는 용어는 — 성경에서 발견되고, 성경 전서가 성령에 의해 무오하게 영감된 책이라는 사실에서 그 진실성에 대해 신적 보증을 지니는 — 구속의 진리들과 사실들의 복합체와 그것의 적절한 역사 배경에도 적용될 수 있다. 그런 의미에서 창세기부터 계시록까지 성경 전서는, 그리고 오직 그것만이 우리를 위한 하나님의 특별 계시이다. 만약 그 용어가 이런 의미로 이해된다면, 성경이 하나님의 말씀을 포함할 뿐 아니라 곧 하나님의 말씀이라고 주장하는 것이 정당하다. 성경은 그 중요성(significance)을 그것이 계시의 책이라는 사실로부터 끌어낸다. 성경은 단순히 오래 전에 발생한 일들에 관한 이야기에 그치지 않고, 하나님께서 인간에게 하신 항구적인(perennial) 말씀이다. 계시는 성경 안에서 계속해서 살면서, 과거에 그것이 주어졌던 때와 마찬가지로 지금도 빛과 생명과 거룩함을 전달한다.

B. 성경의 영감

성경은 하나님의 말씀이며, 장래에도 그것의 신적 영감만으로 모든 세대의 인간들에게 계속해서 하나님의 말씀일 것이다. 성경 전서는 하나님의 영감에 의해 주어진다. 이 사실이 성경을 인류를 위한 믿음과 행위의 무오한 준칙으로 만든다. 이 영감은 종종 부정되고 심지어는 빈번하게 곡해되기 때문에, 각별한 주의를 요한다.

1. 영감에 대한 성경의 증거

영감 교리는 다른 모든 교리와 마찬가지로 성경에서 유래한다. 성경 자체가 성경의 영감성을 풍부하게 증거하며, 심지어 합리주의자들조차 기꺼이 인정하듯이, 가장 엄격한 영감에 대한 견해도 지지한다. 구약성경 저자들은 여호와께서 명령하시는 것을 기록하도록 거듭 명령을 받는다(출 17:14; 34:27; 민 33:2; 사 8:1; 30:8; 렘 25:13; 30:2; 겔 24:1이하; 단 12:4; 히 2:2). 선지자들은 정신이 맑은 상태에서 하나님의 말씀을 전달했으며, 그로써 "주께서 일러 가라사대", "주의 말씀이 내게 임하였으니", "주 여호와가 내게 보이셨으니" 같은 문구들을 서두에 놓고서 글을 써내려 갔다. 이런 문구들은 발언된 말씀을 가리키는 경우가 빈번하지만, 기록된 말씀과 관련해서도 사용된다(렘 36:27, 32; 겔 26, 27, 31, 32, 39장). 이사야는 심지어 자신이 기록한 예언을 가리켜 "여호와의 책"이라고 하는 듯하다(사 34:16).

신약성경 저자들은 구약성경의 단락들을 자주 하나님의 말씀 혹은 성령의 말씀으로 인용한다(마 15:4; 히 1:5 이하; 3:7; 4:3; 5:6; 7:21 등). 바울은 자신의 말을 성령께서 가르치신 말씀으로 말하며(고전 2:13), 그리스도께서 자기 안에서 말씀하고 계신다고 주장한다(고후 13:3). 바울이 데살로니가 교인들에게 보낸 메시지는 하나님의 말씀이다(살전 2:13). 마지막으로, 바울은 다음과 같은 영감에 관한 고전적 진술을 한다. "모든 성경(그가 앞서 말한 구약성경의 거룩한 글들을 가리킴)은 하나님의 감동으로 된 것으로 교훈과 책망과 바르게 함과 의로 교육하기에 유익하니"(딤후 3:16, 흠정역⟨Authorized Version⟩의 번역과 동일함). 미국 개역성경(the American Revised Version)은 "하나님에 의해 영감된 성경마다 가르침과 책망과 바르게 함과 의 안에서 이루어지는 교육에도 유익하니"

(Every Scripture inspired of God is also profitable for teaching, for reproof, for correction, for instruction which is in righteousness)라고 번역하지만, 흠정역의 번역이 더 선호할 가치가 있다. 이 번역은 심지어 모팻(Moffatt)의 번역에 의해서도 지지를 받는다.

2. 영감의 본질

영감의 본질에 관해 논할 때는 무엇보다도 두 가지 그릇된 견해에 유의해야 한다.

a. 기계적 영감(mechanical inspiration)

영감의 과정이 다소 기계적인 방식으로 종종 인식되어 왔다. 이 견해는 마치 하나님께서 단순히 성경 각 권들의 인간 저자들에게 자신들의 저작들에 넣어야 할 내용을 불러 주어 받아 적게 하셨다는 것이다. 인간 저자들은 성령의 생각을 성령께서 선별하신 단어들로 기록한 서기일 뿐이었다는 것이다. 그들의 정신 활동이 그 순간은 중단되었고, 어떤 식으로든 그들의 저작 내용이나 형태에 기여하지 않았다는 것이다. 따라서 성경의 문체조차 성령의 문체라는 것이다.

하지만 자세한 연구들에 의해 이 견해가 전혀 성립될 수 없음이 입증되었다. 성경 자체를 놓고 볼 때, 저자들이 책을 기록하는 과정에서 단순한 수동적 도구들이 아니라 실질적인 저자들이었음이 분명하게 드러난다. 어떤 경우들에는 인간 저자들이 명백한 역사 연구의 결실을 책에 기록했다. 그들 스스로가 이런 연구들을 언급하며(눅 1:1-4), 때로는 사무엘 상하, 열왕기 상하, 역대 상하의 경우처럼 자신들이 참고한 전거들을 언급하기까지 한다. 다른 경우들에는 인간 저자들이 개인 경험들을 기록하는데, 시편이 그렇고, 선지서들과 사도행전과 서신서들도 빈번히 그러하다. 더욱이 그들 각각은 개인적 문체로 글을 쓴다. 이사야의 문체는 에스겔의 문체와 같지 않으며, 바울의 문체는 요한의 문체와 같지 않다.

b. 역동적 영감(dynamical inspiration)

18, 19세기의 많은 사람들은 기계적 영감설에 반대하여 그들 스스로가 역동적 영감설이라고 부른 견해를 옹호했다. 이 이론은 성경의 저작들이 집필되는 데 성령의 직접적 작용, 즉 구체적으로 그 저작들의 집필에 목적을 둔 작용이 있었다는 견해를 버린다. 그리고 그 대신에 저자들에 대한 일반적 영감 개념을 제시한다. 성경 저자들은 늘 이러한 일반적 영감을 받고 살았으며, 따라서 이 영감이 부수적으로 그들의 저작들에도 영향을 주었다는 것이 역동적 영감설의 내용이다. 역동적 영감은 신자 일반에게 베풀어지는 영적 조명과 본질상 다르지 않고 다만 어느 정도만 다를 뿐이다. 그것은 성경의 모든 부분들에 스며 있지만 다 같은 정도로 스며 있지는 않다. 이를테면 성경의 역사서들은 교리서들과 같은 정도로 그것을 공유하지 않는다. 역동적 영감은 성경 저작들 전반에 신뢰성을 부여하긴 하지만, 오류의 가능성도 용인하며, 특히 역사서들의 경우에는 더욱 그러하다. 이 이론은 성경이 영감에 관해 가르치는 내용들을 정당하게 평가하지 못한다. 성경에서 초자연적 성격을 벗겨내고, 성경을 일반 계시의 차원으로 끌어내리며, 성경의 무오성을 파괴한다.

c. 유기적 영감(organic inspiration)

오늘날 개혁주의권에서 널리 받아들이는 영감설은 대체로 '유기적 영감'이라고 불린다. 더러는 이 견해를 '역동적 영감'이라고 부르긴 하지만 말이다. '유기적'(有機的)이라는 용어는 하나님이 저자들을 기계적으로 사용하시지 않고, 그들에게 유기적 방법으로, 즉 그들의 내면적 존재의 법칙들과 조화를 이루는 방법으로 역사하신 사실을 강조하는 역할을 한다. 하나님께서는 그들의 상태대로, 즉 그들이 지닌 인격과 기질, 은사와 재능, 교육과 교양, 어휘, 말투, 문체를 그대로 사용하셨다. 그리고 그들을 조명하셔서 글을 쓰게 하시되, 죄의 영향이 그들의 집필 행위에 영향을 끼치지 못하도록 제어하시고, 자기들의 생각을 적절한 단어와 어휘를 골라 표현하도록 인도하셨다. 이 견해는 명백히 성경의 교훈과 가장 잘 어울린다. 성경 저자들을 단순한 필기자들로 이해하지 않고, 실질적 저자들로 이해한다. 이들은 비록 때때로 하나님께서 불러주시는 대로 적기도 했지만, 다른 경우들에는 스스로 역사를 연구한 결과를 기록하거나, 자기들이 직접 체험한 죄와 용서, 기쁨과 슬픔, 위험과 은혜로 말미암은 구원의 사례들을 기록했다. 유기적 영감설은 아울러 성경 저작들의 개별성을 주장한다. 왜냐하면 저자마다 자연히 나름대로의 문체를 갖고 있었고, 저마다의 저작에 개인의 특성과 그가 살던 시대의 특성을 남겼기 때문이다.

3. 영감의 범위
견해차는 영감의 본질뿐 아니라 영감의 범위에 대해서도 존재한다.

a. 어떤 사람들은 영감의 대상이 단어가 아니라 생각이었다고 주장한다.

많은 사람들은 성경의 영감성 자체를 부정한다. 하지만 다른 사람들은 그렇게 철저한 부정에 반감을 가지는 한편, 교리를 옹호하는 자들이 한 발짝 물러나 단어 영감보다 생각 영감을 말해야 한다고 느낀다. 생각은 신적으로 영감되었지만, 단어는 단순히 인간 저자들의 선택에 맡겨졌다고 그들은 말한다. 하지만 이것은 설득력이 대단히 약한 견해이다. 생각이란 단어와 뗄래야 뗄 수 없는 관계를 갖고 있기 때문이다. 오어 박사(**Dr. Orr**)는 이렇게 말한다. "생각은 당연히 단어들로 형성되고 표현된다. 만약 영감이 존재한다면 그것은 생각뿐 아니라 단어들에도 스며들어가야 하고, 표현의 틀을 형성해야 하며, 언어가 개념을 생생하게 전달하는 매체가 되도록 만들어야 한다"(*Revelation and Inspiration*, p. 209).

b. 다른 사람들은 영감이 성경의 특정 부분들에만 해당된다고 주장한다.

18세기 합리주의의 영향을 받아 영감에 관한 느슨한 견해들이 널리 받아들여졌다. 이제는 성경의 역사서들의 영감성을 부정하고, 영감의 범위를 교리서들로 국한하는 것이 오히려 보편적 현상이 되었다. 그리고 교리서들에 대해서도 처음에는 초자연적 성격을 인정했지만, 결국에는 그 책들을 특별한 영적 조명으로 구성된 순전히 자연적 과정으로 이해했다. 이 견해는 저자들을 도덕적·영적 문제들에 대한 신뢰성 있는 증인들로 인정하는 효과를 냈지만, 온갖 종류의 역사적·연대기적·과학적 오류들에 대해서는 아무런 보증도 제시하지 않았다. 이 견해를 주장하는 진영에는 영감의 정확한 범위에 대해 일치된 의견이 없다. 더러는 그 범위를 교리 문제들에 국한하고, 더러는 신약성경에 국한하며, 또 더러는 예수의 말씀에 국한하며, 마지막으로 오직 산상수훈만 영감되었다고 주장하는 사람들도 있다. 종합해 보면, 저마다 성경의 어떤 부분이 영감되었고 어떤 부분이 영감되지 않았는지를 결정하는 셈이다. 이 견해를 받아들이는 순간, 그는 사실상 자신의 성경을 상실한 셈이다.

c. 성경에 따르면 영감의 범위는 성경의 모든 부분으로 확대된다.

예수님과 사도들은 구약의 책들을 '성경' 혹은 '성경들'이라고 말하며, 가르침의 내용을 보증할 목적으로 자주 그 책들을 근거로 삼는다. 그분들에게는 '성경'에 호소하는 것이 곧 하나님께 호소하는 것과 동일하다. 그것이 모든 논쟁의 끝이다. 그 외에도, 앞에서 살펴보았듯이 신약의 저자들 가운데 몇몇은 구약성경의 단락들을 하나님의 말씀 혹은 성령의 말씀으로 거듭 인용한다. 가장 대표적인 예가 히브리서이다. 더 나아가 베드로도 바울의 서신들을 구약성경 저작들과 동일한 차원에 놓는다. 그리고 마지막으로, 신약성경은 구약성경 저작들 가운데 스물다섯 권에서 인용하며, 그 중 더러는 역사서들에서 인용한 내용인데도 그 책들을 모두 '성경'으로 간주한다. 성경은 신적 부분과 인간적 부분으로 구분할 수 없다.

아울러 성경 어느 부분에서 인간적 내용이 끝나고 신적 내용이 시작한다고 말할 수도 없다. 그것은 마치 인간을 놓고 육체가 어디서 끝나고 영혼이 어디서 시작하는지 말할 수 없는 것과 같은 이치이다. 둘은 서로 교직(交織)되어 있으며, 이렇게 교직된 결과로 성경은 그 전체가 한편으로는 인간의 저작이며, 다른 한편으로는 신적인 저작이다.

d. 영감의 대상은 성경의 모든 단어들로 확대된다.

성경은 축자적으로(verbally) 영감되었다. 하지만 그렇다고 해서 성경이 기계적으로 영감되었다는 뜻이 아님을 각별히 유의해야 한다. 물론 비판자들은 그 둘이 동일하다고 주장하지만 말이다. 축자 영감설(the doctrine

of verbal inspiration)은 하나님께서 성경의 단어들을 불러 적게 하셨다
는 것이 아니라, 어떤 방식으로든 성경 저자들의 어휘를 무시하시거나 그
들의 개인적 문체와 표현을 억압하시는 일 없이 그들로 하여금 나름대로
단어들과 표현들을 선택하도록 인도하시되, 오류를 범하지 않도록 막아주
셨다는 것이다. 어떤 사람들은 이 견해를 기계적 영감설과 동일시하는 위
험을 막기 위해서 완전 영감설(plenary inspiration)이라고 부르기를 좋아
한다. 이 견해는 성경에 의해 충분히 뒷받침을 받는다. 여호와께서는 여러
경우에 모세와 여호수아에게 정확히 기록할 내용을 말씀하셨다(출 3장, 4
장; 6:2; 7:1; 12:1; 레 4:1; 6:1, 24; 7:22, 28; 수 1:1; 4:1; 6:2 등).
선지자들은 여호와께서 자기들의 입에 말씀을 넣어주셨다고 말하며(렘
1:9), 그의 말씀을 백성에게 전하도록 자기들을 인도하셨다고 말한다(겔
3:4, 10, 11). 바울은 자기가 전하는 말을 성령께서 가르쳐 주신 말씀이라
고 하며(고전 2:13), 바울과 예수님은 한 단어의 용례를 토대로 논리를 이
끌어 가신다(마 22:43-45; 요 10:35; 갈 3:16).

C. 성경의 특성들

종교개혁자들은 로마 가톨릭 교회의 오류들을 막기 위해서 성경의 교리
를 발전시키는 것이 필요하다고 보았다. 그들은 특히 다음 사항들을 강조
했다.

1. 성경의 신적 권위

종교개혁자들뿐 아니라 로마 교회도 성경의 신적 권위를 인정한다. 하지
만 두 진영의 의도가 정확히 동일한 것은 아니다. 로마 교회는 성경 자체
에는 권위가 없고, 교회 때문에 존재하며 따라서 교회 때문에 권위를 지닌
다고 주장한다. 이러한 로마 교회의 주장에 반대하여, 종교개혁자들은 성
경이 성령에 의한 영감에 힘입어 내적인 권위를 지닌다고 강조했다. 성경
은 그 자체가 믿음의 대상이 되어야 한다. 성경은 하나님의 영감된 말씀이
며, 따라서 인간에게 권위를 지닌다. 이렇게 성경의 권위를 가장 높은 곳에

두는 견해는, 훗날 합리주의의 냉랭한 바람이 유럽 전역을 휩쓸고, 이성이 진리의 중재자로서 권좌에 오를 때까지 종교개혁 교회들에 의해 널리 받아들여졌다. 오늘날은 많은 사람들이 합리주의의 영향을 받아 성경을 다른 책들과 같은 차원에 두며, 그 신적 권위를 부정한다. 하지만 이 권위를 인정하는 것만큼 중요한 일이 없다. 성경은 무엇보다도 역사적 권위를 갖는다. 즉 성경은 참되고 절대 신뢰할 수 있는 기록이며, 그렇기 때문에 그 안에 담긴 모든 내용은 믿음으로 받아들일 자격이 있다. 하지만 성경은 역사적 권위 외에도, 삶과 행위의 준칙으로서 규범적 권위를 지니며, 그렇기 때문에 인간에게 절대 복종을 요구한다.

2. 성경의 필요성

로마 가톨릭 교회는 성경의 중요성과 유용성을 인정하긴 하나, 절대 필요한 것으로 여기지는 않는다. 로마 교회가 성경을 평가하는 정도를 보자면, 교회가 성경을 필요로 하기보다 성경이 교회를 필요로 한다고 말하는 것이 더 정확하다. 어떤 신비주의 분파들, 이를테면 몬타누스파(the Montanists), 재세례파(the Anabaptists), 제네바의 방종파(the Libertines)도 성경의 필요성을 부정했으며, '내적 빛', 즉 성령께서 하나님 백성의 마음에 하시는 말씀을 훨씬 더 중시했다. 종교개혁자들은 이 점에 대해서 그들과 대립했다. 개혁자들도 하나님께서 기록된 말씀을 쓰시지 않은 채 얼마든지 역사하실 수 있음을 부정하지 않았지만, 말씀을 교회의 씨앗으로 삼기를 기뻐하시기 때문에 말씀이 꼭 필요하다는 입장을 변호했다. 이 관점에서 보자면 성경은 지금도 필요하고, 시간이 끝나는 순간까지 여전히 필요한 것으로 남는다.

3. 성경의 명료성

로마 교회는 성경이 모호하고, 따라서 신앙과 행위의 문제에조차 해석을 절실히 필요로 한다고 평가한다. 그 이유 때문에 무오한 해석이 필요하며, 이 무오한 해석이 교회에 의해 제공된다고 한다. 이러한 로마 교회의 주장에 대해서, 개혁자들은 성경의 명료성을 강조했다. 이렇게 함으로써 그들은 성경에 인간 정신이 다 이해할 수 없는 신비들이 있음을 부정하지 않으면서도, 인간이 성경 주석가들의 노력 없이도 얼마든지 신앙을 유지할 수 있다고 주장하지 않았다. 또한 구원의 도가 성경에 워낙 명백하게 계시되어 있기 때문에 누구나 자신의 영적 상태와 상관없이 그것을 쉽게 이해할 수 있다고도 주장하지 않았다.

그들의 의도는 구원을 얻는 데 필요한 지식이 비록 성경의 모든 단락에 동일하게 명확히 나타나 있지 않을지라도, 누구든 구원을 진실하게 추구하면 그 지식을 쉽게 얻을 수 있고, 교회나 사제에 의존할 필요가 없을 만큼 단순하고 포괄적인 형태로 성경 곳곳에 전달되어 있음을 강조하려는 것이었다. 성경의 명료성은 시편 19:7, 8; 119:105, 130 같은 단락들이 입증하며, 신령한 사람은 그것을 판단하고 이해할 수 있다는 것이 성경의 가르침이다(고전 2:15; 10:15; 요일 2:20).

4. 성경의 충족성

로마 교회도 재세례파도 성경을 하나님의 충분한 계시로 간주하지 않는다. 재세례파는 성경을 낮게 평가하여, 내적 빛과 온갖 종류의 특별 계시들이 절대 필요하다고 주장하는 반면에, 로마 교회는 구전 전통을 기록된 말씀에 필요한 보완물로 간주한다. 로마 가톨릭에 따르면, 이 전통은 사도들이 전파했으나 기록되지 않은 진리들과, 대대로 중단 없이 가톨릭 교회에 전수된 진리들을 구체화 시킨다고 한다. 오늘날 이런 진리들이 주로 공의회들의 법령들, 거룩한 교부들의 저작들, 교황의 공식 발언들, 전례의 단어들과 용례들에 담겨 있다고 한다.

개혁자들은 이런 견해에 반대하여 성경의 완전성 곧 충족성을 주장했다. 그렇다고 해서 선지자들과 그리스도와 사도들에 의해 발언되었거나 기록된 모든 내용이 성경에 다 담겨 있다는 뜻이 아니고, 다만 기록된 말씀이 개인들과 교회의 도덕적·영적 필요에 충분하다는 뜻이다. 개혁자들의 주장에는, 기록되지 않은 하나님의 말씀이 성경과 똑같은 혹은 그보다 우월한 권위를 가지고 성경과 나란히 존재한다는 생각을 부정하는 뜻이 담겨 있다.

신론

하나님과 그분의 창조에 관한 교리

제1편

하나님의 존재

제1장

하나님의 필수적 본질

A. 하나님께 관한 지식

하나님을 알 수 있는 가능성은 여러 근거에서 부정되어 왔다. 하지만 몇몇 경우에 이러한 부정은 인간이 하나님을 이해할 수 없다는 주장과 다를 바 없다. 물론 이것은 틀림없는 사실이다. 인간이 절대적으로 포괄적인 지식으로 하나님을 알고, 신적 존재의 무한한 깊이를 측정한다는 것은 불가능하다. 하지만 이렇게 인간이 하나님을 부분적으로밖에 알 수 없는 게 사실일지라도, 그 지식은 실질적이고 참된 지식이다. 하나님께 관한 인간의 지식은 일반적으로 두 가지로 언급된다.

1. 본유적 혹은 선천적 지식

인간이 하나님께 관한 본유적 지식을 갖고 있다는 말은 단순히 인간이 선천적으로 하나님을 알 수 있는 능력이 있다는 뜻이 아니다. 그 말은 그 이상의 것을 의미한다. 동시에 그 말은 인간이 태어날 때 하나님께 관한 일정한 지식을 가지고 세상에 태어난다는 뜻이 아니다. 하나님께 관한 본유적 지식을 가리켜 선천적이라고 하는 것은 그 지식이 도덕적 상황하에서 인간이 하나님의 계시에 접촉하는 순간에 즉시 그 안에서 자발적으로 성장한다는 뜻에서 그러하다. 그것은 인간이 어떤 선택의 결과로 발전시키는 지식이 아니라, 지어진 대로 필연적으로 발전시키게 되는 지식이다. 따라서 이러한 지식은 좀더 일반적인 성격을 갖게 마련이다.

2. 획득되는 지식

반면에 획득되는 지식은 하나님의 일반 계시와 특별 계시로부터 유래한다. 그것은 정신에 즉각 발생하지 않고, 의식적으로 지속적으로 지식을 추구하는 결과로 발생한다. 이 지식은 힘겨운 인식과 반추와 사유와 논증의 과정을 거쳐야 비로소 얻을 수 있으며, 따라서 인간의 자발적인 의지와 지속적인 노력에 좌우된다. 이 지식은 인간이 하나님을 알 수 있는 능력을 가지고 태어나기 때문에 비로소 가능하긴 하지만, 하나님께 관한 본유적 지식의 한계들을 훨씬 뛰어넘도록 인도한다.

어떤 사람들은 하나님께 대한 우리의 지식이 하나님께서 자신의 피조물들에 대해서 가지는 관계들에 제한되며, 그분의 본질적 존재에까지 확대되지는 않는다고 말하지만, 이것은 정확한 말이 아니다. 하나님과 사람의 본성 자체의 어떤 면을 모른다면 이런 관계들을 아는 것 자체가 불가능할 것이다. 하나님께서 자신에 관해서 계시해 주신 덕분에, 인간은 하나님의 존재(being)에 관한 참되고 실질적인 지식을 가질 수 있다. 물론 이 지식은 어쩔 수 없이 제한된 것이긴 하지만 말이다.

B. 하나님의 계시로부터 알려진 하나님의 존재

엄밀한 의미에서 하나님께 관해 정의를 내린다는 것이 불가능하긴 하지만, 그분의 존재에 관해 일반적으로 진술하는 것은 가능하다. 하나님께 관해서 이른바 많은 정의들이 제시되었지만, 하나님을 무한한 완전성을 지니신 순결한 영으로 단순하게 묘사하는 것이 최선의 정의인 듯하다. 이 묘사에는 다음 요소들이 담겨 있다.

1. 하나님은 순결한 영이시다.

성경은 하나님의 존재를 정의하려고 하지 않는다. 굳이 정의에 가장 근접한 것을 찾는다면 그것은 그리스도께서 사마리아 여인에게 하신 말씀에서 찾을 수 있다. "하나님은 영이시니 예배하는 자가 신령과 진정으로 예배할지니라"(요 4:24). 이것은 하나님께서 본질상 영이시며, 따라서 완전한 영(spirit) 개념에 속한 모든 속성들이 하나님 안에서 필연적으로 발견된다는 것과, 하나님께서 스스로 의식하시고 스스로 전달하시는 분이라는 것을 뜻한다. 하나님께서 순결한 영이시라는 사실은 필연적으로 초기 영지주의자들과 중세 신비주의자들의 견해, 즉 하나님께서 일종의 공기와 같은 혹은 정제된 몸을 갖고 계신다는 견해를 배제한다. 그 사실은 아울러 하나님께서 볼 수 있는 분이며, 신체적 감각들로써 식별할 수 있는 분이라는 생각도 배제한다.

2. 하나님은 인격적인 분이시다.

하나님께서 영이시라는 사실은 그분에게 인격이 있다는 점도 내포한다. 영이란 지적이며 도덕적인 존재이며, 하나님께 인격이 있다고 할 때 그것은 하나님께서 스스로 판단할 수 있는 능력을 지닌 이성적 존재이시라는 뜻이기 때문이다. 오늘날은 많은 사람이 하나님의 인격성을 부정하며, 하나님을 존재하는 모든 것들에 대한 무의식적 원인(cause)으로 말하거나, 모든 것을 포괄하는 세계의 원칙으로, 혹은 모든 것을 내포하는 우주의 목적으로 말한다.

하지만 하나님의 인격은 세계에 남아 있는 지적이고 의도적인 행위의 흔적들에 분명히 암시되어 있고, 그 모든 것이 인격적 신의 산물일 수밖에 없는 인간의 이성적·도덕적·종교적 본성에 암시되어 있고, 무엇보다도 성경에 기록된 하나님께 대한 표현들에 암시되어 있다. 구약과 신약 성경에 기록된 하나님의 임재는 명백히 인격적인 임재이다. 성경에서 하나님은 인격적 신으로, 즉 오기도 하시고 가기도 하시고, 사람들이 함께 대화도 나눌 수 있고, 신뢰할 수 있고, 경험할 수 있고, 인간들이 시련과 곤궁에 처할 때 그들을 보존하실 수도 있고, 그들의 마음을 승리의 기쁨으로 채우시는 신으로 나타난다.

더 나아가 신약성경에 나타난 하나님께 관한 지고한 계시는 인격적인 계시이다. 예수 그리스도는 빌립에게 "나를 본 자는 아버지를 보았거늘 어찌하여 아버지를 보이라 하느냐"(요 14:9)고 말씀하실 수 있었던 완전한 방법으로 성부 하나님을 계시하신다.

3. 하나님은 무한히 완전하시다.

하나님은 무한한 완전성으로 그의 모든 피조물들과 구분되신다. 하나님은 어떠한 제한이나 불완전이 없는 상태로 자신의 존재와 덕(virtue)들을 소유하신다. 무한히 완전하신 하나님이시기 때문에 끝이나 한계가 없으실 뿐 아니라, 지고함과 장엄함에서 그의 모든 피조물 위에 뛰어나시다. 이 무한성이 하나님의 모든 완전한 면들의 특징이며, 그러한 완전한 면들은 아무리 뛰어난 피조물일지라도 그를 포함한 모든 피조물들의 속성들과 구분해 준다.

모세가 홍해 가에서 부른 노래에는 이 무한성이 드높여진다. "여호와여 신중에 주와 같은 자 누구니이까. 주와 같이 거룩함에 영광스러우시며 찬송할 만한 위엄이 있으며 기이한 일을 행하는 자 누구니이까"(출 15:11). 하나님의 무한성에 관한 언급들이 다음과 같은 단락들에서도 더 발견된다 (왕상 8:27; 시 96:4-6; 97:9; 99:2, 3; 147:5; 사 57:15; 렘 23:24). 윌리엄 제임스(William James)와 웰스(H. G. Wells) 같은 현대의 몇몇 학자들은 하나님의 무한성을 부정한다. 그들은 하나님을 "유한하고, 발전 과정에 있고, 투쟁하고, 고통 당하고, 인간과 함께 패배와 승리를 나누는" 존재로 인식한다.

4. 하나님과 그분의 완전성들은 하나이다.

단순성이 하나님의 근본적 특성들의 하나이다. 이것은 영이신 하나님께서 상이한 부분들로 이루어져 있지 않음을 뜻할 뿐 아니라, 그분의 본질과 속성들(properties)이 하나임을 뜻하기도 한다. 하나님의 존재는 그 자체로 존재하고, 그분의 속성들이 덧붙여지는 어떤 것이 아니다. 그분의 본질 전체가 속성들 각각 안에 있다. 하나님의 완전성들은 하나님께서 인간에게 자신을 계시해 오신 바 하나님 자신(God Himself)이라는 것이 많은 사람들의 말이다. 그러한 완전성들은 하나님의 신적 본질을 좀더 상세히 묘사하는 역할밖에 하지 못한다. 따라서 성경은 하나님께서 진리와 생명과 빛과 사랑이라고 말한다.

제2장

하나님의 이름들

A. 하나님의 이름 개관

성경은 하나님의 이름을 종종 단수로써 말한다(예. 출 20:7; 시 8:1). 성경이 이렇게 할 때는 하나님의 어느 특별한 이름을 언급하는 것이 아니라, 아주 일반적인 의미의 용어를 사용하여 하나님의 자기 계시를 나타내려는 것이다. 한 가지 일반적인 하나님의 이름이 여러 특별한 이름들로 구분되며, 이 이름들은 하나님의 다양한 존재를 표시한다. 하나님께서 이렇게 자신의 이름에, 즉 자연과 성경 안에 나타나 있는 하나님의 자기 계시 안에 자신을 계시해 놓으셨기 때문에, 오늘날 우리는 이 이름들을 하나님께 사용할 수 있다. 이 이름들은 비록 인간의 언어들로 표시되긴 하지만, 인간이 고안하지 않고 하나님께로부터 유래했다. 위에서 일반적으로 하나님의 이름에 관해서 말한 내용을 근거로, 하나님의 고유한 이름들뿐 아니라 그분의 속성들과 성부, 성자, 성령이라는 인격적 칭호들까지도 '하나님의 이름들'이라는 일반적 표제에 포함시킬 수 있다. 하지만 이 장에서는 하나님의 인격적 이름들을 논하는 것으로 그치고자 한다.

B. 구약에 사용된 하나님의 이름들

구약에 사용된 이름들 중에서 다음 이름들이 가장 중요하다.

1. 하나님께서 높고 뛰어난 분이며 초월적 하나님이시라는 사실에 관심

을 집중시키는 특정 이름들이 있다.

엘과 엘로힘은 하나님이 강하고 능력이 크시며, 따라서 두려워해야 할 분이라는 사실을 강조하는 반면에, 엘론은 지극히 높은 분이시며, 경의와 예배를 받으셔야 할 분으로서의 뛰어나신 본성을 주목하게 한다. 이 부류에 속한 또 다른 이름은 대체로 '주'(Lord)로 번역되는 아도나이이다. 이 이름은 하나님께 아뢸 때 자주 사용되었으며, 하나님께서 만민의 소유자이시며 통치자이심을 분명히 인정하는 뜻을 갖고 있다. 옛 언약 백성인 이스라엘 중에서는 이 이름이 대부분 여호와라는 이름 대신에 사용되었다.

2. 이렇게 높으신 분이 자신의 피조물들과 관계를 맺기 위해서 낮아지셨다는 사실을 가리키는 다른 이름들이 있다.

족장 시대에는 특히 이런 목적으로 사용된 이름이 샤다이 혹은 엘샤다이였다(출 6:3). 이 이름도 하나님의 위대하심을 강조하지만, 주로 하나님 백성을 위한 복과 위로의 근원으로서 위대하심을 강조한다. 이 이름은 하나님께서 자연의 모든 세력들을 통제하시며, 그것들을 자신의 은혜의 목적에 잡아 쓰시는 사실을 가리킨다. 하지만 하나님께서 자신을 은혜의 하나님으로서 계시하실 때 특별하게 사용하시는 이름은 여호와(야웨)였다. 이 이름은 언제나 가장 신성하고 가장 독특한 하나님의 이름으로 간주되어 왔다. 출애굽기 3:14을 토대로 해서, 이 이름은 '존재하다'(to be)라는 히브리어 동사에서 유래했다는 점과, 하나님의 불변성을 가리키는 역할을 한다는 점을 말할 수 있다.

여호와라는 이름은 신적 존재의 불변성(immutability)을 내포하지만, 보다 직접적으로 가리키는 것은 하나님께서 언약 관계에서 변하실 수 없다는 사실과, 하나님께서 약속을 생각하시고 그것을 신실하게 지키신다는 사실이다(말 3:6). 이 이름은 종종 '만군의 여호와'(Jehovah of hosts)라는 강한 형태로 나타난다. 여기서 말하는 '만군'(萬軍, hosts)은 별들이 아니라 천사들의 무리이다. 만군의 여호와께서는 영광의 왕이신 하나님으로서, 천사들의 무리에 옹위(擁衛)되어 계시고, 자기 백성을 위해서 천지를 다스리시며, 자신의 모든 피조물들로부터 영광을 받으신다.

C. 신약에 사용된 하나님의 이름들

신약성경은 단순하게 구약의 히브리어 이름들에 해당하는 헬라어 이름들을 사용한다. 다음 이름들을 특히 주목할 필요가 있다.

1. 데오스

이 이름은 단순히 '하나님'(God, 신〈神〉)에 해당하는 단어이며, 신약성경에서 가장 흔히 사용되는 이름이다. 엘, 엘로힘, 엘론을 평범하게 옮겨 놓은 단어이다. 비록 엘론은 신약성경에서 때때로 '지극히 높으신 이' 혹은 '지극히 높으신 하나님'으로 표현되긴 하지만 말이다. 샤다이와 엘샤다이는 '전능하신 자' 혹은 '전능하신 하나님'이란 뜻의 헬라어 동의어들로 표기된다. 데오스라는 단순한 표기는 '내 하나님', '너희의 하나님', '우리 하나님', '너희의 하나님' 같이 소유격과 함께 자주 발견되는데, 이렇게 된 이유는 그리스도 안에서 하나님께서 자신의 자녀들 모두의 하나님이자 각각의 하나님으로 간주되실 수 있기 때문이다. 민족 개념이 신앙 안에 개인으로 존립할 수 있는 자리를 만들어 주었다.

2. 퀴리오스

이것은 '주'(Lord)에 해당하는 단어로서, 하나님뿐 아니라 그리스도께도 적용되는 이름이다. 이것은 아도나이와 여호와라는 이름의 자리를 다 차지하지만(물론 전자와 후자의 의미는 정확히 동일하지는 않다), 만물, 특히 자기 백성의 소유자이자 통치자이신, 그리고 진정한 권능과 권세를 지닌 분이신 하나님을 가리킨다. 여호와라는 이름에 담긴 근본 개념이 때때로 '알파와 오메가', '지금도 계시고 전에도 계셨고 장차 오실 이', '시작과 끝', '처음과 나중' 같은 표현들로 재현된다.

3. 아버지(Pater)

아버지라는 이름은 신약성경이 새롭게 도입한 것이라고 주장하는 사람들이 있으나 실은 그렇지 않다. 구약성경에도 하나님께서 이스라엘과 맺으신 특별한 관계를 표현한 칭호에 이 이름이 발견되기 때문이다. 하나님은 이스라엘의 아버지이시고(신 32:6; 사 63:16), 이스라엘은 하나님의 아들이다(출 4:22; 신 14:1; 사 1:2). 이 이름은 신약성경에서 항상 같은 의미로만 사용되지는 않는다. 경우에 따라서 이 이름이 하나님을 단순히 창시자와 창조주로 지칭하는 역할을 한다(고전 8:6; 엡 3:14; 히 12:9; 약 1:17). 다른 구절들에는 삼위일체의 제1위께서 그리스도와 맺고 계신 특별한 관계나, 하나님께서 영적 자녀들인 신자들과 맺으신 윤리적 관계가 표현되어 있다.

제3장

하나님의 속성들

하나님께서 자신을 이름으로써만 계시하시지 않고, 속성들로써, 즉 성경에서 신적 존재에게 돌리거나 혹은 창조와 섭리와 구속의 사역으로써 친히 보이는 형태로 발휘하신 완전성들(perfections)로써 특히 더 계시하신다. 하나님의 속성들에 적용되는 다양한 구분들 중에서, 우리는 가장 공통되게 사용되는 구분을 따른다.

A. 비공유적 속성들

비공유적(非共有的) 속성들이란 피조물들 안에 유추할 만한 대상이 없는 신적 완전성들이다. 이 속성들은 하나님의 절대 독특성, 그분의 초월적 위대성을 강조한다. 다음과 같은 속성들이 이 부류에 속한다.

1. 하나님의 독립성 혹은 자존성

하나님께서 독립 혹은 자존하신다고 말할 때는 하나님께서 자신의 존재에 따르는 필연성에 의해서 존재하시며, 따라서 필연적으로 사람들과 달리 하나님 자신 이외의 다른 대상에 의존하여 존재하시지 않는다는 뜻이다. 이것은 하나님께서 독립적으로 존재하신다는 뜻일 뿐 아니라, 자신의 모든 덕(virtue)들과 행위들에서도 독립적이시며, 모든 피조물들을 자신에게 의존하게 하신다는 뜻이기도 하다. 이 개념이 여호와라는 이름에 담겨 있고, 요한복음 5:26에 표현되어 있고, 하나님께서 생각에서(롬 11:33, 34), 의지에서(단 4:35; 롬 9:19; 엡 1:5; 계 4:11), 권능에서(시 115:3), 계획에서(시 33:11) 독립적이심을 분명히 암시하는 단락들에 지적되어 있으며, 하나님께서 모든 것들로부터 독립해 계시고, 만물은 오직 하나님을 통해서만 존재한다는 선언에도 암시되어 있다(시 84:8 이하; 사 40:18 이하; 행 17:25).

2. 하나님의 불변성

성경은 하나님의 독립성뿐 아니라 불변성도 가르친다. 하나님은 영원히 동일하시고, 따라서 존재와 완전성들과 목적들과 약속들에 조금도 변화가 없으시다. 이 점은 시편 102:27; 말라기 3:6; 야고보 1:17 같은 구절들이 분명하게 가르친다. 동시에 하나님께 변화가 있다고 말하는 듯한 구절들도 많다. 하나님께서 스스로 나타나시고 숨으시고, 오시고 가시며, 뜻을 돌이키시고 바꾸시는 듯이 묘사된다(출 32:10-15; 욘 3:10; 잠 11:20; 12:22; 시 18:26, 27). 하지만 성경이 가르치는 하나님의 불변성은 하나님께 어떠한 움직임도 없음을 뜻하는 것은 분명히 아니다. 하나님은 내적 존재와 속성들과 목적들과 행위의 동기들과 약속들에서 변함이 없으시다. 그리고 성경이 하나님께 대해서 뜻을 돌이키고 변경하신다고 말할 때 그것은 분명히 인간적인 표현 방식이다. 실제로는 하나님께 변화가 없고, 다만 인간에게, 그리고 인간과 하나님의 관계에 변화가 있을 뿐이다.

3. 하나님의 무한성

하나님의 무한성이란 일반적으로, 만물이 그분의 존재에 속하도록 하는 그분의 본성(nature)의 완전성이 한계도 없고 한량도 없다는 것이다. 이것은 다양한 관점에서 생각할 수 있다.

a. 하나님의 절대적 완전성

이것은 하나님의 신적 존재 혹은 본질에 관한 하나님의 무한성이며, 이로써 하나님의 모든 공유적 속성들이 자격을 갖게 한다. 하나님은 지식과 지혜에서, 선하심과 사랑에서, 의와 성결에서, 주권과 권능에서 무한하시다.

하나님의 모든 완전한 속성들은 제한과 결핍이 없다. 이에 대한 성경적 증거는 욥기 11:7-11과 시편 145:3에서 발견된다.

b. 하나님의 영원성

시간과 관련하여 바라본 하나님의 무한성을 가리켜 하나님의 영원성이라고 한다. 성경은 대개 이 속성을 끝없는 영속(duration)으로 표현하지만(시 90:2; 102:12; 엡 3:21), 그 과정에서 좀더 특수한 철학 용어를 사용하지 않고 일상적인 언어를 사용한다. 엄격히 말하자면, 이 속성은 하나님께서 시간을 초월하시고, 생명 전체를 단번에 소유하시는 것을 가리킨다. 하나님께는 영원한 현재만 있으며, 과거나 미래가 없다.

c. 하나님의 광대성(廣大性)

공간을 기준으로 바라본 하나님의 무한성을 광대성이라고 한다. 이 완전성에 힘입어 하나님은 모든 공간을 초월하시며, 자신의 존재 전체를 가지고서 모든 공간에 동시에 계신다. 일부는 이 나라에, 나머지는 저 나라에 계시지 않고, 공간의 모든 부분을 자신의 전체 존재로써 채우신다. 이러한 속성을 가리켜 하나님의 편재(遍在)라고도 한다. 하나님은 모든 피조물들과 자신의 모든 창조물들에 내재하시지만, 어떠한 방식으로도 그것에 갇히시는 일이 없다. 하나님의 이러한 완전성도 성경에 분명히 계시되어 있다(왕상 8:27; 사 66:1; 시 139:7-10; 렘 23:23, 24; 행 7:48, 49; 17:27, 28).

d. 하나님의 단순성

하나님께서 단순하시다는 말로써 우리가 강조하는 것은 하나님께서 혼합적이시지 않으며, 어떠한 의미로도 분리되시지 않는다는 것이다. 이 속성은 무엇보다도 신성에 계신 세 위격(位格, person)이 신적 본질을 구성하는 여러 부분이 아니라는 것과, 하나님의 본질과 속성들이 구분되지 않는다는 것과, 속성들이 하나님의 본질에 첨가되지 않는다는 것을 함축한다. 하나님의 단순성은 성경의 직접적인 뒷받침을 받지는 않지만, 하나님의 자존성과 불변성에서 분명하게 귀결된다. 상이한 부분들로 구성되어 있는 존재는 이미 존재하고 있던 부분들로 구성된다는 바로 그 이유 때문에 자존하는 존재일 수 없다. 아울러 그러한 존재는 첨가되는 모든 부분이 변화를 초래하기 때문에 불변할 수도 없다.

B. 공유적 속성들

하나님의 공유적(共有的) 속성들은 인간의 속성들이 어느 정도 유사성을 지닐 수 있는 그러한 속성들이다. 하지만 여기서 유념해야 할 점은, 인간 안에서 발견되는 것이 하나님 안에 있는 무한하고 완전한 것에 대한 유한하고 불완전한 유추에 지나지 않는다는 점이다. 이런 점에서 하나님의 비공유적 속성들이 그분의 공유적 속성들에 자격을 부여한다는 것을 주의해야 한다. 하나님은 지식과 지혜, 사랑과 거룩함에서 독립적이시고 무한하시고 불변하시다.

1. 하나님의 지식

하나님의 지식은 하나님께서 철저히 독특한 방식으로 자신에 대해서, 그리고 가능하고 실질적인 모든 것에 대해서 완전히 아시는 것으로 정의할 수 있다. 이 지식은 본래 하나님께 있는 것이며, 하나님께서 외부로부터 얻은 것이 아니다. 더욱이 이 지식은 항상 완전하며, 하나님의 의식 속에 뚜렷하게 나타나 있다. 이것은 모든 것을 포괄하는 지식이기 때문에 전지(全知)라고 한다. 하나님은 자신을 아시고, 자신의 계획에 담겨 있는 모든 것을 아신다. 하나님은 모든 것을 아시되 그것들이 과거와 현재와 미래에 구체적으로 발생하는 것을 아시며, 그것들이 실질적으로 맺고 있는 관계 속에서 그것들을 아신다. 하나님은 인간의 지식이 닿을 수 없는 사물들의 감춰진 본질을 충분히 아신다. 가능한 것들뿐 아니라 실재하는 것들도 모두 그분의 정신 안에 있다. 하나님의 전지는 성경의 다음 단락들이 분명하게 가르친다(왕상 8:39; 시 139:1-16; 사 46:10; 겔 11:5; 행 15:18; 요 21:17; 히 4:13).

2. 하나님의 지혜

하나님의 지혜는 하나님의 지식 가운데 특정한 면이라고 할 수 있다. 이 속성은 수단을 목적에 적용하는 데 나타나는 하나님의 지성이다. 이 속성에 의해 하나님은 친히 내다보시는 목표들을 성취하기 위한 최선의 방법들을 설정하신다. 하나님께서 모든 부차적인 목표들을 귀속시키는 최종적인 목표는 자신의 이름이 영화롭게 되는 것이다(롬 11:33; 14:7, 8; 엡 1:11, 12; 골 1:16). 하나님의 지혜는 창조(시 19:1-7; 104:1-34), 섭리(시 33:10, 11; 롬 8:28)와 구속 사역(고전 2:7; 롬 11:33; 엡 3:10)에서 볼 수 있다.

3. 하나님의 선하심

하나님은 자신 안에서 선하시다. 즉 완전히 거룩하시다. 하지만 이 점은 여기서 생각해야 할 주제가 아니다. 지금 생각해야 할 것은 행동으로 나타난 하나님의 선하심, 즉 현재 저주에 처해 있는 다른 사람들에게 선을 행하시는 데서 드러나는 하나님의 선하심이다. 이 속성은 하나님으로 하여금 자신의 모든 피조물들을 후하고 친절하게 대하도록 만드는 하나님의 완전하심으로 정의할 수 있다. 그것은 창조주께서 지각이 있는 피조물들을 향해 느끼시는 정서이다. 이 정서가 이성적 피조물들인 인간들에게 나타났기 때문에, 이것은 인간들로서 그 풍성한 복을 받을 자격이 없는 사실을 지칭하기 위해서 때때로 하나님의 박애의 사랑 혹은 일반 은총이라고 불린다. 성경은 여러 곳에서 이 속성을 언급한다(시 36:6; 104:21; 145:8, 9, 16; 마 5:45; 6:26; 행 14:17).

4. 하나님의 사랑

오늘날은 하나님의 다른 모든 완전성들을 이 속성에 비추어 해석해야 한다는 논리로 이 속성을 하나님의 가장 중심적인 속성으로 간주하는 경우가 많다. 하지만 이 속성이 하나님의 다른 속성들보다 더 중심적인 것으로 간주해야 할 근거란 충분하지 않다. 여기서 특히 말하고자 하는 것은 하나님의 흡족한 사랑이다. 하나님께서는 자신의 무한한 완전성들을 생각하시고, 자신의 도덕적 형상을 반영하고 있는 피조물들을 생각하실 때 바로 이러한 사랑을 베풀기를 기뻐하셨다. 이 사랑은 다양한 관점에서 바라볼 수 있다.

a. 하나님의 은혜

성경의 구체적인 언어로 말하자면, 하나님의 은혜는 그 은혜를 저버리고, 본질상 정죄의 심판에 처해 있는 사람들에게 하나님께서 값없이 베푸시는 사랑이다. 이 은혜는 자격 없는 죄인들에게 베풀어지는 모든 영적 복들의 근원이다(엡 1:6, 7; 2:7-9; 딛 2:11; 3:4-7).

b. 하나님의 긍휼

하나님의 사랑이 지니는 또 하나의 양상은 긍휼 곧 자애로운 동정이다. 이것은 비참 혹은 곤궁에 처한 사람들에게 그들의 욕구와는 무관하게 하나님께서 베푸시는 사랑이다. 이것은 인간이 죄의 결과들을 짊어지고 있고, 따라서 불쌍한 처지에 있음을 전제로 한다. 하나님의 긍휼은 예수 그리스도의 공로들을 하나님의 가장 엄격한 공의와 균형을 이룬 상태에서만, 예수 그리스도의 공로들을 감안하여 발휘된다(눅 1:54, 72, 78; 롬 15:9; 9:16, 17; 엡 2:4).

c. 하나님의 오래 참으심

하나님의 사랑을 완고와 악에 대한 참음으로 간주할 때, 그것을 가리켜 하나님의 오래 참으심 곧 인내라고 한다. 이것은 끊임없는 훈계와 경고에도 불구하고 계속해서 죄를 짓는 죄인들을 상정하며, 그들이 마땅히 받아야 할 심판을 유예하시는 데서 특히 분명하게 나타난다(롬 2:4; 9:22; 벧전 3:20; 벧후 3:15).

5. 하나님의 거룩하심

하나님의 거룩하심은 무엇보다도 하나님께서 자신의 모든 피조물들과 절대 구별되시며, 무한한 엄위로 그들 위에 뛰어나 계시는 신적 완전성이

다. 이것이 출애굽기 15:11; 사무엘상 2:2; 이사야 57:15; 호세아 11:9
의 의미이다. 하지만 우리가 여기서 특히 염두에 두는 것은 하나님께서 도
덕적 악 곧 죄로부터 구별되어 계실 수 있는 윤리적 거룩하심이다. 이 거
룩하심의 근본 개념은 '구별'이긴 하지만, 적극적인 의미로는 하나님의 도
덕적 탁월성 혹은 윤리적 완전성이라고도 할 수 있다. 하나님의 이 속성
앞에서, 인간은 죄의식에 무겁게 짓눌린다(욥 34:10; 합 1:13; 사 6:5).
이 속성은 하나님으로 하여금 영원히 자신의 도덕적 탁월성을 뜻하시고
유지하시며, 죄를 증오하시고, 자신의 도덕적 피조물들에게 순결을 요구하
시도록 만드는 완전성으로 정의할 수 있다.

6. 하나님의 의

하나님의 이 속성은 거룩하심과 밀접하게 관련되어 있다. 바로 이 완전
한 속성으로써, 하나님께서는 자신의 거룩하심을 침해하는 모든 행위를 대
적하시고, 모든 점에서 자신이 거룩하신 분이심을 나타내신다. 이 속성에
담긴 상이한 양상들을 구별해서 다뤄야 한다.

a. 통치적 공의(Rectoral Justice)

이것은 하나님께서 선인들과 악인들을 모두 다스리시는 분으로서 나타
내시는 엄정성(嚴正性)이다. 이 공의로써, 하나님은 세상에 도덕적 통치를
제정하시며, 인간에게 공정한 법을 부과하시며, 복종하는 자들에게는 상을,
불복종하는 자들에게는 벌을 약속하신다(시 99:4; 사 33:22; 롬 1:32).

b. 보상적 공의(Remunerative Justice)

이것은 하나님께서 사람들과 천사들에게 상을 베푸시는 데서 나타난다
(신 7:9, 12, 13; 시 58:11; 미 7:20; 롬 2:7; 히 11:26). 이것은 사실상
엄격한 공로에 근거하지 않고, 약속과 동의에 따라 상을 나눠주시는 신적
사랑의 표현이다(눅 17:10; 고전 4:7).

c. 보응적 공의(Retributive Justice)

이것은 형벌과 관련되며, 하나님의 진노의 표시이다. 세상에 죄가 들어오지 않았다면 이러한 공의가 있을 자리가 없었겠지만, 죄가 가득한 세상에서는 이 공의가 대단히 두드러진 자리를 차지한다. 성경은 악인들에 대한 형벌보다 의인들에 대한 상급을 강조하긴 하지만, 악인들에 대한 형벌도 분명하게 가르친다(롬 1:32; 2:9; 12:19; 살후 1:8).

7. 하나님의 진실성

하나님의 진실성은 하나님으로 하여금 내면적 존재, 계시, 그리고 자기 백성과의 관계에서 참되시게 하는 완전성이다. 이 속성은 하나님이 거짓과 허영인 우상들과 달리 참 신이시라는 것과, 하나님께서 사물들을 실상대로 아시며, 인간에게도 사물들의 실상을 알 수 있게 하신다는 것, 그리고 언약의 모든 약속들을 신실하게 지키신다는 것을 함축한다. 하나님의 진실성 가운데 언약을 지키신다는 점을 가리켜 대체로 하나님의 신실성이라고 한다. 이 속성은 하나님의 백성들에게 확신의 터요 소망의 근거요 기쁨의 원인이다(민 23:19; 고전 1:9; 딤후 2:13; 히 6:17; 10:23).

8. 하나님의 주권

이 일반적 표제하에 우리가 생각하는 것은 하나님의 주권적 의지, 혹은 세상과 인간의 정황들을 계획하시고 관장하시는 일에서의 주권이며, 하나님의 주권적 권능, 그분의 전능, 혹은 작정을 실행하시는 일에서의 하나님의 주권이다.

a. 하나님의 주권적 의지

하나님의 의지는 성경에 만물의 최종적 원인으로 묘사된다. 즉, 하나님의 의지는 창조와 보존(계 4:11), 통치(잠 21:1; 단 4:35; 엡 1:11), 그리스도의 고난(눅 22:42; 행 2:23), 선택과 유기(롬 9:15, 16), 중생(약 1:18), 성화(빌 2:13), 신자들이 당하는 고난(벧전 3:17), 인간의 삶과 운명(행 18:21; 롬 15:32; 약 4:15), 심지어 인생에서 발생하는 지극히 작은 일(마 10:29)의 최종적 원인이다.

1) **하나님의 은밀한 의지와 계시된 의지.** 하나님의 의지와 관련하여 여러 가지 구분들이 적용되는데, 그 중에서 가장 공통된 것은 하나님의 은밀한 의지와 계시된 의지에 관한 것이다. 전자가 하나님의 작정에 관한 뜻으로서, 주로 하나님 안에 감춰져 있는 반면에, 후자는 하나님의 법령(decrees)의 뜻으로서, 율법과 복음에 계시되어 있다. 이 구분은 신명기 29:29을 근거로 한 것이다. 하나님의 은밀한 의지는 시편 115:3; 다니엘 4:17; 로마서 9:18, 19; 11:33, 34; 에베소서 1:5, 9, 11에 언급되어 있고, 계시된 의지는 마태복음 7:21; 12:50; 요한복음 4:34; 7:17; 로마서 12:2에 나타나 있다. 전자는 하나님께서 실행하시거나 허용하시고자 하시는 모든 것을 포함하며, 따라서 절대 확실하다. 후자는 하나님께서 인간에게 명하시는 의무들에 관련되고, 인간이 하나님의 복을 누릴 수 있는 길을 나타내지만, 빈번하게 좌절된다.

2) **하나님의 의지의 자유.** 하나님께서 필연적으로 뜻하시는 일들이 있다. 하나님께서는 자신을 사랑하실 수밖에 없고, 자신의 완전성들을 생각하시며 기뻐하실 수밖에 없다. 그럴지라도 하나님은 이 점에서도 어떠한 강제도 받지 않으시고, 자신의 내적 존재 법칙에 따라 행동하신다. 하나님께서 피조물들에 대해서 지니시는 의지에는 어떠한 필연성도 존재하지 않는다. 하나님께서는 자발적으로 무엇과 누구를 창조할 것인지를 결정하셨고, 그들의 시간과 장소와 상황을 결정하셨다. 그들에게 자유를 부여하실지라도, 자신의 의지로 그들의 행동을 통제하신다. 성경은 대단히 절대적인 용어들로 하나님의 의지의 자유를 말한다(욥 11:10; 33:13; 시 115:3; 잠 21:1; 사 10:15; 마 20:15; 롬 9:15-18; 계 4:11).

3) **죄와 관련한 하나님의 의지.** 하나님의 의지와 죄의 관계와 관련하여 중대한 문제들이 발생한다. 만약 하나님께서 만물을 계획하셨다면 죄가 세상에 들어오는 것도 계획하신 셈이다. 그렇다면 하나님께서 죄의 근원이 되시는 셈이 아닌가? 하지만 여기서 유념해야 할 점은, 하나님께서 직접 죄를 초래하도록 결정하지도 않으셨고, 죄를 범하도록 영향력을 발휘하지도 않으셨다는 점이다. 하나님께서는 자신의 이성적 피조물들이 죄를 짓는 것을 허용하도록 작정하셨고, 그로써 죄가 세상에 들어오도록 하셨다. 이

러한 진술은 문제를 해결하지 못할지라도, 하나님이 도덕적으로 순결한 분이라는 개념은 지킨다.

또 다른 문제는 은밀한 의지와 계시된 의지의 관계에서 발생한다. 이 둘이 모순된다는 주장이 종종 제기된다. 하나님의 은밀한 의지는 하나님께서 계시된 의지로써 금하시는 많은 것들을 함축하며, 계시된 의지로써 명하시는 많은 것들을 배제한다(창 22장: 출 4:21-23: 왕하 20:1-7). 하나님께서는 유대인들이 예수를 십자가에 못박도록 작정하셨다. 그럴지라도 유대인들은 이 행위를 할 때 하나님의 계시된 의지를 거슬렀다(행 2:23).

하지만 '의지'라는 단어를 우리가 구분하기 위해서 두 가지 다른 의미로 사용하고 있다는 것을 반드시 유념해야 한다. 하나님께서는 은밀한 의지로써 장차 행하실 일과 장차 발생할 일을 결정하셨다. 반면에 계시된 의지로써는 우리가 반드시 해야 할 일을 계시하신다. 더 나아가 하나님께서 자신의 은밀한 의지에 따라서는 죄를 기뻐하시고, 계시된 의지에 따라서는 죄를 기뻐하시지 않는 그런 상황이란 존재하지 않는다. 하나님께서 죄가 세상에 들어오도록 작정하셨다는 사실은 하나님께서 죄를 기뻐하신다는 것을 내포하지 않는다.

b. 하나님의 주권적 능력, 즉 전능.

하나님의 주권(sovereignty)은 하나님께서 그 뜻을 실행하시는 능력인 신적 권능 곧 전능으로써도 표현된다. 하나님의 전능을 하나님께서 무슨 일이라도 다 하실 수 있다는 뜻으로 이해해서는 안 된다. 성경은 하나님께서 하지 못하시는 일들이 많다고 가르친다. 하나님은 거짓말을 하거나, 죄를 짓거나, 뜻을 바꾸거나, 자신을 부정하는 일을 하지 못하신다(민 23:19; 삼상 15:29; 딤후 2:13; 히 6:18; 약 1:13, 17).

스콜라주의자들은 하나님께서 자기 뜻과 모순되는 온갖 종류의 일을 하실 수 있고, 심지어 스스로를 멸하실 수도 있다는 그릇된 교훈을 가르쳤다. 그보다는 하나님께서 자신의 전능에 힘입어서 단순히 자신의 뜻을 시행하심으로써 친히 이루고자 작정하신 바를 이루실 수 있다고 말하는 것이 더 정확하다. 그리고 만약 하나님께서 원하기만 하셨다면 현실에서 이루시는 것 이상의 일을 하실 수 있었다(창 18:14; 렘 32:27; 슥 8:6; 마 3:9; 26:53). 하나님의 전능은 엘샤다이라는 이름으로써 표시되며, 성경의 여러 단락들에 분명히 언급된다(욥 9:12; 시 115:3; 렘 32:17; 마 19:26; 눅 1:37; 롬 1:20; 엡 1:19).

제4장

삼위일체

A. 삼위일체 개관

성경은 한 분이신 하나님께서 세 위격으로 존재하신다고 가르친다. 이것은 명백히 특별 계시에 관한 교리이다. 즉 자연에는 계시되어 있지 않고, 따라서 인간 이성으로는 발견할 수 없는 교리이다.

1. 교리의 진술

하나님은 본질로는 한 분이시지만, 이 한 분 안에 성부, 성자, 성령 세 위격(位格, person)이 계신다. 하지만 이 세 위격은 많은 사람들처럼 완전히 분리되고 구분되는 개별적인 세 분이 아니다. 오히려 신적 본질이 존재하는 세 양태(mode) 혹은 형태라고 해야 옳다. 동시에 신적 존재에 나타난 이 자체 구분들은 삼위께서 인격 관계를 맺으실 수 있는 본질을 갖고 있음을 유념해야 한다. 성부께서는 성자께 말씀하실 수 있고, 성령을 보내실 수 있다. 삼위일체의 진정한 신비는 삼위께서 본질적 존재에서 한 분이시라는 이 점에 있다. 그리고 이것은 신적 본질이 세 위격 사이에 구분되신다는 뜻이 아니다. 신적 본질(divine essence)은 각 위격 한 분 한 분이 하나님으로서의 모든 완전성들을 지니시며, 삼위 바깥에는, 즉 삼위를 떠나서는 아무런 존재도 갖지 않으신다. 더 나아가 삼위께서는 본질적 존재(essential being)에서 서로에게 종속되시지 않는다. 하지만 존재의 순서에서는 성부께서 처음이고, 성자께서 다음이고, 성령께서 그 다음이며, 이 순서는 창조와 구속 사역에도 그대로 반영된다. 삼위는 특정한 위격적

(personal) 독특성들에 의해서 구분되신다. 즉, 성부께서는 성자를 낳으시고(generate, 發生), 성자께서는 성부에 의해 발생되며, 성령께서는 성부와 성자 두 분으로부터 발출된다(proceed, 發出). 이 교리는 신앙의 가장 큰 신비의 하나이며, 따라서 우리 인간의 인식을 크게 넘어서 있다.

2. 삼위일체에 대한 성경의 증거

a. 구약에서

어떤 사람들은 구약성경에 삼위일체에 관한 암시가 전혀 없다고 주장하지만, 이것은 바른 주장이 아니다. 구약성경에도 하나님께 한 위격 이상이 계심을 암시하는 단락들이 있다. 예를 들면, 하나님께서 자신을 복수형으로 말씀하시는 부분(창 1:26; 11:7), 여호와의 사자가 신적 위격으로 묘사되는 부분(창 16:7-13; 18:1-21; 19:1-22), 그리고 성령께서 구별된 위격으로 언급되시는 부분(사 48:16; 63:10)이 그런 단락들이다. 이런 단락들 외에도 세 위격이 다소 분명하게 암시되는 몇몇 단락들이 있다(사 48:16; 61:1; 63:9, 10).

b. 신약에서

신약성경이 하나님 아들의 성육신과 성령의 강림을 기록하므로, 신약의 증거들이 구약의 증거들에 비해 분명하다는 것은 대단히 자연스러운 일이다. 신약에는 세 위격이 분명하게 언급되는 단락들이 여럿 있다. 예수께서 세례를 받으신 일을 전하는 단락(눅 3:21, 22)과, 예수님의 고별 강화(요 14-16장), 대 사명(마 28:19), 사도의 축복(고후 13:13)이 그 예들이고, 그밖에도 누가복음 1:35; 고린도전서 12:4-6; 베드로전서 1:2 같은 단락들이 있다.

3. 삼위일체에 대한 그릇된 견해들

초기 기독교 교리에서 몇몇 사람들은 세 위격을 세 분의 신적 존재, 즉 사실상 삼신(三神)으로 이해했다. 사벨리우스주의자들(the Sabellians)은 삼위를 하나님께서 자신을 창조와 율법 수여에서는 성부로, 성육신에서는 성자로, 중생과 성화에서는 성령으로 계시하심으로써 차례로 취하신 신적 행위 혹은 현현의 여러 양태들(modes) 정도로 간주했다. 그들의 주장대로라면 삼위께서 한 분으로 축소되는 셈이었다.

또한 사모사타의 파울루스(Paul), 종교개혁 시대의 소지니주의자들(the Socinians), 현대의 유니테리언주의자들(the Unitarians)과 현대주의자들(the Modernists)이 모두 삼위일체를 아버지이신 하나님, 인간이신 예수 그리스도, 그리고 성령이라 불리는 신적 영향력으로 이해한다. 아울러 이 견해는 하나님께서 존재에서 뿐 아니라 위격에서도 한 분이라고 이해하며, 그로써 삼위일체론을 무너뜨린다.

B. 개별적으로 살펴본 세 위격

1. 성부

하나님께 적용된 '아버지'라는 이름은 성경에서 항상 같은 뜻으로만 쓰이지는 않는다. 이 이름은 삼위 하나님으로서 (a) 창조된 만물의 근원이신 분을 가리킬 수도 있고(고전 8:6; 엡 3:14, 15; 히 12:9; 약 1:17), (b) 선민 이스라엘의 아버지를 가리킬 수도 있고(신 32:6; 사 63:16; 64:8; 렘 3:4; 말 1:6; 2:10), (c) 그분의 영적 자녀들인 신자들의 아버지를 가리킬 수도 있다(마 5:45; 6:6-15; 롬 8:15; 요일 1:3). 하지만 이 이름이 훨씬 더 근본적인 의미로 쓰일 때는 삼위일체의 제2위와 관련하여 제1위께 적용된다(요 1:14, 18; 5:17-26; 8:54; 14:12, 13). 이 분이 본연의 성부 하나님으로서, 이 분과 비교할 때 지상의 모든 부성(父性)은 희미한 그림자에 지나지 않는다. 성부의 독특한 특성은 영원부터 성자를 낳으신다(발생)는 점에 있다. 성부께서 하신 일로는 특정 사역들이 지목되는데, 이 사역들은 물론 나머지 위격들께서도 동참하신 것들로서, 이를테면 구속 사역에 대한 계획, 창조와 섭리의 사역, 그리고 구속의 계획(the counsel of Redemption)에서 삼위일체를 대표하는 사역이 그것이다.

2. 성자

삼위일체의 제2위격은 '아들'[성자] 혹은 '하나님의 아들'이라 불린다. 하지만 이 이름이 항상 같은 뜻으로만 그분에게 적용되는 것은 아니다. 순전히 삼위일체의 제2위격으로 간주할 때, 그분은 성부에 의해 영원히 발생하시기 때문에 '아들'이라 불리신다(요 1:14, 18; 3:16, 18; 갈 4:4). 아울러 직무상의 의미로는 하나님께서 택하신 메시야로서의 칭호를 얻으심으로써 성육신하신 하나님의 아들로서의 이름을 지니신다(마 8:29; 27:40; 26:63; 요 1:49; 11:27). 그리고 마지막으로 적어도 한 단락에서는 '하나님의 아들'이라 불리신다. 이것은 그분이 강생하실 때 성령의 특별한 사역에 의해 태어나신 사실에 힘입은 결과이다(눅 1:32, 35). 아들과 관련해서는 다음 사항들을 특히 주목할 가치가 있다.

a. 성자의 영원한 발생

성자의 위격적 특성은 성부에 의해 영원히 나음을 입으신다는 점에 있다. 성자의 발생 교리는 성경이 삼위일체의 제1위와 제2위의 관계를 부자(父子) 관계로 묘사함으로써 자연스럽게 제시되며, 시편 2:7; 사도행전 13:33; 히브리서 1:5에 근거를 둔다. 이 발생에 의해서 성부께서는 성자의 본질적 본성(essential nature)을 존재케 하신 것이 아니라, 신적 존재 안에서 성자의 위격적 실재(subsistence) — 존재의 두번째 양태 — 의 원인이 되신다. 이러한 성자의 발생을 과거에 성취된 일로 간주해서는 안 되며, 성부의 필연적이고 따라서 영원한 행위로 간주해야 한다. 발생은 무시간적이고, 항상 지속되면서도, 항상 완성된다.

b. 성자의 신성

성자의 신성은 초기 교회의 여러 분파들과, 지난 두 세기 동안 무수한 자유주의 학자들과, 오늘날의 유니테리언주의자들과 진정한 현대주의자들 및 인본주의자들에 의해서 부정된다. 하지만 하나님의 말씀의 명백한 증거를 도외시하지 않고는 그 점을 부정할 수 없다. 성경의 여러 단락들이 성자의 신성을 명백하게 가르친다(예. 요 1:1; 20:28; 롬 9:5; 빌 2:6; 딛

2:13; 요일 5:20). 더 나아가 하나님께 해당하는 이름들이 그분께 적용된다(렘 23:5, 6; 욜 2:32〈비교, 행 2:21〉; 사 9:6; 딤전 3:16). 신적 속성들이 그분에게 돌려진다(사 9:6; 계 1:8; 마 18:20; 28:20; 요 2:24, 25; 21:17; 빌 3:21; 계 1:8). 신적 사역들이 그분에 의해 행해진다(마 9:2-7; 눅 10:22; 요 1:3, 10; 3:35; 엡 1:22; 골 1:17; 히 1:10-12; 빌 3:21; 요 5:22, 25-30). 그리고 하나님께 해당하는 영예가 그분께 돌려진다(요 5:22, 23; 14:1; 고전 15:19; 고후 13:13; 히 1:6).

c. 좀더 특별하게 성자에게 돌려지는 사역들

삼위일체 안에 계신 위격들의 존재 순서는 삼위께서 수행하시는 사역들의 순서에 반영된다. 만약 만물이 성부께로부터(out of) 나온다면, 그것들은 성자를 통해서(through, 말미암아) 나온다. 만약 전자가 최종적이라면, 후자는 창조와 구속에 있는 모든 것의 중재적 원인(mediating cause)이다. 만물이 성자를 통해서 창조되고 유지된다(요 1:3, 10; 히 1:2, 3). 성자는 세상에 들어오는 모든 사람들을 비추는 빛이다(요 1:9). 좀더 구체적으로, 구속 사역은 성자의 성육신과 고난과 죽음 안에서 수행된다(엡 1:3-14).

3. 성령

성령께 관해서는 다음 사항들을 특히 유념해야 한다.

a. 성령께서는 인격[위격]을 지니신다

많은 사람들이 쟁점으로 삼는 것은 성령의 신성(神性)이 아니라 인격(personality)이다. 초기 교회의 여러 분파들과 종교개혁 시대의 소지니주의자들, 유니테리언주의자들, 현대주의자들, 그리고 오늘날 성행하는 온갖 부류의 사벨리우스주의자들이 성령의 인격을 부정했다. 그들은 성령을 단순히 하나님의 능력이나 영향력으로 간주하는 쪽을 선호했다. 그럴지라도 성령께서는 분명히 인격으로 지칭되신다(요 14:16, 17, 26; 15:26; 16:7-15; 롬 8:26). 인격의 특징들, 이를테면 지성(요 14:26; 15:26; 롬

8:16), 정서(사 63:10; 엡 4:30), 의지(행 16:7; 고전 12:11)가 성령께 돌려진다. 더욱이 성령께서는 인격에 해당하는 일, 이를테면 말하고, 찾고, 증거하고, 명령하고, 계시하고, 노력하고, 도고(禱告)하는 등의 일을 수행하신다(창 1:2; 6:3; 눅 12:12; 요 14:26; 15:26; 16:8; 행 8:29; 13:2; 롬 8:11; 고전 2:10, 11). 마지막으로, 성령을 그분의 능력과 구분해서 소개하는 단락들이 있다(눅 1:35; 4:14; 행 10:38; 롬 15:13; 고전 2:4).

b. 성령과 삼위일체의 다른 위격들의 관계

성령께서 성부께로부터 나오셨다는 것은 교회사 시초부터 요한복음 15:26에 근거하여 주장되었지만, 서방 교회가 성령께서 또한 성자에게서도 나오셨다는 견해를 공식적으로 채택한 것은 주후 589년에 가서야 비로소 이루어졌다. 이 교리는 성령께서 그리스도의 영과 아들의 영으로도 불리시고(롬 8:9; 갈 4:6), 그리스도께로부터 파송을 받으셨다고 언급되는(요 15:26; 16:7) 사실에 근거를 둔다. 성령께서는 이렇게 성부와 성자로부터 나오신[발출하신] 데 힘입어, 다른 두 위격과 철저히 긴밀한 관계를 맺고 계신다. 하나님의 깊은 것까지도 통달하시며(고전 2:10, 11), 어느 정도는 그리스도와 동일시되신다(고후 3:17). 성령 안에서 그리스도께서 제자들에게 돌아오신다(요 15:16-18). 더욱이 바울 서신서들은 신자들에 내주하는 분을 가리켜 어느 때는 그리스도라고 하고, 어느 때는 하나님의 영이라고 한다(롬 8:9, 10; 갈 2:20; 고전 3:16).

c. 성령의 신성

성령의 신성은 성경으로부터 성자께 관하여 사용된 것과 아주 비슷한 노선의 논증을 가지고 수립할 수 있다. 무엇보다도 성령께 대해서 하나님의 이름들이 사용된다(행 5:3, 4; 고전 3:16; 딤후 3:16). 성령께 대해서 하나님의 완전성들이 인정된다(시 139:7-10; 사 40:13, 15; 고전 2:10, 11; 12:11; 롬 15:19; 히 9:14). 하나님의 사역들을 성령께서 행하신다(창 1:2; 욥 26:13; 33:4; 시 104:30; 요 3:5, 6; 딛 3:5; 롬 8:11). 그리고 성령께 하나님의 영예가 돌려진다(마 28:19; 롬 9:1; 고후 13:13).

d. 특히 성령께서 하시는 일로 소개되는 사역들.

삼위 하나님이 하시는 일이면서도 특히 성령께서 하시는 일로 소개되는 특정 사역들이 있다. 일반적으로 하나님의 창조의 일과 구속의 일을 모두 완료하시는 분이 성령이라고 말할 수 있다. 자연 영역에서, 성령께서는 생명을 발생시키시고, 그로써 창조 사역에 완결의 손길을 대신다((창 1:3; 욥 26:13; 시 33:6; 시 104:30). 그리고 사람들에게 영감을 주시고, 재능을 주셔서 특별한 과업들을 이루게 하신다(출 28:3; 31:2, 3, 6; 35:35; 삼상 11:6; 16:13, 14).

구속의 영역에서, 성령께서는 그리스도께서 구속 사역을 수행하시도록 준비시키시고 능력을 부어주신다(눅 1:35; 3:22; 요 3:34; 히 10:5-7). 성경을 영감(靈感)하신다(고전 2:13; 벧후 1:21). 교회를 세우시고 자라게 하시며, 새 생명의 원리로 교회 안에 거하신다(엡 1:22, 23; 2:22; 고전 3:16; 12:4 이하). 그리고 교회를 가르치시고 인도하셔서 모든 진리로 인도하신다(요 14:26; 15:26; 16:13, 14; 행 5:32; 히 10:15; 요일 2:27).

제2편

하나님의 사역

제1장

하나님의 작정 개관

A. 하나님의 작정의 본질

하나님의 작정(Divine Decrees)은 그분의 영원한 계획 혹은 목적으로서, 그 안에서 하나님은 발생하는 모든 것들을 미리 정하셨다. 만물을 지배하시는 하나님께서 창조와 섭리에서 뿐 아니라 구속의 과정에서도 분명한 계획을 갖고 계신다는 것은 대단히 자연스러운 일이다. 이 계획은 구체적인 많은 일들을 포함하며, 따라서 우리는 하나님의 작정(作定)이 사실상 하나의 작정인데도 불구하고 '작정들'(decrees)이라고 복수형으로 말하는 경우가 많다. 작정의 내용에 대해서, 하나님은 가능한 온갖 유형의 것들에 대해 지니고 계신 무한한 지식을 사용하신다. 이 거대한 가능성들 중에서 하나님은 작정으로써 오직 실제로 발생하는 것들만 구체화 시키셨다.

그것들이 작정에 포함되었다는 것은 반드시 하나님께서 친히 그것들을 적극적으로 존재케 하신다는 뜻이 아니라, 몇몇 경우에는 신적인 허용과 신적인 계획에 따라 하나님의 이성적 피조물들에 의해서 실현하시는 일도 있다는 뜻이다. 작정은 하나님의 창조와 구속의 사역 전부를 포함하며, 아울러 하나님의 자유로운 도덕적 존재들의 행위들도 포함하는데, 여기에는 그들의 죄악된 행위들도 배제되지 않는다. 물론 죄가 세상에 들어오고 그로써 죄가 천사들과 사람들의 삶에 다양하게 나타나긴 했어도, 그렇다고 해서 하나님께서 이런 결과들이 초래되도록 직접 영향력을 행사하기로 결정하신 것은 아니다. 죄에 대한 하나님의 작정은 허용적 작정이다.

B. 하나님의 작정의 특성들

하나님의 작정은 여러 가지 특성을 지닌다.

1. 작정은 하나님의 지혜에 근거를 둔다.

이것은 하나님의 목적이 "모든 것을 그 마음의 원대로 역사하시는 자의 뜻"을 따른 것이라는 진술에 함축되어 있다(엡 1:11). 그 목적에는 우리가 이해하지 못하는 것이 많을지라도, 하나님께서 지혜로써 자신의 계획을 세우셨다는 것은 틀림없다.

2. 작정은 영원하다.

이것은 단순히 작정이 시간의 시작 전에 이루어졌음을 뜻하는 것으로 그치지 않고, 작정의 수립은 비록 그것이 역사의 과정에서 발생하는 일들에 관련됨에도 불구하고 하나님 존재 내부의 일로, 따라서 가장 엄밀한 의미에서의 영원 안에 남아 있다.

3. 작정은 효과적이다.

하나님께서 신적 계획을 수립하셨다는 사실은, 자신의 행위로써 그 안에 포함되는 모든 일들을 발생시키고자 결정하셨다는 것을 뜻하지 않는다. 오히려 하나님께서 결정하신 일이 틀림없이 이루어진다는 것과, 아무것도 그분의 목적을 가로막지 못한다는 것을 뜻한다(시 33:11; 잠 19:21; 사 46:10).

4. 작정은 불변하다.

인간은 종종 다양한 이유에서 계획을 변경한다. 계획을 세웠다가 나중에 생각해 보니 지혜롭지 않은 경우도 있을 수 있고, 도중에 계획을 이룰 힘이 모자라는 경우도 있을 수 있다. 하지만 하나님께 대해서는 이런 경우들을 생각할 수 없다. 하나님은 계획을 변경하시지 않는다. 신실하고 참되신 분이기 때문이다(욥 23:13, 14; 사 46:10; 눅 22:22; 행 2:23).

5. 작정은 무조건적이다.

작정은 그것에 속한 구체적 내용 어느 하나라도 외부의 것에 좌우되지 않는다. 이를테면 하나님의 도덕적이고 이성적인 피조물들의 자유로운 행위에도 좌우되지 않고, 예견된 그들의 불순종이나 예견된 그들의 신앙에도 좌우되지 않는다. 하나님은 장차 발생할 일을 결정하셨을 뿐 아니라 그 일이 실현될 정황들까지도 결정하셨다(행 2:23; 엡 2:8; 벧전 1:2).

6. 작정은 모든 것을 포괄한다.

작정은 인간들의 선행들(엡 2:10)을 포함하며, 그들의 악행들(잠 16:4; 행 2:23; 4:27, 28), 우발적인 사건들(창 45:8; 50:20; 잠 16:33), 목적뿐 아니라 수단(살후 2:13; 엡 1:4), 인간 생명의 존속(욥 14:5; 시 39:4), 인간의 거주지(행 7:26)까지도 포함한다.

7. 죄에 대해서 작정은 허용적이다.

죄에 대한 하나님의 작정을 가리켜 대개 허용적 작정이라고 한다. 이 작정은 장래의 죄악된 행위를 절대 확실하게 결정하지만, 그렇다고 해서 하나님께서 스스로 그 행위를 발생케 하신다는 뜻은 아니다. 하나님은 피조물이 스스로 결정하여 행하는 죄악을 방해하지 않기로 작정하셨지만, 그럴지라도 그 결과를 규제하고 통제하기로 작정하셨다(시 78:29; 106:15; 행 14:16; 17:30).

C. 작정 교리에 대한 반론들

개혁주의권 바깥에서는 작정 교리가 별로 인기가 없다. 펠라기우스주의자들과 소지니주의자들은 그것이 비성경적이고 비이성적이라고 하여 거부하고, 아르미니우스주의자들은 그것을 아예 무시하거나, 하나님의 예지(豫知)에 근거하여 작정을 설명한다. 작정 교리에 대한 반론은 특히 세 가지이다.

1. 작정 교리는 인간의 도덕적 자유와 모순된다.

만약 하나님께서 인간의 모든 행위를 작정하셨다면, 인간은 필연적으로 자기가 하기로 되어 있는 대로 행동할 수밖에 없으며, 그 행동에 대해서 책임을 질 수가 없다. 하지만 성경은 하나님께서 인간의 자유로운 행위들을 작정하셨다고 가르칠 뿐 아니라, 그럼에도 불구하고 인간이 자유롭고 자기 행위에 대해 책임을 지고 있다고도 가르친다(창 50:19, 20; 행 2:23; 4:27, 28). 그리고 그 둘을 굳이 조화시키려고 하지 않는다. 따라서 우리도 그 둘을 조화시킬 수 없지만, 그렇다고 해서 그 둘이 본질상 모순되는 것은 아니다.

어떤 사람들은 의지의 자유를 하나님의 작정과 모순되게 만드는 방식으로 이해하지만, 그것은 인간의 자유로운 지위를 제대로 인식하지 못한 것이다. 도덕적 자유는 인간이 자신의 도덕적 행위들을 기존의 생각과 판단과 자유롭게 조화시키고, 자신의 성향과 욕구와 조화시키고, 심지어 자신의 품성과 조화시키는 능력이다. 이 자유에는 나름의 법칙들이 있어서, 그 법칙들을 더 잘 이해할수록 인간이 특정 상황들에서 무슨 일을 할 것인가 하는 것이 더 확실해진다. 하나님께서는 이 법칙들을 충분히 이해하시며, 따라서 하나님께서 미래에 이루어질 인간의 행동들을 인간의 도덕적 자유를 침해하지 않는 방식으로 결정하신다고 얼마든지 생각할 수 있다. 비록 우리로서는 이 일이 어떻게 이루어질 수 있는지 충분히 이해할 수 없을지라도 말이다.

2. 작정 교리는 인간에게서 구원을 얻으려는 모든 동기를 박탈한다.

만약 하나님께서 작정하신 대로 만사가 발생한다면, 사람들은 자연히 미래에 대해서 아무런 관심도 가질 필요도 없고, 구원을 얻기 위해 조금도 노력할 필요도 없다고 느끼게 될 것이다. 만약 멸망하도록 예정되었다면 당사자들로서는 아무리 노력을 해도 결국 멸망할 것이고, 구원받도록 예정되었다면 당사자들로서는 구원의 모든 방법을 다 무시하더라도 결국 구원받을 것이다. 이 반론에 대해서 다음과 같이 답변할 수 있다. (a) 하나님의 감춰진 작정은 인간의 행동 규범이 될 수 없다. (b) 하나님은 인간의 최후 운명을 작정하셨을 뿐 아니라, 그것에 이르는 방법들도 작정하셨다. 바울과 한 배를 탔던 사람들이 모두 목숨을 건졌던 것이 절대 확실한 사실이었지만, 그렇게 되기 위해서는 선원들이 배에 남아 있어야 했던 것도 똑같이 확실한 사실이었다. (c) 작정은 방법과 목적을 한데 연결시키고, 목적은 방법들의 결과로서만 작정되었기 때문에, 작정 교리는 노력을 좌절시키기보다 권장한다(엡 2:10; 빌 2:13).

3. 작정 교리는 하나님을 죄의 창시자로 만든다.

만약 하나님이 죄를 작정하셨다면, 하나님을 죄의 창시자로 간주해야 한다. 그렇지만 하나님께서 거룩하시고, 친히 죄를 금하시며, 성경이 하나님의 도덕적 순결을 강조한다는 사실에 비추어 볼 때 하나님이 죄의 창시자이실 수가 없다(시 92:15; 전 7:29; 합 1:13; 약 1:13; 요일 1:5). 하지만 작정 교리는 하나님께서 실제로 죄를 지은 자유로운 도덕적 존재들의 창조주로 설명할 뿐이라고 말할 수 있다. 죄에 대한 작정은 효과적 작정이 아니라 허용적 작정이다. 하나님은 신적 능력으로 직접 죄를 초래하도록 작정하시지 않았다. 물론 이렇게 말했다고 해서 난제가 다 해결된 것은 아니다. 하나님과 죄의 관계에 관한 문제는 우리로서는 다 풀 수 없는 신비로 남는다.

제2장

예정

작정 일반을 논하는 데서 예정(豫定)으로 넘어가는 것은 일반적인 것에서 특수적인 것으로 넘어가는 것이다. 예정은 — 일반적인 용어로 표현하자면 — 하나님께서 자신의 도덕적 피조물들에 대해서 지니신 목적이다.

A. 예정의 대상

넓은 의미에서, 예정은 하나님의 모든 이성적 피조물들에 관련된다. 선인이든 악인이든 모든 사람들에게 해당되며, 개인뿐 아니라 집단에도 해당된다(행 4:28; 롬 8:29, 30; 9:11-13; 엡 1:4-6). 더욱이 이 작정은 선한 천사와 악한 천사를 망라한 모든 천사들도 포함한다. 성경은 '거룩한 천사들'(막 8:38; 눅 9:26)과 자기 지위를 지키지 않은 악한 천사들(벧후 2:4; 유 6)에 관해서 말할 뿐 아니라 택하심을 입은 천사들에 관해서도 분명히 언급하며(딤전 5:21), 그로써 선택되지 않은 천사들도 있음을 암시한다.

많은 천사들이 타락하지 않았기 때문에, 천사들에 대한 예정을 인간들에 대한 예정과 같은 방식으로 이해해서는 안 된다. 하나님께서는 다 같이 타락한 집단 가운데서 일정 수의 천사들을 택하시고 나머지를 그들의 죄에 멸망하도록 버리시지 않았다. 천사들에 대한 예정은 하나님께서 자신에게 충분히 납득할 만한 이유로 어떤 천사들에게는 창조 때 부여하신 은혜(거룩함을 유지할 수 있는 충분한 능력을 포함한)에 덧붙여 끝까지 인내할 수 있는 은혜를 주시고, 다른 천사들에게는 이 은혜를 주시지 않기로 작정하신 것으로 이루어진다.

마지막으로, 중보자 그리스도께서도 신적 예정의 대상이셨다. 이것은 중보자 그리스도께서 하나님께로부터 각별한 호의를 입으신 분이었음을 뜻한다(벧전 1:20; 2:4).

B. 예정의 두 부분

예정은 두 부분, 즉 선택과 유기(遺棄)를 포함한다.

1. 선택(Election)

성경은 선택을 한 가지 이상의 의미로 말한다. (a) 이스라엘을 특별한 사역을 위해, 그리고 특별한 권리들을 위해 선택하심(신 4:37; 7:6-8; 10:15; 호 13:5); (b) 개인들을 어떤 직무 혹은 특별한 봉사를 위해 선택하심(신 18:5; 삼상 10:24; 시 78:70; 렘 1:5; 요 6:70; 행 9:15); (c) 개인들을 하나님의 자녀와 영원한 영광의 후사로 선택하심(마 22:14; 롬 11:5; 고전 1:27, 28; 엡 1:4). 마지막 유형의 선택이 우리가 여기서 예정의 일부로서 상고하는 선택이다. 이 선택은 인류의 일부를 예수 그리스도 안에서, 그리고 그리스도에 의해서 구원하시려고 하는 하나님의 영원한 목적으로 정의할 수 있다.

2. 유기(Reprobation)

선택 교리는 인류의 일부가 선택되지 않았음을 자연스럽게 함축한다. 만약 하나님께서 일부를 구원하시려는 목적을 세우셨다면, 나머지 일부를 구원하시지 않으려는 목적을 세우신 셈이다. 이것은 성경이 이 문제에 관해서 가르치는 교훈과 완벽하게 일치한다(마 11:25, 26; 롬 9:13, 17, 18, 21, 23; 11:7; 유 4; 벧전 2:8). 유기는 하나님께서 특별 은혜의 역사로 어떤 사람들을 간과하시고, 공의를 나타내심으로써 그들의 죄를 벌하시기로 하신 작정으로 정의할 수 있다. 이 정의에 비추어 보자면, 유기는 사실상 이중의 목적을 갖고 있는 셈이다. (a) 중생과 구원의 은혜를 베푸실 때 일부 사람들을 간과하시는 목적과, (b) 그들을 그들의 죄로 인해 수치와 하나님의 진노를 당하게 하시려는 목적.

유기 교리대로라면 하나님이 불공평하시지 않는가 하는 반론이 때때로 제기된다. 하지만 이 반론은 옳지 않다. 어느 누구를 불의하다고 할 수 있으려면 한 쪽이 다른 쪽에게 권리를 주장할 위치에 있어야 한다. 만약 모든 인간이 하나님께로부터 구원과 영생을 받을 권리가 있다면, 하나님께서 그들 중에서 제한된 수만 구원하시는 데 대해서 불공평하다고 말할 수 있을 것이다. 그러나 모든 사람이 하나님의 복을 저버렸기 때문에 상황은 사뭇 다르다. 그 누구도 하나님께 대해서 어떤 사람들을 선택하시고 다른 사람들을 유기하신 데 대해서 책임을 물을 권한이 없다. 하나님께서는 어떤 사람들을 구원하지 않으셨을지라도 온전히 공의로우시다(마 20:14, 15; 롬 9:14, 15).

C. 전택설(타락 전 선택설)과 후택설(타락 후 선택설)의 문제

예정 교리는 항상 정확히 같은 형태로 제시되지만은 않았다. 전택설주의자들과 후택설주의자들은 서로 흠집을 냈고, 지금까지도 개혁주의권에 나란히 존재한다. 이 책은 지면 관계상 전택설과 후택설의 상대적 장점들을 논하지 못하며, 따라서 두 견해의 차이만 간단히 소개할 것이다. 그 차이는 주로 신적 작정의 순서에 관련된다. 쟁점은 하나님의 계획 안에서 선택과 유기의 작정이 창조와 타락보다 앞서 이루어졌는가, 아니면 뒤에 이루어졌는가 하는 것이다. 이 쟁점은 자연히 또 다른 쟁점을 내포한다. 그것은 예정의 작정에서, 하나님께서 인간을 이미 창조되고 타락한 상태로 간주하셨는가, 아니면 아직 창조되어야 하고 확실히 타락할 대상으로 간주하셨는가 하는 문제이다. 두 견해에 따라 도출되는 순서는 다음과 같다.

1. 전택설(supralapsarianism)의 순서
전택설의 순서는 다음과 같이 진술할 수 있다.

a. 하나님께서는 먼저 어떤 사람들을 구원하시고, 다른 사람들을 유기하심으로써 자신을 영화롭게 하기로 작정하셨는데, 이 단계에서는 하나님의 마음에 두 대상이 아직 가능성들로만 존재했다.

b. 그 목적을 이루기 위한 수단으로서, 하나님은 이미 선택된 사람들과 유기된 사람들을 창조하기로 작정하셨다.

c. 이렇게 수립된 계획을 성취하시기 위해서, 하나님은 인간의 타락을 허용하기로 작정하셨다.

d. 마지막으로, 하나님께서는 선택된 사람들에게 구원의 길을 여시고 그들을 영원한 영광으로 인도하기로 작정하신 반면에, 다른 사람들은 그냥 간과하시고 그들을 그들의 죄로 인해 영원한 멸망에 처하기로 작정하셨다.

2. 후택설(infralapsarianism)의 순서

전택설의 순서가 좀더 관념적이라고 할 수 있다면, 후택설의 순서는 좀더 역사적이다.

a. 하나님께서는 먼저 인간을 창조하기로 작정하셨다.

b. 그런 뒤 하나님은 인간 타락을 허용하기로 작정하셨다.

c. 다음으로 하나님은 타락하여 정당하게 저주를 받은 사람들의 특정한 수를 선택하기로 작정하시고, 다른 사람들을 그들의 죄로 인해 영원한 멸망에 처하게 하심으로써 유기하기로 작정하셨다.

d. 마지막으로, 하나님께서는 선택된 자들을 위해 구원의 길을 내시기로 작정하셨다.

이것[후택설]이 개혁교회들이 도르트 신조에서 공식적으로 채택한 순서이다.

제3장

창조

A. 창조 개관

작정에 관한 논의는 자연스럽게 작정의 실행에 관한 생각으로 이어지는데, 작정의 실행은 창조 사역과 더불어 시작한다. 창조는 모든 신적 계시의 시작이자 토대이며, 아울러 모든 윤리적·종교적 삶의 토대이다. 창조 교리는 성경 이외의 다른 어떠한 전거(典據)에서도 배울 수 없으며, 오직 신앙으로만 받을 수 있다.

1. 창조 개념

'창조'라는 단어는 항상 같은 의미로만 사용되지는 않으며, 그 결과 창조에 대한 정의들도 다양하다. 창조는 하나님께서 세상과 그 안에 있는 만물을 지으시되, 기존 재료를 사용하시는 일 없이, 그리고 본질상 자신의 영광을 나타내기에 불충분한 재료로부터 지으신 행위로 정의할 수 있다. 창조가 성부의 사역으로 간주되는 경우도 종종 있지만, 삼위일체 하나님의 사역이라는 것도 성경의 분명한 가르침이다(창 1:2; 욥 26:13; 33:4; 시 33:6; 104:30; 사 40:12, 13; 요 1:3; 고전 8:6; 골 1:15-17).

더욱이 창조는 하나님의 자유로운 행위였지, 어쩔 수 없이 하신 행위가 아니었다. 하나님은 자충족적인 분이시기 때문에 굳이 세상을 필요로 하지 않으신다. 하나님께서 우주를 지으실 때는 신적 존재 내부의 필연성에 따라 지으시지 않고, 다만 주권적 의지에 의한 완전히 자발적인 결정에 따라 지으셨다. 이 점은 온갖 유형의 범신론적 이론들에 대해서 틀림없이 견지해야 한다. 성경은 하나님께서 만물을 마음의 원대로 혹은 뜻대로 창조하셨다고 분명히 가르친다(엡 1:11; 계 4:11). 하나님은 창조로써 세상에 자신의 존재와 구별되는 독특한 존재를 주셨으며, 그로써 우주를 하나님 자신이나 심지어 하나님의 일부로 간주할 수가 없다. 동시에 하나님은 지으실 때 세상이 언제나 하나님께 의존하도록, 그리고 날마다 자신의 전능하신 능력으로 보존될 수밖에 없도록 지으셨다. 하나님은 세상으로부터 멀리 떨어져 계시지 않고, 항상 자신의 완전한 창조 세계에 임재해 계신다(시 139:7-10; 렘 23:24).

2. 창조의 시간

성경은 창조의 시간을 말할 때 일상 생활의 평범한 용어를 사용한다. "태초에 하나님이 천지를 창조하시니라"는 아주 간단한 말씀으로 시작한다(창 1:1). 이 말씀이 가리키는 '태초'는 모든 시간적 사물들의 시작이며, 심지어 시간 자체의 시작이다. 하나님께서 세상을 창조하셨을 때 시간이 이미 존재했다고 생각하거나, 하나님께서 이른바 '태초'라고 하는 기존의 시간 가운데 어떤 시점에 우주를 창조하셨다고 생각하는 것은 잘못이다. 세상은 시간 안에서 창조되었다기보다 시간과 더불어 창조되었다. 창세기 1:1에 언급된 태초 저 너머에는 시작도 없는 영원이 펼쳐져 있다.

3. 창조의 방법

'창조하다'라는 단어는 엄격한 의미에서 무(無)로부터 혹은 기존의 재료들을 사용하지 않은 채 어떤 것을 이끌어낸다는 뜻이다. '무로부터 창조하다 혹은 이끌어내다'라는 표현은 성경에는 없고, 외경인 마카베오 하 7:28에만 나온다. 어떤 사람들은 이 표현을 세상이 원인 없이 존재하게 되었다는 뜻으로 해석했다. 하지만 이것은 너무 막연한 해석이다. 그 표현은 다만 하나님께서 창조하실 때 기존의 재료들을 사용하지 않으셨다는 뜻일 뿐이다. 세상은 원인 없이 존재하게 될 수가 없다. 하나님께서 혹은 보다 구체적으로 말하자면 하나님의 의지가 창조의 원인이라고 간주해야 한다. 하나님께서 기존의 재료들을 사용하지 않은 채 세상을 창조하셨다는 교리의 성경적 근거는 시편 33:9; 148:5, 그리고 가장 강력한 성경의 표현인 히브리서 11:3 같은 구절들에서 발견된다. 로마서 4:17에서 발견되는 진술은 창조 사역을 말하지 않지만, 그 주제와 관계가 있을 수도 있다. 하지만 '창조하다'라는 표현이 항상 무로부터 어떤 것을 이끌어내는 것을 뜻하는 것은 아님을 유념해야 한다. 그것은 본질상 부적합한 어떤 기존의 재료로부터 어떤 것을 이끌어낸다는 뜻일 수도 있다. 하나님께서는 흙으로부터 아담의 몸을 만드셨고, 아담의 갈빗대로부터 하와의 몸을 만드셨다.

4. 창조의 최종 목적

하나님께서 창조 사역을 하신 최종 목적이 무엇인가 하는 문제는 빈번하게 쟁점이 되어왔다. 이 질문에 제시된 대답들 가운데 특히 두 가지가 두드러진다.

a. 인간의 행복이 최종 목적이라는 대답

초기 그리스와 로마 철학자들 가운데 일부와, 종교개혁 시대의 인문주의자들과, 18세기 합리주의자들은 인간의 행복에서 창조의 최종 목적을 찾았다. 이 이론을 가장 그럴듯하게 설명한 형태는 하나님께서 자신을 창조의 목적으로 삼으실 수 없었다는 것이다. 하나님께서는 자충족적이시고, 굳이 피조물들이 필요 없으시기 때문이라는 것이 그 근거이다. 그리고 만약 하나님께서 자신을 목적으로 삼으실 수 없었다면, 이 목적은 오직 피조물 안에서, 궁극적으로는 피조물의 최고의 행복에서 찾을 수밖에 없다는 것이다. 하지만 하나님께서 인간을 위해서 존재하시지 않고, 인간이 하나님을 위해서 존재한다는 것이 지극히 자명하게 보인다. 피조물은 창조의 최종 목적일 수가 없다. 더욱이 창조된 모든 것이 인간의 행복을 위해 봉사한다고 말하기란 극히 어렵다.

b. 하나님의 선언적 영광이 최종 목적이라는 대답

성경에 따르면 창조의 진정한 목적은 하나님 바깥의 어떤 것에서 발견되지 않고, 오직 하나님 안에서, 더 구체적으로 말하자면 하나님의 고유한

탁월함의 표현 안에서 발견된다고 한다. 이 말은 하나님께서 세상을 창조하신 주된 목적이 피조물들로부터 경배와 찬송을 통해 영광을 받으시는 데 있다는 뜻이 아니라, 자신의 영광을 나타내는 데 있다는 뜻이다. 하나님의 영광스러운 완전성들은 창조 세계 전체에서 발견된다. 하지만 이 최종 목적은 다른 종속적 목적을 포함한다.

자연에 나타난 하나님의 영광은 피조물의 감탄을 자아낼 공허한 쇼나 전시로 의도되어 있지 않고, 피조물들의 복지와 온전한 행복을 증진하는 데 목표를 두고 있다. 자연에 나타난 하나님의 영광은 인간들에게 하나님을 찬송하고 싶은 마음을 일으키고, 영혼으로부터 감사와 사랑과 경배의 심정이 우러나게 한다. 이 교리는 성경의 다음 단락들에 의해 뒷받침을 받는다(사 43:7; 60:21; 61:3; 겔 36:21, 22; 39:7; 눅 2:14; 롬 9:17; 11:36; 고전 15:28; 엡 1:5, 6, 12, 14; 3:9, 10; 골 1:16).

5. 창조 교리의 대안으로 제시된 이론들

창조 교리를 부정하는 사람들은 자연히 세상의 기원에 관해 다른 이론들을 기웃거리게 마련이다. 여기서 언급할 가치가 있는 것은 다음 세 가지 이론이다.

a. 이원론(二元論)

이 이론은 하나님과 물질이 다 영원하다는 식으로 말한다. 원시의 물질은 하나님께서 세상을 조성하실 때 사용하신 가공되지 않은 물질로 자주 언급된다. 이 견해에 따르면, 하나님은 창조주가 아니시고 다만 우주의 형성자(the Framer)이신 셈이다. 하지만 이 이론에는 중대한 논박들이 가해진다. 이 이론은 불가능한 논리를 내포한다. 즉, 두 영원한 존재, 따라서 두 무한한 존재가 나란히 존재하게 되는 것이다. 더욱이 물질은 조성과 배열의 뚜렷한 흔적들을 드러내며, 따라서 자존(自存)하는 것으로 간주할 수 없다.

b. 유출론(流出論)

이 이론에 따르면, 하나님과 세상은 본질상 하나이며, 세상은 필연적으로 신적 존재로부터의 유출이다. 이 개념이 모든 범신론 이론들의 전형이다. 이 견해에 대한 반론들은 대단히 강력하다. 이 견해는 신에게 변화와 성장과 진보의 원리를 적용하는데, 이런 원리는 유한하고 불완전한 존재의 특징이다. 아울러 신으로부터 자기 결단의 능력을 박탈하고, 인간에게서 자유와 도덕적이고 책임 있는 인격을 박탈한다. 뿐만 아니라, 이 이론은 하나님을 세상에서 일어나는 모든 것 — 선이든 악이든 — 의 책임자로 만든다.

c. 진화론(進化論)

진화론은 그것이 마치 창조론의 대안이 될 수 있는 것처럼 거론되는 일이 가끔 있다. 하지만 이것은 명백한 잘못이다. 진화론은 진화하는 어떤 것을 상정하는데, 그것은 결국 영원한 것이거나 창조된 것 중 하나일 수밖에 없으며, 따라서 진화론자는 물질이 영원하다는 이론과 창조론 사이에 택일하지 않으면 안 된다. 어떤 사람들은 자신들이 유신론적 혹은 창조론적 진화론이라고 부르는 것을 채택함으로써 어려움을 피하려고 한다. 하지만 이것은 사실상 말 자체가 모순이다. 그것은 성경적 창조 교리도 아니고, 일관성 있는 진화론도 아니다.

B. 영적 세계의 창조

하나님께서는 물질 세계를 창조하셨을 뿐 아니라 천사들로 구성되는 영적 세계도 창조하셨는데, 이 시점에서 이 세계에 관해 잠시 생각해 볼 필요가 있다.

1. 천사들의 존재와 본질

모든 종교는 영적 세계의 존재를 인정한다. 많은 유력한 철학자들은 심지어 천사들의 세계가 존재할 가능성을 인정하고서, 이것을 순수 이성으로 입증하려고 했다. 하지만 이것은 전혀 불가능하며, 따라서 현대 자유주의 신학은 대체로 그러한 영적 존재들에 대한 신앙 자체를 버렸다. 성경은 곳곳에서 천사들의 존재를 당연한 사실로 간주하며, 그들이 실제로 인격을 지니고 있는 것으로 소개한다. 성경에서 천사들은 지성을 지니고 있으며(삼하 14:20; 마 24:36), 도덕적 성격을 갖고 있다(유 6; 계 14:10). 더욱이 개인적 행동을 드러내기도 한다. 그들은 사랑하고 기뻐하고(눅 15:10), 소원을 품고(벧전 1:12), 싸우고(유 9; 계 12:7), 예배하고(히 1:6), 대화하고(슥 1:9; 눅 1:13), 왕래한다(창 19:1; 눅 9:26).

어떤 사람들은 그들이 공기와 같은 혹은 아주 가벼운 몸을 갖고 있다고 주장했지만, 이것은 성경의 가르침과 같지 않다. 성경은 천사들이 순전히 영적 존재들이라고 가르친다(마 8:16; 12:45; 눅 7:21; 8:2; 11:26; 행 19:12; 엡 6:12; 히 1:14). 그들은 결혼하지 않고(마 22:30), 눈에 보이지 않고(골 1:16), 살과 뼈가 없고(눅 24:39), 매우 제한된 장소에 허다한 수가 와 있을 수가 있다(눅 8:30). 그들 중 더러는 선하고 거룩하고 선택된 빛의 천사들로 표현되며(딤전 5:21; 막 8:38; 눅 9:26; 계 14:10; 고후 11:14), 더러는 원래의 지위에서 타락한 천사들로, 따라서 악한 천사들로 표현된다(요 8:44; 벧후 2:4; 유 6).

2. 천사들의 서열

'천사들'이라는 일반적인 칭호 말고도, 그들의 상이한 계급들을 가리키는 여러 구체적인 칭호들이 있다.

a. 그룹들(Cherubim)

성경은 그룹들에 관해서 자주 말한다. 이들은 낙원의 입구를 지키고(창 3:24), 언약궤의 속죄소를 덮으며(출 25:18), 하나님께서 땅에 강림하실 때 타시는 병거를 구성한다(삼하 22:11; 시 18:10). 하나님께서는 성막과 성전에서 그룹들 사이에 거하신다고 한다(시 80:1; 99:1; 사 37:16). 그룹들은 하나님의 권능과 위엄과 영광을 드러내며, 에덴 동산과 성막과 성전에서, 그리고 하나님께서 땅에 강림하실 때 하나님의 거룩하심을 수호한다.

b. 스랍들(Seraphim)

그룹들과 관련된 천사들의 계급은 이사야 6:2, 3, 6에 언급된 스랍들이다. 이들은 그룹들과 마찬가지로 상징적으로 인간의 모양을 취하여 나타난다. 하지만 인간들과 달리 천상의 왕의 권좌를 종들의 입장에서 옹위(擁衛)하고, 왕을 찬송하며, 왕의 지시를 항상 시행할 준비를 갖추고 있다. 그룹들이 강한 천사들인 데 반해, 스랍들은 천사들 중에서 고결한 존재들이라 할 수 있다. 전자는 하나님의 거룩하심을 수호하는 데 비해, 후자는 화목을 도모하고, 그로써 인간들이 하나님께 올바로 나아갈 수 있도록 준비시킨다.

c. 가브리엘과 미가엘

성경에서 이름으로 거론되는 두 천사가 있는데, 그들이 가브리엘과 미가엘이다. 가브리엘은 다니엘 8:16; 9:21; 누가복음 1:19, 26에 언급된다. 어떤 이들은 그를 창조되지 않은 존재로 간주하고, 심지어 그가 삼위일체의 제3위일 가능성이 있다고까지 주장한다. 하지만 그들이 증거 본문으로 제시하는 단락들은 그들의 주장을 뒷받침하지 않는다. 확실한 것은 가브리엘의 사명이 하나님의 계시를 인간들에게 전달하고 그들에게 그 계시를 해석해 주는 것이라는 점이다.

미가엘은 다니엘 10:13, 21; 유다서 9; 계시록 12:7에 언급된다. 어떤 이들은 그의 이름을 삼위일체의 제2위의 칭호로 간주하지만, 이 견해 역시 이치에 맞지 않는다. 그를 가리켜 천사장이라고 한 유다서 9장과 요한계시록 12:7에 비추어 볼 때, 그는 천사들 중에서 독특한 지위를 차지하고 있는 듯하다. 그에게서 볼 수 있는 모습은 여호와께서 이스라엘의 원수들과 영적 세계에서의 악한 세력에 대해서 치르시는 전투에서 용맹하게 싸우는 전사(戰士)의 모습이다.

d. 정사, 권세, 보좌, 주관하는 자

에베소서 1:21; 3:10; 골로새서 1:16; 2:10; 베드로전서 3:22에서 발견되는 이 칭호들은 천사들을 가리키는 데도 사용된다. 이들은 서로 다른 종류의 천사들을 가리키지 않고, 천사들의 서열과 위엄에 차이가 있다는 사실을 가리킬 뿐이다.

3. 천사들의 임무

성경에서 천사들은 밤낮 하나님을 찬송하는 존재들로 나타난다(욥 38:7; 사 6장; 시 103:20; 148:2; 계 5:11). 죄가 세상에 들어온 이래로, 그들은 "구원 얻을 후사들을 위하여 섬기라고 보내심"을 받는다(히 1:14). 이들은 죄인 한 사람이 회개할 때 기뻐하고(눅 15:10), 신자들을 지켜보고(시 34:7; 91:11), 소자들을 보호하고(마 18:10), 교회에 와 있고(고전 11:10; 딤전 5:21), 교회로부터 하나님의 은혜의 다양하고 풍성한 것을 배우며(엡 3:10; 벧전 1:12), 신자들을 아브라함의 품으로 인도한다(눅 16:22). 아울러 이들은 하나님의 특별한 계시들을 전달하고(단 9:21-23; 슥 1:12-14; 행 7:38), 하나님의 백성에게 복을 전달하며(시 91:11, 12; 사 63:9; 단 6:22; 행 5:19), 하나님의 원수들에게 심판을 집행한다(창 19:1, 13; 왕하 19:35; 마 13:41).

4. 악한 천사들

선한 천사들이 있는 반면에, 하나님을 대적하고 그분의 일을 무너뜨리는 것을 낙으로 삼는 악한 천사들도 있다. 이들은 선하게 지음을 받았으나, 처음 지위를 지키지 않았다(벧후 2:4; 유 6). 이 천사들이 구체적으로 어떤 죄를 범했는지는 계시되지 않았지만, 아마 하나님을 대적하고 대권을 차지하려고 한 듯하다. 천사들 집단의 군주들 가운데 하나였음에 분명한 사단은 떨어져 나간 천사들의 뚜렷한 우두머리가 되었다(마 25:41; 9:34; 엡 2:2). 그는 죄의 창시자로 소개된다(창 3:1; 요 8:44; 고후 11:3; 요일 3:8; 계 12:9; 20:2, 10).

아울러 악한 천사들은 초인적 능력을 지니고 있지만, 이 능력을 하나님을 저주하고, 하나님과 그분의 기름부음을 받은 분과 전쟁을 벌이고, 그분의 일을 무너뜨리는 데 사용한다. 이들은 택함 받은 자들까지도 눈멀게 하고 곁길로 인도하려고 하며, 죄인에게 악한 길을 계속 걷도록 권장한다.

C. 물질 세계의 창조

영적 세계 외에도 물질 세계가 있는데, 여기서는 물질 세계를 하나님과 관련하여, 즉 하나님의 작품으로서, 그리고 하나님의 신적 완전성들의 계시로서 생각한다.

1. 창조 기사

창조 이야기는 모세에게 혹은 족장들 가운데 어떤 사람에게 계시되었다. 만약 모세 이전에 계시되었다면, 틀림없이 대대로 구전이든 기록이든 전승에 의해서 전달되었음에 틀림없으며, 최종적으로 모세가 성령의 인도를 받아서 기록했다.

a. 원 창조(the original creation)

어떤 사람들은 창세기 1:1을 전체 창조 기사의 표제 혹은 제목으로 간주한다. 하지만 그럴 경우에는 원 창조에 관한 기사도, 하늘의 창조에 관한 기사도 없게 되는 셈이다. 그런 이유에서 창세기 1:1은 히브리 식으로 '천지'(天地)라고 부르는 우주의 기원적이고 직접적인 창조에 관한 기록으로 간주하는 것이 더 낫다. '천지'에서 '천'(天)은 하나님의 영광이 지극히 완전한 방식으로 나타나는 보이지 않는 사물들의 질서를 가리킨다. 둘째 절은 땅의 원 상태를 묘사한다(비교. 시 104:5, 6).

b. 엿새 동안 창조가 완료됨

어떤 사람들은 창세기 1장이 말하는 날들이 지질학의 시기들에 해당하는 긴 시기들이었다고 생각한다. 그들은 다음과 같은 근거로 성경이 이 해석을 허용하고 심지어 지지한다고 주장한다: (1) '날'이라는 단어는 때로 불확실한 시기를 가리킨다(시 50:15; 전 7:14; 슥 4:10); (2) 해는 넷째 날 전에는 창조되지 않았으며, 따라서 그 전의 사흘의 길이는 지구와 태양의 관계로 결정할 수 없다; (3) 일곱째 날은 오늘날까지 계속되며, 따라서 일곱째 날 하루가 이미 6천 년을 넘어선다.

하지만 '날'이라는 단어가 어느 정도의 긴 시기를 가리킬 수 있다고 해서 그것이 창세기 1장에도 그런 뜻으로 사용되었다고 장담할 수 없다. 태양이 아직 창조되지 않았던 것도 그 앞의 날들이 긴 시기들이었음을 입증하지 못한다. 그리고 하나님께서 거룩하게 하신 창세기 2:2, 3의 일곱째 날은 오늘날까지 계속되지 않고, 이미 수천 년 전에 끝났다.

오히려 '날'이라는 단어를 문자 그대로 해석하는 것이 다음과 같은 근거에서 더 타당하다: (1) 히브리어 욤(날)은 주로 일상적인 날을 가리키며, 따라서 문맥이 다른 해석을 요구하기 전에는 그대로 이해해야 한다: (2) 창세기 1장은 "저녁이 되며 아침이 되니 이는 첫째 날이니라"는 말을 반복함으로써 문자적 해석 이외의 다른 것을 생각하지 못하게 하는 듯하다. 모든 날은 한 번의 아침과 한 번의 저녁을 갖고 있다. 만약 이 날들이 지질학의 긴 시기들이라면, 수천 년간 끝없이 밤만 계속되었을 것이다. 만약 그렇게 셋째 날 뒤에 긴 밤들이 지속되었다면 모든 채소들이 어떻게 되었겠는가? (3) 출애굽기 20:9-11에서 여호와께서는 이스라엘 백성에게 엿새 동안 힘써 일하라고 명하시면서, 친히 엿새 동안 하늘과 땅을 지으신 일을 그 모범으로 제시하신다. 이 사실은 '날'이라는 단어를 일상적인 의미로 받아들여야 한다는 뜻을 내포하는 듯하다. (4) 마지막 사흘은 틀림없이 일상적인 날들이었다. 이 날들은 땅과 해의 관계에 의해서 결정되었기 때문이다. 만약 이 날들이 일상적인 날들이었다면 다른 날들은 왜 그렇지 않아야 하겠는가?

c. 개별적인 날들에 이루어진 일

하나님께서 개별적인 날들에 행하신 일은 다음과 같았다:

1) 첫째 날에는 빛이 창조되었고, 빛과 어둠이 구분됨으로써 낮과 밤이 제정되었다. 이것은 해와 별들이 넷째 날에 창조된 사실과 상충되지 않는다. 해와 달들은 그 자체가 빛이 아니라 빛을 전달하는 매체들이기 때문이다. 각 날에 하나님께서 하신 일의 기사는 "저녁이 되고 아침이 되니"라는 말씀으로 매듭지어진다. 날들이 아침부터 다음 아침까지로 계산된다. 열두 시간 뒤에는 저녁이 왔고, 다시 열두 시간 뒤에는 아침이 왔다.

2) 하나님께서 둘째 날에 하신 일은 구분하시는 일이었다. 윗물과 아랫물, 즉 구름과 바다가 구분됨으로써 궁창[창공]이 자리잡았다. '궁창'에 해당하는 히브리어가 어떤 사람들의 주장대로 고정된 천개(天蓋)가 아니라 오늘날 우리가 말하는 '창공'과 같은 뜻임을 유의해야 한다.

3) 구분의 일은 셋째 날에도 바다와 마른땅을 구분하시는 일로 지속되었다(참조. 시 104:8). 그 외에도 채소들과 나무들로 이루어지는 식물계가 조성되었다. 하나님께서는 권능의 말씀으로써 땅이 꽃 없는 식물들과 채소들과 각각 종류대로 열매를 맺는 나무들을 내게 하셨다. 분명히 식물들을 종(種)대로 창조하셨고, 그 결과 식물들은 각각 자기 종만 번식할 수 있었다. 물론 진화론은 이 두 가지 생각을 모두 부정한다.

4) 넷째 날에 빛을 발하는 해와 달과 별들이 창조되어, 낮과 밤을 구분하고, 기후 조건과 미래의 중요한 사건들을 예고하는 징조들이 되고, 계절들과 날들과 해들의 연속을 결정하고, 땅에 빛을 비추는 기능을 수행하게 되었다.

5) 다섯째 날에는 새들과 고기들, 즉 공중과 물에 사는 동물들이 창조되었다. 이 동물들도 각각 종(種)대로 창조되었다는 점을 유념해야 한다.

6) 마지막으로, 여섯째 날에는 창조 사역이 절정에 달했다. 고등 동물들이 이 날에 창조되었다. 이 동물들은 땅으로부터 자연히 발전하지 않았고, 분명히 하나님의 창조의 명령에 의해 땅으로부터 나왔다. 창조 사역 전체는 하나님의 형상으로 지음을 받은 인간이 창조됨으로써 절정에 달했다. 인간의 몸은 흙으로 조성된 반면에, 영혼은 하나님께서 직접 창조하셨다.

7) 하나님께서는 일곱째 날에 일을 쉬셨다. 이것은 무엇보다도 하나님께서 창조 사역을 그치셨다는 뜻이지만, 그것과 아울러 친히 창조하신 결과를 보시고 기뻐하셨다는 뜻이기도 하다. 하나님의 안식은 작품을 완성하고서 그것을 감상하면서 깊은 만족을 얻는 예술가의 안식과 같았다. 하나님은 친히 손으로 행하신 일들을 보시고서 기뻐하셨고, 그렇게 지음을 받은 만물에게 호의를 발산하셨다.

2. 창조 교리와 진화론

어떤 사람들은 진화론이 세계의 기원을 설명하는 일에 창조 교리를 대신할 수 있다고 생각하는 듯하다. 하지만 이것은 명백한 잘못이다. 진화론은 그러한 설명을 하지 못하기 때문이다. 진화란 발전이며, 모든 발전은 발전하는 어떤 것의 존재를 전제한다. 존재하지 않는 것은 존재하는 것으로 발전할 수 없다. 진화론자들은 세계의 기원을 설명하기 위해서 물질이 영원하다는 이론이나 창조 교리 가운데 어느 하나를 의존하지 않을 수 없다. 진화론은 다음 두 가지 형태로 구분해서 생각해야 한다.

a. 자연주의적 진화론

자연주의적 진화론은 가장 단순한 물질과 생명체의 형태들로부터 지금 존재하는 모든 종(種)의 식물들과 동물들(인간을 포함한), 그리고 정신, 지성, 도덕성, 종교 같은 다양한 생명 현상들이 완벽히 자연적인 과정에 의해서, 순전히 자연에 존재하는 자연 세력들의 결과로서 발전했다고 가정한다. 하지만 이것은 아직 검증되지 않은, 그리고 여러 점에서 취약한 면들을 지닌 가설임을 유념해야 한다. 무기체들이 어떻게 유기체들로 변화했는지, 야만적인 존재가 어떻게 합리적이고 도덕적이고 종교적인 존재로 변화했는지 진화론은 설명하지 못한다.

어떤 진화론자들은 진화론이 하나의 종(種)에서 다른 독특한 종들이 발생하는 사례를 단 한 가지도 제시하지 못했음을 시인한다. 더욱이 진화론은 종들의 기원과 인간의 기원, 인간의 시초의 상태, 그리고 인간이 죄와 그로 인한 퇴보로 인한 타락에 관해서 창조 기사와 철저히 상충된다.

b. 유신론적 진화론

자연주의적 진화론이 사물들을 적절하게 설명하지 못하자, 일부 기독교 학자들은 이른바 '유신론적' 혹은 '창조적' 진화론에서 도피처를 찾았다. 유신론적 진화론은 하나님을 전체의 발전 과정 배후에서 일하시는 전능하신 분으로 상정한다. 하나님께서 진화의 과정, 즉 자연적 발전의 과정에 의해 세상을 창조하셨으며, 이 과정에서 생명과 인간의 기원처럼 절대적으로 필요한 상황을 제외하고는 기적으로 개입하지 않으신다는 것이 이 이론의 요지이다. 이 이론이 어느 정도 종교적 설득력을 갖고 있다는 사실 자체가 이 이론을 위험한 잡종으로 만든다.

실제로 유신론적 진화론은 자연주의적 진화론에 못지 않게 성경과 조화를 이루지 못한다. 유신론적 진화론 역시 하나님께서 세상을 창조하시는 데 수백만 년이 걸렸고, 하나님께서 식물들과 동물들을 다양한 종(種)들로 창조하시지 않았고, 인간이 적어도 육체적인 면에서는 야만적 존재로부터 유래했으며, 성경적 의미의 타락이란 존재하지 않았다고 가르친다.

제4장

섭리

기독교 신앙은 하나님과 세상을 범신론적으로 혼합하는 견해와 상반될 뿐 아니라, 하나님과 세상을 이신론적으로 구분하는 견해와도 상반된다. 이 점은 하나님의 섭리 교리에서 분명해진다. '섭리'라는 명칭은 성경에 나오지 않지만, 그럴지라도 섭리 교리는 분명히 성경적인 교리이다. 이 교리는 하나님께서 통치의 목적을 달성하시기 위해서 행하시는 '규정'(provision)과, 모든 피조물들을 위해 베푸시는 돌보심에 관련된다.

A. 섭리 일반

하나님의 섭리는, 하나님께서 자신의 모든 피조물들을 보존하시며, 세상에서 발생하는 모든 일들에서 활동하시며, 만물을 정해진 목적으로 인도하시는 하나님의 사역이다. 이 정의는 하나님의 섭리에 세 가지 요소, 즉 보존과 협력, 그리고 통치가 있음을 지적한다. 첫째 요소는 주로 존재와 관계가 있고, 둘째 요소는 행위와 관계가 있으며, 셋째 요소는 만물에 대한 인도(guidance)와 관계가 있다.

1. 섭리의 본질에 대한 오해들

하나님이 세상과 맺고 계신 관계를 다룰 때는 두 가지 오해를 주의해야 한다.

a. 이신론적 개념

이신론(理神論, Deism)에 따르면, 하나님께서 세상에 대해서 품고 계신 관심은 대단히 일반적인 성격을 띤다고 한다. 하나님은 세상을 창조하시고, 세상의 법칙을 제정하시고, 세상을 작동시키신 다음 세상으로부터 물러나 계신다. 세상이 불변하는 자연 법칙에 따라 제 궤도를 달릴 때 하나님은 멀리 떨어져서 바라보시며, 무엇이 잘못되어갈 때에만 간섭하셔서 세상이 제대로 작동하도록 만드신다. 따라서 세상은 하나님께서 작동시키신 기계와 같으며, 날마다 조종을 받아야 하는 배와는 전혀 상관이 없다.

b. 범신론적 개념

범신론(汎神論, Pantheism)은 신과 세상의 구분을 인정하지 않는다. 신과 세상을 동일시하며, 그러므로 실제로 진정한 의미의 섭리에 아무런 여지도 남기지 않는다. 자연의 전체 과정은 단순히 신의 자기 계시, 즉 제2원인들의 독립된 역할에 아무런 여지를 남기지 않는 자기 계시일 뿐이다. 이른바 자연 법칙들은 신의 직접적인 행동 양태들일 뿐이다. 신은 아주 직접적인 의미에서 세상에서 발생하는 모든 일들의 원인(author)이시다. 우리가 인간에게 돌리는 행위들조차 실은 신의 행위들이다. 이 체계에 따르면 인간은 자유로운 도덕적 존재가 아니며, 자기 행동에 아무런 책임도 지지 않는다.

2. 섭리의 대상

섭리는 일반 섭리와 특별 섭리로 구분하여 다루는 것이 관례인데, 전자는 하나님이 우주 전체를 지배하시는 것을 가리키고, 후자는 우주의 각 부분에 관심을 가지시는 것을 가리킨다. 어떤 사람들은 더 나아가 하나님의 자녀들에 대한 아주 특별한 섭리를 말하기도 한다.

성경은 다음과 같은 대상들에 대한 하나님의 섭리적 통치와 지배를 분명하게 가르친다: ① 우주 전체(시 103:19; 엡 1:11); ② 물질 세계(시 104:14; 마 5:45); ③ 짐승들(시 104:21, 28; 마 6:26); ④ 민족들의 일(욥 12:23; 행 17:6); ⑤ 인간의 출생과 인생의 운명(시 139:16; 갈

1:15, 16); ⑥ 우발적이거나 하찮게 보이는 일들(잠 16:33; 마 10:30); ⑦ 의인들에 대한 보호(시 4:8; 121:3; 롬 8:28); ⑧ 하나님의 백성에게 쓸 것을 공급하심(신 8:3; 빌 4:19); ⑨ 기도 응답(시 65:2; 마 7:7); ⑩ 악인들의 죄를 들춰내고 벌하심(시 7:12, 13; 11:6).

자연이 치밀한 법칙들의 체계로 통제되며, 이 법칙들이 하나님의 손까지도 묶어 놓는다고 믿는 사람들은 대개 특별 섭리를 아예 부정한다. 그들은 하나님이 기적을 행하시는 일이나 기도에 응답하시는 일을 믿지 않는다. 반면에 다른 사람들은 하나님께서 인생의 큰 일들은 통제하시지만, 사소한 일들에는 관심을 기울이지 않으신다는, 약간 다른 견해를 주장한다. 하지만 하나님께서 인생의 비교적 작은 일들에 주의를 기울이지 않으신다면, 더 큰 일들도 통제하실 수 없다.

B. 특별 섭리의 요소들

앞에서 소개한 섭리의 정의는 섭리에 세 가지 요소가 있음을 분명히 지적하는데, 이 요소들은 깊이 생각할 가치가 있다.

1. 신적 보존(preservation)

보존은 하나님께서 만물을 붙드시는 지속적인 사역이다. 이것은 어떤 범신론자들이 주장하듯이 하나님께서 계속해서 순간순간 세상을 창조하신다는 뜻도 아니고, 이신론자들이 생각하듯이 하나님께서 세상에서 손을 떼시고 세상을 멸하지 않으신다는 뜻도 아니다. 보존이란 하나님께서 만물을 붙드시는 지속적 사역이라는 말은, 세상이 하나님과 구분되는 독특한 존재를 갖고 있으며, 그럴지라도 세상이 지속적인 존재의 근거를 자체 안에 갖고 있지 않고 하나님 안에 갖고 있다는 뜻이다. 하나님의 보존은 만물을 계속해서 존재케 하시고 행동케 하시는 신적 권능의 꾸준한 행사로써 지속된다. 하나님께서만 주재(主宰)이시고 절대 독립을 갖고 계시며, 피조물은 항상 하나님께 의존하는 상태로 존재한다. 이 교리는 다음 단락들이 분명히 가르친다(시 63:8; 느 9:6; 행 17:28; 골 1:17; 히 1:3).

2. 신적 협력 (concurrence)

협력이란 하나님께서 자신의 모든 피조물들과 협력하시고, 그들로 하여금 정확히 그들이 행하는 대로 행동하게 만드시는 일로 정의할 수 있다. 이것은 세상에 자연 세력들과 인간 의지 같은 진정한 원인들이 있지만, 이 원인들이 하나님과 무관하게 독자적으로 작용하지 않는다는 것을 뜻한다. 하나님은 피조물들의 모든 행위에서 역사하시되, 그들의 선행뿐 아니라 악행에서도 역사하신다. 피조물들로 하여금 행동하도록 자극하시고, 매순간 그들이 행동할 때 곁에 계시고, 이 행위가 효력을 발생하도록 만드신다.

하지만 하나님과 인간이 행위에서 동등한 부분을 차지한다는 생각을 경계해야 한다. 왜냐하면 하나님께서는 언제나 주된 원인으로 계시며, 이러한 일 없이는 인간이 아무런 일도 할 수 없기 때문이다. 아울러 하나님과 인간이 행위를 나누어, 하나님이 일정 부분을 행하시고, 인간이 나머지 부분을 행한다는 개념도 경계해야 한다. 하나의 행위가 전적으로 하나님의 행위이기도 하면서 동시에 피조물의 행위이기도 하다.

하지만 유념해야 할 점이 있다. 그것은 하나님께서 인간과 협력하실 때 그로 말미암는 행위의 책임이 전적으로 도덕적 피조물의 것으로 남는다는 점이다. 피조물들의 죄에 대한 책임을 하나님께 물을 수가 없는 것이다. 이 분명한 사실을 우리가 충분히 설명할 수 없을지라도 반드시 견지해야 한다.

성경은 하나님께서 온 창조 세계와 자신의 모든 피조물들 속에서 일하신다고 분명히 가르친다(시 104:20, 21, 30; 암 3:6; 신 8:18; 마 5:45; 10:29; 행 14:17). 아울러 죄악 행위들이 하나님의 통제를 받는다는 것과 (창 45:5; 50:20; 출 14:17; 사 66:4; 롬 2:4; 9:22; 살후 2:11), 하나님께서 죄인들의 악행을 억제하신다는 것(창 6:3; 욥 1:12; 2:6; 시 76:10; 사 10:15; 행 7:51), 그리고 하나님께서 선으로 악을 이기신다는 것(창 50:20; 시 76:10; 행 3:13)도 분명하다.

3. 신적 통치

신적 통치란, 만물이 저마다의 존재 목적에 부응할 수 있도록 그들을 지배하시는 지속적인 활동이다. 구약과 신약성경이 모두 하나님께서 우주의 왕이시며, 만물을 자기의 기쁘신 뜻대로 다스리신다고 가르친다. 신약 시대에서는 하나님의 주권 개념이 그분의 부성(父性) 개념으로 대체되었다는 견해는 마태복음 6:33; 디모데전서 1:17; 6:15; 요한계시록 19:6 같은 구절들과 일치하지 않는다. 하나님은 자신의 통치를 피조물들의 성격에 맞도록 그의 법칙을 적용하신다. 그의 물질세계의 통치는 영적 세계의 통치와는 다르다. 이 통치는 보편적이지만(시 103:19; 단 4:34, 35; 시 22:28, 29), 개별적 존재들에도 해당된다. 지극히 하찮은 것들(마 10:29-31), 우연하게 보이는 일들(잠 16:33), 인간의 선행(빌 2:13)뿐 아니라 악행(행 14:16)이 모두 하나님의 통치 아래 있다. 하나님은 이스라엘의 왕이시지만(사 33:22), 민족들을 다스리기도 하신다(시 47:9). 하나님의 통치에서 피할 수 있는 것은 아무것도 없다.

C. 특별 섭리 곧 이적

하나님의 특별 섭리들 가운데는 이적, 즉 하나님께서 간접적인 방식으로 일하시지 않고 비범한 방식으로 일하시는 이적으로 간주할 만한 것들이 있다. 맥퍼슨(McPherson)은 이적을 이렇게 정의한다: "이적이란 일반적인 생산 방법에 의하지 않고서 이루어진 어떤 것, 즉 적어도 일반적인 방식으로 제2원인들의 중재 없이 제1원인(하나님)에 의하여 직접 나타난 결과이다."

이적의 독특한 점은 그것이 하나님의 초자연적 권능의 행사로 나온다는 데 있다. 그리고 이것은 물론 이적이, 자연 법칙들에 따라 작용하는 제2원인들을 사용하는 일반적 방법으로 초래되지 않는다는 것을 의미한다. 어떤 사람들은, 이적들이 자연 법칙의 훼손을 함축한다는 근거로, 이적들이 일어날 수 없다고 주장한다. 하지만 이것은 사실이 아니다. 이른바 자연 법칙은 단순히 하나님께서 자연에서 일하시는 일상적 방식을 반영할 뿐이다. 하나님께서는 일상적으로 제2원인들을 통해서, 즉 자연 세력들과 인간 행위를 통해서 질서있게 일하시기를 기뻐하신다.

하지만 그렇다고 해서 하나님이 기존의 질서를 탈피하여 자신의 의지로써 비범한 결과를 일으키시되, 자연 법칙들을 훼손하지 않으신 채 그러한 결과를 일으키실 수 없다는 뜻은 아니다. 인간도 자연 법칙들을 조금도 훼손하지 않은 채 그 법칙들을 뛰어넘는 수가 있다. 중력 법칙에도 불구하고 손을 들어 공을 공중에 던질 수 있는 것이다. 이러한 일이 인간에게도 가능하다면, 전능하신 하나님께는 훨씬 더 가능하다.

인간론

하나님과 관계를 맺고 있는 인간에 관한 교리

제1편

원시 상태의 인간

제1장

인간의 구조적 본성

신론에 관한 논의에서 이제는 하나님께서 지으신 만물 중 가장 뛰어난 인간에 관한 교리 곧 인간론으로 넘어왔다. 신학에서 다루는 인간에 관한 논의를 명칭이 같다고 해서 인류학과 혼동해서는 안 된다. 신학은 인간 자체를 고려와 논의의 대상으로 삼지 않고, 아주 구체적으로 하나님과 관계를 맺고 있는 인간을 고려와 논의의 대상으로 삼는다. 이러한 표제하에 인간 본성의 본질적 구성 요소들과, 인류의 각 개인 영혼의 기원을 논하게 될 것이다.

A. 인간 본성의 본질적 요소들

인간의 필수적 본성을 구성하는 요소들이 몇 가지인가에 관해서는 특별히 두 가지 견해가 있다.

1. 이분설, 즉 인간이 육체와 영혼 두 부분으로 구성되어 있다는 견해.
인간의 구조에 관한 일반적 견해는 육체와 영혼이라는 독특한 두 개의 부분으로 구성되어 있다는 것이다. 이 견해는 인간의 자의식과 일치한다. 인간의 자의식은 인간이 물질적 요소와 영적 요소로 구성되어 있다는 사실을 뚜렷하게 증거한다. 이 점은 성경 연구에 의해서도 확인된다. 성경은 인간이 "육체와 영혼"으로(마 6:25: 10:28), 혹은 "육체와 영"으로(전 12:7: 고전 5:3, 5) 이루어져 있다고 말한다. '영혼'(soul, 혼)과 '영'

(spirit)이라는 두 단어는 인간 안에 있는 두 가지 다른 요소를 가리키지 않고, 인간의 한 가지 영적인 본질(substance)을 가리키는 데 쓰인다. 이 점은 다음과 같은 생각에 의해 입증된다: (a) 인간이 두 부분만으로 구성되어 있다는 전제하에 전개되는 여러 구절들이 있다(롬 8:10; 고전 5:5; 7:34; 고후 7:1; 엡 2:3; 골 2:5); (b) 죽음이 가끔 영혼[혼]이 떠나는 것으로 묘사되며(창 35:18; 왕상 17:21; 행 15:26), 영이 떠나는 것으로 묘사되는 경우도 있다(시 31:5; 눅 23:46; 행 7:59. 이것은 KJV를 토대로 한 것이며, 한글개역성경에는 영혼과 영이 규칙적으로 구분되어 번역되지 않았다-역자주); (c) 죽은 자의 비물질적 요소가 몇몇 경우에는 '영혼'이고(계 9:6; 20:4), 다른 경우들에는 '영'이다(벧전 3:19; 히 12:23). 이 두 용어는 두 가지 다른 관점에서 인간의 영적 요소를 가리키는 데 사용될 뿐이다. '영'(spirit)이라는 단어는 그것[인간의 영적 요소]을 육체를 조절하는 생명과 행위의 원리로 간주하는 반면에, '혼'(soul, 영혼)이라는 단어는 생각하고 느끼고 의지를 품는, 인간 안에 있는 인격적 주체로 간주하고, 몇몇 경우에는 특히 정서의 좌소(座所)로 간주한다(창 2:7; 시 62:1; 63:1; 시 103:1, 2).

   2. 삼분설, 즉 인간이 육체와 혼과 영이라는 세 부분으로 구성되어 있다는 견해.

위에 소개한 일반적 견해와 나란히 또 다른 견해가 존재한다. 그것은 인간이 세 부분, 즉 육체와 혼과 영으로 구성되어 있다는 견해이다. 이러한 인간관은 성경 연구에서 귀결된 것이 아니라, 그리스 철학 연구에서 나온 것이다. 이것을 독일과 영국의 여러 신학자들이 채택했다. 하지만 이 학자들은 혼의 본질에 관해서도 의견이 일치하지 않고, 혼이 인간 본성의 다른 부분들과 맺고 있는 관계에 관해서도 의견이 일치하지 않는다.

어떤 이들은 혼을 인간 안에 있는 동물적 생명의 원리로 간주하고, 영을 보다 고등한 합리적 도덕적 생명의 원리로 간주한다. 다른 이들은 혼을 일종의 중간적 요소로, 즉 육체와 영 사이에 접촉점을 제공하는 요소로 생각한다. 이들은 이 견해에 대한 성경적 근거를 특히 데살로니가전서 5:23과 히브리서 4:12에서 찾지만, 이 두 구절은 그 점을 입증하지 않는다. 물론 사도 바울이 첫 단락에서 "영과 혼과 몸"에 관해 말하는 것이 사실이지만, 사도가 이 세 가지를 인간의 세 가지 다른 양상들(aspects)로 간주하기보다 세 가지 구분되는 요소들(elements)로 간주했다고 반드시 이해해야 할 필연적 근거가 없다.

예수께서는 율법의 크고 첫째 되는 계명을 "네 마음을 다하고 목숨을 다하고 뜻을 다하여 주 너의 하나님을 사랑하라"(마 22:37)고 요약하실 때 세 가지 구분되는 본질들을 염두에 두시고서 그렇게 하신 것이 아니다. 이런 표현들은 단순히 전인(全人)을 의도한다는 사실을 강조하는 역할을 할 뿐이다. 더 나아가 히브리서 4:12에 대해서도, 하나님의 말씀이 인간 내면을 뚫고 들어가 그의 영과 혼을 구분한다고 했으므로 둘이 서로 다른 본질들이라고 생각해서는 안 된다. 이 구절은 다만 하나님의 말씀이 마음의 생각과 의도 가운데서 인간의 이 두 양상을 다 구분한다는 뜻일 뿐이다.

B. 개인 영혼의 기원

각 개인 안에 있는 영혼의 기원에 관해서는 세 가지 이론이 있다.

1. 선재설(先在說)

어떤 사변적 신학자들은 인간의 영혼들이 이전 상태에서 존재했으며, 이전 상태에서 발생한 특정 사건들이 지금 그 영혼들이 처해 있는 상황에 원인이 된다는 이론을 지지했다. 그들은 이 이론이 모든 인간이 죄인으로 태어나는 사실을 가장 자연스럽게 설명해 준다고 간주했다. 이 이론은 오늘날 거의 지지를 받지 못한다.

2. 유전설(遺傳說, traducianism)

유전설에 따르면, 인간 영혼이 생식에 의해 육체와 함께 번식되며, 따라서 부모에 의해서 자녀에게 전가된다고 한다. 이 견해가 제시하는 성경적 근거는, 하나님께서 인간을 창조하신 뒤 창조의 일을 그치셨다는 점(창 2:2)과, 성경이 하와의 영혼 창조에 관해서 언급하지 않는다는 점(창 2:23; 고전 11:8), 자손들이 조상들의 허리에 있다고 언급되는 점(창 46:26; 히 7:9, 10)이다. 더 나아가 이 견해는 (a) 육체와 영혼이 동시에 어미로부터 새끼에게 전수되는 동물 세계에 대한 유추에 의해서, (b) 육체보다 영혼에 내재해 있는 정신적 특성들과 가족의 특징들이 유전되는 현상에 의해서, (c) 육체의 문제라기보다 영혼의 문제인 도덕적 타락이나 죄가 대물림하는 현상에 의해서 뒷받침되는 듯하다.

하지만 이 견해는 다음과 같은 난제들을 안고 있다. (a) 이 견해는 부모를 어떤 의미에서 자녀 영혼의 조성자로 만들거나, 부모의 영혼이 여러 개의 영혼으로 분열될 수 있다는 가정을 토대로 전개되는데, 이것은 영혼이 분열을 허용하지 않는다는 교리와 모순된다. (b) 이 견해는 하나님께서 세상을 다 창조하신 뒤에는 매개적 방식으로만 일하신다는 가정을 토대로 전개된다. 하지만 이것은 입증되지 않은 가정이다. 하나님께서는 종종 이적과 구속 사역의 몇몇 부분에서 직접 일하신다. (c) 이 견해에 따라 예수께서 육체와 영혼을 모두 죄 있는 마리아에게게서 물려받으셨다고 한다면, 예수님의 무죄성을 견지하기가 대단히 어렵게 된다.

3. 창조설

창조설은 각 개인의 영혼이 하나님의 직접적인 창조물로서, 시기는 정확하게 알 수 없지만, 직접적인 창조 행위에 힘입어 존재하게 된다는 견해이다. 이 이론에 따르면, 영혼은 순결하게 창조되지만, 인간 전체가 떠안고 있는 죄의 복합체 안에 들어옴으로써 탄생하기 전부터 이미 죄에 오염된다고 한다. 이 이론은 유전설보다 성경의 교훈에 더 가깝다. 왜냐하면 성경은 곳곳에서 육체와 영혼이 각기 다른 기원을 갖고 있다고 말하기 때문이다(전 12:7; 사 42:5; 슥 12:1; 히 12:9; 참조. 민 16:22).

더욱이 창조설은 유전설에 비해 인간 영혼의 본질과 훨씬 더 조화를 이룬다. 왜냐하면 이 이론은 영적 존재들을 뒷받침하고, 그로써 영혼의 개별적 본질을 뒷받침하기 때문이다. 그리고 마지막으로, 이 이론은 그리스도론과의 관계에 도사리고 있는 함정들을 피한다. 왜냐하면 예수의 무죄성을 견지할 수 있게 해주기 때문이다.

하지만 그렇다고 해서 이 이론이 모든 난제로부터 자유롭다는 뜻은 아니다. 오히려 이 이론은 부모의 정신적·도덕적 특성들이 자녀들에게 재현되는 현상을 설명하기 어렵게 만든다. 그 외에도 이 이론은 인간보다 짐승에게 더 고상한 번식력이 있는 것처럼 보이게 만든다. 짐승은 종류대로 자신을 번식시키기 때문이다. 그리고 마지막으로, 이 이론은 하나님께 적어도 간접적으로나마 죄에 대한 책임을 전가할 위험이 있다. 왜냐하면 하나님께서 순결한 영혼을 죄의 복합체 안에 넣으셔서 불가피하게 타락하게 만드시는 셈이기 때문이다. 하지만 이런 난제들에도 불구하고, 창조설이 더 선호할 가치가 있다.

제2장

하나님의 형상으로서의 인간과 행위 언약 안에 있는 인간

인간의 도덕적·영적 상태를 논할 때는 무엇보다도 그의 원래 상태를 고려하는 것이 가장 중요하다. 여기서 특히 중요하게 생각해야 할 두 가지 주제는 하나님의 형상으로서의 인간과, 행위 언약 안에 있는 인간이다.

A. 하나님의 형상으로서의 인간

1. 하나님의 형상을 지닌 존재인 인간에 관한 성경의 가르침

성경은 인간이 하나님의 창조의 면류관이며, 인간의 특별한 영광이 그가 하나님의 형상과 모양을 따라 지음을 받았다는 점에 있다고 가르친다(창 1:26, 27). '형상'과 '모양'을 예리하게 구분하려는 시도들이 있었다. 어떤 사람들은 전자가 육체를 가리키는 반면에, 후자가 영혼을 가리킨다고 주장했다. 아우구스티누스(Augustine)는 형상과 모양이 각각 영혼의 지적 특성들과 도덕적 특성들을 가리킨다고 주장했다. 그리고 로마 가톨릭 학자들은 '형상'을 인간에게 부여된 선천적 재능들로, '모양'을 초자연적으로 부여받은 은사, 즉 원시의(原始義, original righteousness)를 가리키는 말로 간주한다.

하지만 그 두 단어는 동의어로 쓰여서, 비록 관점이 약간 다르긴 하지만, 모두 동일한 것을 가리킬 가능성이 크다. 다음 단락들은 두 단어가 서로 번갈아 사용된 사례들을 분명히 보여주는 단락들이다(창 1:26, 27: 5:1:

9:6; 고전 11:7; 골 3:10; 약 3:9). 창세기 1:26의 "우리의 모양대로"라는 표현은 분명히 형상이 대단히 비슷하다는 사실을 강조하는 역할을 한다. 인간이 하나님의 형상으로 지음을 받았다는 교리는 대단히 중요하다. 그 형상은 인간에게서 가장 독특한 것이자, 인간을 동물들과 그밖의 다른 모든 피조물과 구분해 주는 것이기 때문이다. 우리가 아는 한, 천사들도 그러한 영예를 갖고 있지 못하다. 천사들은 인간과 같은 의미로, 그리고 인간과 같은 범위로 하나님의 형상을 지닌 자들이 아니다.

2. 인간 안에 있는 하나님의 형상에 대한 역사적 견해들

인간 안에 있는 하나님의 형상에 관해서는 세 가지 중요한 역사적 견해가 있다.

a. 로마 가톨릭의 견해.

로마 가톨릭 교도들은 하나님이 창조 때에 인간에게 영혼의 영성, 의지의 자유, 육체의 불멸 같은 특정한 선천적 은사들을 부여하셨다고 믿는다. 이 선천적 은사들이 하나님의 형상을 이룬다. 하지만 인간의 이러한 순전히 자연적인 조건에는 좀더 고등한 이성과, 양심의 능력을 거스르려고 하는 저급한 욕구와 정욕의 경향이 있었다. 이 경향은 그 자체가 죄는 아니었지만, 의지가 그것에 굴복하고, 그것이 자발적인 행위로 넘어감에 따라서 자연스럽게 곧 죄가 되었다. 하지만 하나님께서는 인간으로 하여금 저급한 본성을 제어할 수 있게 하시기 위해서 원시의라고 하는 초자연적 은사를 부여하셨다. 그리고 이것이 하나님께 대한 인간의 모양을 구성한다고 로마 가톨릭 교도들은 믿는다.

b. 루터교의 견해.

루터교도들은 하나님의 형상이 무엇으로 구성되는지에 관해 일치된 의견을 갖고 있지 않다. 하지만 우세한 견해는 그 형상이 오직 인간이 창조 때 부여받은 영적 특성들로만 구성되며, 그것이 일반적으로 원시의라고 불린다는 견해이다. 이 특징들은 참된 지식, 의, 성결로 구성된다. 이러한 견해를 제시하면서, 그들은 인간이 한편으로는 동물들과 구분되고, 다른 한 편으로는 천사들과 구분되게 지니고 있는 본질적 속성을 충분히 인식하지 않는다. 만약 참된 지식과 의와 성결로 이루어진 하나님의 형상이 인간의 본질 자체를 구성한다면, 인간이 어떻게 해서 죄로써 이 형상을 잃었으면 서도 여전히 인간으로 남아 있을 수 있는가 하는 질문이 생긴다. 그리고 만약 그런 식으로 이해된 하나님의 형상이 인간의 본질적 속성을 결정한 다면, 나름대로 이러한 영적 특성들을 지닌 천사들과 인간들 사이에는 어 떤 본질적인 차이가 있겠는가?

c. 개혁파의 견해.

개혁파는 하나님의 형상에 관해서 로마 가톨릭교도들이나 루터교도들보 다 훨씬 더 포괄적인 견해를 갖고 있다. 그들은 대개 제한된 의미에서의 하나님의 형상과, 좀더 포괄적인 의미에서의 하나님의 형상을 구분한다. 전자는 인간이 창조될 때 받은 영적 특성들, 즉 참된 지식과 의와 성결로 이루어진다. 이런 특성들이 하나님의 형상에 속한다고 보는 것은 에베소서 4:24과 골로새서 3:10에 따른 것이다. 좀더 포괄적인 의미에서의 하나님 의 형상은 인간이 육체를 지닌, 합리적이고 도덕적이고 불멸하는 영적 존 재이되, 물질적 실체로서가 아니라, 영혼의 기관으로서, 그리고 하위 피조 물들을 다스리는 지위에 있다는 점에서 그런 존재라는 사실에서 발견된다. 성경이 이 다스리는 지위를 직접 인간이 하나님의 형상으로 지음을 받은 사실과 연관시키는 것을 눈여겨볼 필요가 있다. 인간이 제한된 의미에서 참된 지식과 의와 성결로 구성되는 하나님의 형상을 상실한 뒤에도 여전 히 하나님의 형상을 지닌 존재로 불릴 수 있는 것은 오직 이런 광범위한 의미에서의 하나님의 형상 덕분이다(창 9:6; 고전 11:7; 15:49; 약 3:9).

B. 행위 언약 안에 있는 인간

하나님과 인간의 자연적인 관계가 언약 관계로 보충되었다. 이 언약 관 계에서 하나님은 인간의 일정 기간 동안의 순종을 조건으로 미래를 완전하고 복되게 만드셨다. 이 언약은 행위 언약으로 알려진다.

1. 행위 언약에 대한 성경의 증거

어떤 사람들이 행위 언약의 존재를 부정하는 것에 비추어 볼 때, 행위 언약의 성경적 근거를 살펴보는 것이 대단히 긴요하다. 행위 언약에 대한 성경의 증거는 다음 사항들에서 발견된다:

a. 언약의 모든 요소들이 성경에 지적되어 있다. 그리고 만약 그 요소들이 성경에 존재한다면, 그 요소들을 하나로 엮어 적절한 명칭을 부여하는 것이 우리의 권리이자 의무이다. 먼저, 계약을 체결하는 양측, 즉 하나님과 인간이 있다. 그리고 조건이 있는데, 그것은 하나님께서 인간에게 부과하신 순종의 조건이다(창 2:16, 17). 그리고 약속, 즉 영원한 생명에 대한 약속이 있다. 이것은 로마서 10:5과 갈라디아서 3:12 같은 구절들에서, 불순종의 결과인 죽음에 암시되어 있고, 생명나무의 상징적 의미에 암시되어 있다(창 3:22).

b. 사도 바울이 로마서 5:12-21에서, 한편으로는 죄의 전가와 다른 한편으로는 의의 전가를 관련지어 아담과 그리스도를 비교한 내용은 아담이 그리스도처럼 언약의 머리였다고 생각해야만 설명할 수 있다. 만약 그리스도께서 우리의 대표자이시기 때문에 우리가 그분의 의를 공유하고 있다면, 우리가 같은 이유에서 아담의 죄책을 공유하고 있다는 결론이 나온다.

c. 성경에는 아담이 언약을 범했다고 말하는 단락이 한 곳 나온다. 호세아 6:7은 "저희는 아담처럼 언약을 어기고"(미국 개역)라고 말한다. 이 번역은 네덜란드 성경(the Dutch Bible)의 번역과 일치한다. 흠정역(KJV)은 "저희는 사람들처럼 언약을 어기고"라고 번역한다. 하지만 앞의 번역을 취하는 것이 분명히 타당하며, 이것은 병행절인 욥기 31:33[34]에 의해서도 뒷받침을 받는다(한글개역성경은 '아담처럼'이 아닌 '타인처럼'으로 번역됨).

2. 행위 언약의 요소들

다음 요소들은 반드시 구분해야 한다.

a. 언약의 당사자들

언약은 언제나 쌍방간의 계약이다. 행위 언약의 경우에는 한 쪽에는 자신을 낮추시는 은혜의 행위로써 인간에게 순종을 조건으로 영생과 완전한 행복의 복을 주시겠다고 약속하시는 삼위일체 하나님, 즉 만유의 주재(主宰)가 계셨다. 다른 한 쪽에는 인류의 대표자로서, 아무런 권리 주장 없이 하나님께 절대 의존한 상태에서, 자신과 후손을 위해 하나님과 언약을 맺도록 자비롭게 허락을 받고, 하나님께 분명히 순종할 책임을 지고 서 있는 아담이 있었다.

b. 언약의 약속

언약의 큰 약속은 지극히 충분한 의미에서의 생명의 약속이었다. 그것은 단순히 인간의 자연적 존재의 연속이 아니라, 영원한 지복(至福)과 영광으로 높이 발전할 생명이기도 했다. 물론 아담은 거룩한 상태로 지음을 받았고, 따라서 죽음의 법칙에 종속되어 있지 않았다. 하지만 아직 자신을 위해 예비되어 있는 지극히 높은 특권들을 소유하고 있지는 못했다. 그는 아직 오류와 죄와 죽음의 가능성을 넘어서 있지 못했다. 아직 지극히 높은 단계의 거룩함을 소유하고 있지도 못했고, 충만한 단계의 삶을 누리고 있지도 못했다.

c. 언약의 조건

행위 언약 안에 있는 약속은 아무런 조건 없는 것이 아니었다. 그 조건이란 완전하고 무조건적인 순종이었다. 하나님의 법은 완전에 미치지 못하는 순종을 요구할 수 없으며, 선악을 알게 하는 나무의 실과를 먹지 말라는 분명한 명령은 분명히 순수한 순종의 시험이었다. 그 안에는 하나님의 법의 요구들이 한 점에 모여 있었다. 인간이 하나님께 절대 순종할 것인가, 아니면 자기 내면의 통찰을 따를 것인가 하는 큰 의문이 해결되어야 했다.

d. 언약에 따른 형벌

명령을 어길 경우 받게 될 형벌은 죽음이었다. 그것은 신체적·영적 죽음이자 영원한 죽음이라는 매우 포괄적인 의미를 갖고 있는 죽음이었다. 죽음의 근본 개념은 존재의 소멸이 아니라 생명의 근원으로부터의 분리였고, 그로 인한 비참하고 두려운 해체였다. 죽음이란 육체와 영혼이 분리되는 것이다. 하지만 그것이 전부가 아니라, 훨씬 더 근본적으로는 영혼이 하나님으로부터 분리되는 것이다.

e. 언약의 상징(들)

행위 언약의 상징(들)에 관해서는 견해가 크게 엇갈린다. 어떤 사람들은 두 개, 세 개, 혹은 심지어 네 개의 상징을 말하지만, 가장 우세한 견해는 생명나무가 유일한 상징이었다는 것이다. 이것이 성경에 근거를 두고 있는 유일한 상징인 듯하다. 생명나무가 생명의 상징과 보증 혹은 인(印)이었을 가능성이 크다. 창세기 3:22의 내용은 따라서 상징적으로 이해해야 한다.

3. 행위 언약은 현재도 유효한가?

17세기의 아르미니우스주의자들은 행위 언약이 아담의 타락으로 인해 완전히 폐기되었고, 따라서 그의 후손들은 그 의무에서 완전히 자유롭다는 견해를 견지했다. 이들과 달리 개혁파는 행위언약이 일부분은 과거의 것이었고, 일부분은 여전히 효력을 갖고 있다는 견해를 취했다.

a. 그것이 폐기되지 않았다는 의미

완전한 순종에 대한 요구는 지금도 유효하다. 범죄자에 대해 선포된 저주와 벌이 지금도 여전히 죄를 지으며 사는 사람들에게 적용된다. 그리고 그 조건적 약속도 여전히 유효하다. 하나님께서는 그 약속을 거두실 수도 있었지만, 그렇게 하시지 않았다(참조. 레 18:5; 갈 3:12). 하지만 타락 이후에는 아무도 그 조건을 이행할 수 없다는 것이 분명하다.

b. 그것이 폐기되었다는 의미

행위 언약에 따르는 특별한 의무들은 은혜 언약 안에서 사는 사람들에게는 중단되었다. 이것은 이 의무들이 폐기되었다는 뜻이 아니라, 중보자께서 그의 모든 백성을 위해서 이행하셨다는 뜻이다. 더욱이 행위 언약은 영생을 얻는 지정된 길 혹은 수단으로서는 폐기되었다. 인간의 타락 이후에는 그러한 방법으로서는 무력하게 되었기 때문이다.

제2편

죄의 상태에 있는 인간

제1장

죄의 기원과 본질적 특성

A. 인간의 타락에 있는 죄의 기원

죄의 기원 문제는 사려 깊은 사람들의 관심을 필연적으로 사로잡고, 그 문제에 대한 성경의 설명에 만족하지 못한 사람들이 여전히 당혹스러워하는 문제이다. 어떤 신학자들은 인간 영혼들이 존재 이전에 죄를 범했고, 그 결과 모든 인간은 죄인들로 태어난다고 말함으로써 죄의 기원 문제를 한 발짝 뒤로 옮겨놓았다. 대 철학자 칸트(Immanuel Kant)는 인간 속에 근본적인 악이 존재한다고 인식했으나, 그 기원을 설명하지는 못했다. 진화론자들은 야수들로부터 물려받은 경향들과 충동들과 정욕들에서 답을 찾는다. 하지만 성경은 인간의 타락을 바라보게 한다. 성경은 세상에 존재하는 모든 도덕적 악의 뿌리가 우선 인류의 자연적이고 대표적인 머리인 아담의 죄에 박혀 있다고 가르친다.

1. 첫번째 죄의 본질

첫번째 죄는 인간이 선악을 알게 하는 나무의 실과를 먹음으로써 저질러졌다. 그 실과를 먹은 행위가 죄였던 이유는 하나님께서 그것을 금하셨기 때문이었다. 그것이 어떤 종류의 실과였는지 우리는 알 수 없다. 그 실과가 "선악을 알게 하는 나무의 실과"라고 불린 이유는 그것이 (a) 인간의 미래 상태가 선할지 악할지를 나타낼 것이고, (b) 인간이 하나님께서 부여해 주시는 선악의 표준을 그대로 받아들일지, 아니면 그 표준을 스스로 정할지를 나타낼 것이기 때문이었다.

첫번째 죄는 죄의 본질적 특성을 분명하게 드러낸 전형적인 것이었다. 그 특성은 인간이 하나님의 뜻에 순종하고, 하나님께서 정해주신 길을 따라 인생을 살아나가기를 거부하고, 그것을 스스로 결정해 나가기로 작정한 데 놓여 있다. 이 첫번째 죄에서는 상이한 여러 요소들을 구분할 수 있다. 죄는 지성에서는 불신앙과 교만으로 나타났고, 의지에서는 하나님과 같이 되려는 욕구로 나타났으며, 감정에서는 금단의 실과를 먹음으로써 해소하는 거룩하지 못한 만족으로서 나타났다.

2. 첫번째 죄의 경우

인간의 타락은 인간의 마음에 불신과 불신앙의 씨앗을 뿌린 뱀의 시험에 의해 발생했다. 시험자의 의도는 분명히 언약의 머리인 아담을 넘어뜨리려는 것이었겠지만, 그가 하와에게 다가간 이유는 하와가 (a) 언약의 머리가 아니었고, 따라서 아담과 동일한 책임감을 갖고 있지 않을 것이기 때문이었고, (b) 하나님의 명령을 직접 받지 않고 간접적으로 받았으며, 그 결과 논쟁과 의심에 더 취약할 것이기 때문이었으며, (c) 아담의 마음을 사로잡는 데 둘도 없이 효과적인 대리자가 될 것이기 때문이었다.

말하는 뱀은 많은 해석자들에게 큰 걸림돌이었으며, 그로 인해 많은 해석자들이 타락 기사를 비유적으로 혹은 상징적으로 해석했다. 하지만 성경은 뱀이 사단의 도구에 지나지 않았고, 사단이 진정한 시험자로서, 마치 예수께서 사역하실 때, 사단이 인간들과 돼지들 안에서 일했듯이 뱀 안에서 뱀을 통해서 일하고 있었다고 분명하게 암시한다(요 8:44; 롬 16:20; 고후 11:3; 계 12:9).

3. 첫번째 죄로 인한 결과들

첫번째 죄의 결과로 인간은 엄격한 의미에서의 하나님의 형상, 즉 하나님께 관한 참된 지식과 의와 거룩함을 상실했다. 더 나아가 존재의 모든 부분에서 철저히 타락하게 되었고, 영적인 선을 조금도 행할 수 없게 되었다. 인간의 현실에 나타난 이러한 변화는 그의 자의식에도 반영되었다. 죄를 짓고 난 인간에게는 자신이 오염되었다는 느낌이 있었다. 그 느낌이 수

치감과 죄책감으로 나타났고, 그것이 양심의 가책과 하나님을 두려워하는 태도로 표현되었다. 그 외에도 인간은 죽음의 법칙[광범위한 의미에서의]에 종속되었다(창 3:19; 롬 5:12; 6:23). 비록 사망 선고의 충분한 집행은 유예되긴 했지만 말이다. 마지막으로, 인간은 낙원에서 추방되었고, 행위 언약으로 약속된 생명을 상징하는 생명나무에 접근할 수 없게 되었다.

B. 죄의 본질적 특성

죄의 진정한 특성에 관해서는 여러 그릇된 견해들이 있다. 죄가 무엇인가 하는 것은 오로지 성경에서만 배울 수 있다. 성경이 가르치는 죄 개념과 관련하여 강조할 점이 몇 가지 있다.

1. 죄는 구체적인 유형의 악이다.

오늘날 많은 사람들은 '죄'(sin) 대신에 '악'(evil)이라는 말을 쓰는 경향이 있다. 하지만 이것은 옳지 않은 치환이다. 모든 죄가 다 악인 것은 틀림없는 사실이지만, 동일한 확신을 가지고 모든 악이 죄라고 말할 수가 없다. 질병은 악으로 간주할 수 있지만, 죄라고 할 수는 없다. 더 나아가 죄보다 악을 운위하는 오늘날의 경향은 주로 사람들이 죄를 질병이나 불완전으로, 즉 인간에게 책임을 물을 수 없는 것으로 간주하는 사실 때문에 생긴 것이다. 성경은 죄를 구체적인 유형의 악으로, 즉 인간에게 직접 책임이 있고, 인간으로 하여금 사형 판결을 받게 하는 도덕적 악으로 간주하라고 가르친다.

2. 죄는 절대적 특성을 갖고 있다.

윤리 영역에서 선과 악의 대조는 절대적이다. 둘 사이에는 중립적인 상태가 없다. 이것이 성경의 분명한 가르침이다. 마음으로 하나님을 사랑하지 않는 사람은 그로써 이미 악한 존재로 특징지어진다. 성경은 도덕적 중립성이라는 위치를 알지 못한다. 성경은 악인들에게 의로 돌이키라고 촉구하며, 의인들이 넘어져 악에 빠지는 일을 자주 말한다. 하지만 의인이나 악인이 중립적 위치에 자리잡고 있다고 암시하는 경우는 찾아볼 수 없다. 인간은 옳은 편에 서든가 그른 편에 선다(마 10:32, 33; 12:30; 눅 11:23; 약 2:10).

3. 죄는 언제나 하나님과 그분의 의지와 관련된다.

현대 신학은 죄를 특별한 방법으로, 즉 동료 인간들에 비추어서 해석해야 한다고 주장한다. 죄란 동료 인간들에게 저지른 그릇된 행동이라는 것이다. 하지만 이것은 본질에서 완전히 빗나간 해석이다. 그러한 그릇된 행동은 오직 하나님의 뜻을 거스른 사실에 비추어 볼 때야 비로소 죄라고 부를 수 있기 때문이다. 죄는 "하나님의 법에 순종하는 일에 모자란 것"으로 정의하는 것이 정확하며, 이것은 하나님께서 신적인 법으로써 요구하시는 사랑과 정반대되는 것임을 뜻한다. 성경이 항상 죄를 하나님과 법(인간 마음에 기록된 양심의 법이든, 모세에 의해 전달된 법이든)과 관련지어 말한다(롬 1:32; 2:12-14; 4:15; 5:13; 약 2:9, 10; 요일 3:4).

4. 죄는 죄책과 오염을 동시에 포함한다.

죄는 무엇보다도 죄책(guilt)이다. 즉, 죄는 법을 어긴 것으로서, 그것이 인간들을 의로우신 하나님께 형벌을 받게 만든다. 사실상 많은 사람들은 죄가 죄책을 포함한다는 것을 부정하지만, 이것은 죄인이 형벌을 경고 받았고, 실제로 형벌을 받은 사실과, 다음과 같은 성경의 명백한 진술들과 모순된다(마 6:12; 롬 3:19; 5:18; 엡 2:3).

아울러 죄는 오염, 즉 모든 사람이 타고난 부패이다. 죄책은 항상 오염을 수반한다. 아담 안에서 죄책이 있는 모든 사람은 그 결과 부패한 본성을 가지고 태어난다. 죄의 오염은 다음 성구들이 분명히 가르친다(욥 14:4; 렘 17:9; 마 7:15-20; 롬 8:5-8; 엡 4:17-19).

5. 죄는 마음에 좌소(座所)를 둔다.

죄는 영혼의 어느 한 기능에 머무르지 않고, 마음에, 즉 성경 심리학이 영혼의 중심 기관으로 삼고, 거기서 생명의 결과들이 발산되는 마음에 머무른다(잠 4:23). 그리고 이 중심 기관으로부터 죄의 영향력과 작용들이 지성과 의지와 정서로, 간단히 말해서 육체를 포함한 전인(全人)으로 확산된다. 이 견해는 다음 성구들에 실린 성경의 가르침에 근거를 둔다(잠 4:23; 렘 17:9; 마 15:19, 20; 눅 6:45; 히 3:12).

6. 죄는 외면적 행위들로만 구성되지 않는다.

모든 유형의 펠라기우스주의자들과 반(半)펠라기우스주의자들에 대해서, 죄란 외면적 행위들로만 구성되지 않고, 죄악된 습관과 마음에 품은 죄로도 구성된다는 사실을 강조해야 한다. 이 세 가지가 다음과 같이 서로 관련된다. 즉, 죄의 상태가 죄악된 습관의 토대이며, 이 둘이 다시 죄악된 행위로 이어지는 것이다. 마음에 품은 악한 생각과 정서와 의도도 죄로 간주해야 한다는 것은 다음 구절들에 의해 뒷받침된다(마 5:22, 28; 롬 7:7; 갈 5:17, 24).

C. 죄에 대한 다양한 견해

성경의 설명과 전혀 일치하지 않는 죄에 대한 다양한 견해들이 있다. 그 중 몇 가지만 간략히 소개한다.

1. 펠라기우스주의의 죄관

펠라기우스주의자들은 원죄를 믿지 않으며, 따라서 모든 사람이 죄인으로 태어난다는 확신을 공유하지 않는다. 아담은 도덕적 중립 상태에서 창조되었고, 그의 후손은 누구나 그런 상태로 태어나는데, 그것은 적극적으로 선하지도 않고 적극적으로 악하지도 않은 상태이다. 죄는 모든 사람의 자유로운 선택의 결과이다. 누구든 죄를 원치 않으면 죄를 짓지 않는다. 죄악된 본성이나 죄악된 인격 같은 것은 존재하지 않는다. 죄악된 성향 같은 것도 존재하지 않는다. 죄는, 선을 택하여 행할 능력도 똑같이 갖춘 완벽히 자유로운 의지로써 의도적으로 악을 선택함으로써만 저질러진다.

2. 로마 가톨릭의 죄관

로마 가톨릭 교회에 따르면, 원죄란 주로 인간이 초자연적으로 부여받은 원시의가 없는, 부정적인 상태라고 한다. 그것은 하나님께 혐오스러운 상태이며, 따라서 죄의 상태이다. 자범죄는 의지의 의도적인 선택의 결과로 나타난 인간의 행위들에만 있다. 이 행위들의 배후에 깔려 있는 거룩하지 못한 성향과 욕구와 정서는 죄의 본성에서 나와 죄를 짓게 하는 경향이 있을 수 있지만, 엄격한 의미에서 그 자체를 죄로 간주할 수는 없다.

3. 진화론적 죄관

현대 자유주의 신학에서는 진화론적 죄관이 비록 다 똑같은 형태로 표현되지는 않을지라도 크게 성행한다. 이 견해는 특히 테넌트(Tennant)의 저서들에서 발전했다. 그에 따르면 인간이, 야수들로부터 물려받은 많은 충동들과 특성들을 지니고 있다고 한다. 이것들은 그 자체가 죄는 아니고, 다만 특정 상황에서 죄가 된다. 인간은 점차 도덕 의식이 깨어 가며, 그로써 이런 충동들과 특성들을 단죄한다. 하지만 만약 인간이 양심의 소리에 순응하지 않고 갈수록 거역한다면 이런 충동들과 특성들이 죄로 발전한다. 그러므로 죄는, 도덕적 존재인 인간이 여전히 좀더 고상한 본성의 염원들에 이끌리기보다 감각적 본성의 욕구들과 정욕들에 이끌리도록 자신을 방치하는 데에 있다.

제2장

인류의 삶에 자리잡고 있는 죄

A. 아담의 죄와 그 후손들의 죄의 연계성

펠라기우스주의자들은 아담의 죄와 그 후손들의 죄 사이에 필연적인 연계성이 있다는 생각을 부정한다. 초기 아르미니우스주의자들은 인간이 아담으로부터 선천적 부패를 물려받았으나 아담의 죄에 대해서는 조금도 책임이 없다고 주장하지만, 후기 아르미니우스주의자들 혹은 웨슬리파 아르미니우스주의자들은 인간의 생득적 부패가 죄책도 포함한다고 시인한다. 아담의 죄와 그 후손들의 죄의 관계를 설명하는 방식에는 특히 다음 세 가지가 있다.

1. 실재설(realistic theory)

세 가지 이론 중에서 가장 먼저 제시된 것이 실재설이다. 이것은 하나님께서 원래 하나의 일반적인 본성을 창조하셨는데, 세월이 흐르면서 많은 개인들이 존재하듯이 이 본성도 많은 부분으로 분리되었다는 견해이다. 아담은 이 일반적 인간 본성 전체를 소유했지만, 그가 죄를 지은 결과로 이 본성에 죄책과 오염이 끼여 들게 되었다. 결과적으로 그 본성의 모든 개별적 부분들도 이 죄책과 오염을 공유한다. 이 이론은 우리가 왜 아담의 첫 범죄에 대해서만 책임을 지고, 동일한 인간 본성으로 저지른 그의 나머지 죄들에 대해서는 혹은 아담 이후 우리 조상들의 죄에 대해서는 책임을 지지 않는지 설명하지 못한다. 게다가 그리스도께서 왜 아담의 죄에 대해 책임이 없으셨는가 하는 질문에 대답하지 못한다. 이 이론에 따르면, 그리스도께서도 아담 안에서 죄에 오염된 바로 그 본성을 공유하고 계시기 때문이다.

2. 직접 전가설(행위 언약설)

이 견해에 따르면 아담은 그의 자손들과 이중적 관계에 서 있었다. 자연적으로는 인류의 머리, 즉 모든 인간 자녀들의 선조였다. 하나님께서는 이 자연적 관계에 언약 관계를 덧붙여 주셨고, 이 관계에 힘입어 아담은 그의 모든 자손들을 대표하는 머리이기도 했다. 그가 이 대표의 자격으로 죄를 지었을 때, 그의 죄책이 자연히 그가 대표한 모든 사람들에게 전가되었고, 이 전가의 결과로 그들은 모두 부패한 상태로 출생한다. 이 이론은 왜 아담의 자손들이 그가 언약의 머리로서 범한 한 가지 죄에 대해서만 책임을 지는지, 왜 그들이 조상들의 죄에 대해서 책임지지 않는지, 왜 인간 인격이 아니신 그리스도께서 아담의 죄책을 공유하지 않으시는지를 설명해준다.

3. 간접 전가설

마지막 이론은 아담의 죄책이 그의 자손들에게 직접 전가되지 않았다는 생각에 토대를 두며, 다음 견해를 옹호한다. 즉, 아담의 자손들은 자연 출생 과정에 의해 아담으로부터 생득적 부패를 물려받는다. 그리고 그들은 아담과 공유하는 타고난 부패를 근거로 아담의 불순종에 대해서도 죄책을 짊어지는 것으로 간주된다. 그들은 아담 안에서 죄책이 있기 때문에 부패한 상태로 출생하지 않지만, 부패한 상태로 태어나기 때문에 죄책이 있다고 간주된다.

만약 이 이론이 일관성이 있다면, 앞선 모든 세대의 죄가 후 세대들에게 간접적으로 전가되었다고 가르쳐야 마땅하다. 그들의 연대적 부패가 출생에 의해서 전달되기 때문이다. 더욱이 간접 전가설은 우리의 도덕적 부패가 죄로서 우리에게 전가(轉嫁)되기 때문에, 이 부패가 만약 그렇게 전가되지 않는다면 죄책이 되지 않을 것임을 분명히 함축한다. 하지만 죄책이 아닌 동시에, 형벌을 받지 않게 해주는 도덕적 부패란 존재하지 않는다.

B. 원죄와 자범죄

일반적으로 죄는 원죄와 자범죄(自犯罪, actual sin)로 구분된다.

1. 원죄

모든 사람은 아담과 관계를 맺고 있기 때문에 타락 이후에 죄의 상태에서 태어난다. 이 상태를 가리켜 원죄라고 하며, 이것은 인간의 삶을 더럽히는 모든 자범죄들의 내적 뿌리이다. 이 죄에는 두 가지 요소가 있다:

a. 원시적 죄책

이것은 아담의 죄책이 우리에게 전가되는 것을 의미한다. 아담은 우리의 대표로서 죄를 범했기 때문에, 우리는 그 안에서 죄책이 있다. 이것은 우리가 출생하는 상태가 의도적으로 법을 어긴 상태라는 것과, 따라서 우리가 본질상 형벌을 받을 수밖에 없다는 것을 의미한다. 17세기의 아르미니우스주의자들과 현대 자유주의 신학 옹호자들은 모두 원죄가 원시의 죄책을 내포한다는 것을 부정한다. 그럴지라도 이것은 성경의 명백한 가르침에 따른 견해이다(롬 5:12-19; 엡 2:3).

b. 원시적 오염

아담의 자손들은 그의 죄책을 짊어질 뿐 아니라, 그로부터 자신들의 도덕적 오염을 물려받는다. 그들은 원시의를 박탈당할 뿐 아니라, 본능적으로 죄에 대한 성향을 갖고 있다. 이 오염은 두 가지 다른 관점에서 생각할 수 있다.

1) 전적 부패로서. 이것은 모든 사람이 악해질 수 있는 데까지 악하다거나, 어떤 의미로든 선을 행할 수 없다거나, 참된 것과 선한 것과 아름다운 것에 대한 열망을 조금도 지니지 않는다는 뜻이 아니라, 단지 내면의 부패가 인간 본성의 모든 부분에까지 확대되어 있고, 인간 안에는 영적으로 선한 것, 즉 하나님과의 관계에서 선한 것이 없고, 다만 도덕적 타락만 있을 뿐임을 뜻한다. 인간의 전적 부패는 펠라기우스주의자들, 소지니주의

자들, 초기 아르미니우스주의자에 의해서 부정되지만, 성경에 의해서 분명히 가르쳐진다(요 5:42; 롬 7:18, 23; 8:7; 고후 7:1; 엡 4:18; 딤후 3:2-4; 딛 1:15; 히 3:12).

2) 전적 무능력으로서. 이 점도 구분해서 생각할 필요가 있다. 개혁주의 신학자들은 일반적으로 죄인이 여전히 (a) 자연적인 선과 (b) 시민적 선 혹은 시민적 의, 그리고 (c) 외면적 종교적 선을 수행할 수 있다고 주장한다. 죄인도 동료 인간들에게 진실한 인정과 감사를 받을 만한, 그리고 심지어 어느 정도는 하나님께도 인정을 받을 만한 행동을 수행하고 정조(情操)를 드러낼 수 있다.

그럴지라도 이 행위들을 하나님과 관련지어 생각할 때는 결핍이 이루 말할 수 없이 크다. 이 행위들은 하나님을 사랑해서 행한 것도 아니고, 하나님이 요구하시는 뜻을 조금이라도 존중해서 행한 것도 아니기 때문이다. 더욱이 인간은 하나님을 사랑하기보다 죄를 좋아하는 근본적 성향을 바꿀 수도 없고, 그러한 변화를 시도조차 할 수 없다. 이 교리에 대해서는 성경적 뒷받침이 풍부하다(요 1:13; 3:5; 6:44; 8:34; 15:4, 5; 롬 7:18, 24; 8:7, 8; 고전 2:14; 고후 3:5; 엡 2:1, 8-10; 히 11:6).

2. 자범죄

a. 자범죄와 원죄의 차이

'자범죄'라는 용어는 외적 행위들로 이루어지는 죄를 가리킬 뿐 아니라, 원죄로부터 나오는 고의적인 생각과 의지도 가리킨다. 자범죄는 개인이 물려받은 본성과 성향과 구분되게 수행하는 죄이다. 원죄가 하나라면 자범죄는 여럿이다. 그것은 교만과 시기와 미움과 육욕과 악한 정욕 같은 내면 생활의 죄일 수도 있고, 거짓과 도둑질, 살인, 간음 같은 외면 생활의 죄일 수도 있다. 원죄의 존재는 과거에도 폭넓은 부정을 당했고, 지금도 여전히 그러하지만, 자범죄의 존재는 적어도 일부 의미로는 일반적으로 인정된다. 하지만 오늘날 많은 사람들은 자범죄가 죄책을 형성한다는 생각을 부정하며, 그로써 죄의 진정한 죄성에 눈을 감는다.

b. 용서받지 못하는 죄

성경에는 용서받지 못하는 죄, 즉 죄를 짓고 난 뒤에 마음의 변화가 불가능하고, 기도할 필요도 없는 죄에 관해서 가르치는 구절들이 있다(마 12:31, 32; 막 3:28-30; 눅 12:10; 히 4:4-6; 10:26, 27; 요일 5:16). 이 죄는 일반적으로 성령을 거스르는 혹은 모독하는 죄로 알려져 있다. 이 죄는 성령께서 예수 그리스도 안에 나타난 하나님의 은혜에 관해서 베푸시는 증거와 확신에 대해서 고의적이면서도 악의적으로 배척하고 중상하고, 미움과 증오로써 그 은혜를 어둠의 임금에게로 돌리는 행위이다. 이 죄를 범하는 사람은 진리에 대해 다소 심오한 지식과, 성령의 내적 조명과, 진리에 대한 지적 확신이 있어서 솔직한 심정으로는 진리를 도저히 부정할 수 없는 상태에 있는 사람이다. 따라서 이 죄 자체는 단순히 진리를 의심하거나 쉽게 부정하는 것이 아니고, 정신의 확신과 양심의 조명을 거슬러서 진리에 모순되게 행하는 것으로 이루어진다.

이 죄가 용서받을 수 없는 이유는 그 죄책이 그리스도의 공로를 능가하기 때문이거나, 이 죄를 지은 사람이 성령의 새롭게 하시는 능력을 벗어나 있기 때문이 아니라, 이것이 회개를 배제하고, 양심을 무디게 하고, 죄인을 완고하게 하는 죄이기 때문이다. 그러므로 이 죄를 범하는 사람들에게서는 하나님께 대한 노골적인 미움과, 하나님과 신적인 모든 것에 도전하는 태도, 그리고 거룩한 것을 조소하고 비방하기를 즐기는 태도, 자기들의 영혼과 미래의 삶에 철저히 무관심한 태도를 예상할 수 있다.

이 죄에 회개가 따르지 않는다는 사실을 감안할 때, 죄를 저지르고서 그것을 두려워하는 사람과, 그것을 염려하는 사람과, 다른 사람들이 자기를 위해서 기도해 주기를 바라는 사람은 용서받지 못할 이 죄를 범하지 않았다고 확신할 수 있다.

C. 죄의 보편성

성경과 경험은 모두 죄가 보편적이라고 가르친다. 펠라기우스주의자들조차 이 점을 부정하지 않는다. 물론 그들은 죄의 원인을 열악한 환경, 악한 본, 그릇된 교육 같은 외부 조건들의 탓으로 돌리긴 하지만 말이다. 하지만 성경에 따르면 죄의 원인은 아담의 타락과 그의 죄가 그의 모든 자손에게 전가된 사실에 있다. 이것은 다양한 방식으로 입증할 수 있다.

1. 죄의 보편성은 성경의 여러 직접적인 진술들에서 주장된다. 다음에 소개할 구절들이 여기서 생각해야 할 가장 중요한 말씀들이다(왕상 8:46; 시 143:2; 잠 20:9; 전 7:20; 롬 3:1-12, 19, 20, 23; 갈 3:22; 약 3:2; 요일 1:8, 10).

2. 성경의 여러 구절들은 죄가 인간이 출생할 때부터 물려받는 유산이며, 따라서 전가(轉嫁)의 결과로 생각하기 어려울 정도로 아주 일찍부터 인간 안에 존재한다고 가르친다(시 51:5; 욥 14:4; 요 3:6).

3. 죄에 대한 형벌인 죽음은 심지어 개인적이고도 의식적인 선택을 한 번도 해본 적이 없는 사람들에게도 찾아온다(롬 5:12-14). 이 단락은 죄가 유아의 경우에는 도덕적 자각이 생기기 전에 존재한다고 암시한다. 유아들도 죽으며, 따라서 죄의 결과가 그들에게도 임하기 때문에, 원인도 그들 안에 있다고 생각하는 것이 자연스럽다.

4. 성경에 따르면, 모든 인간은 저주 아래 있으며, 따라서 그리스도 예수 안에 있는 구속을 필요로 한다. 어린이들이라고 해서 이 원칙에서 예외가 되지 않는다. 이것은 1항목에서 인용한 구절들과, 요한복음 3:3, 5; 에베소서 2:3; 요한일서 5:12에 따른 결론이다. 모든 인간은 구원에 이르게 하는 성령의 중생의 권능을 필요로 한다.

제3편

은혜 언약 안에 있는 인간

제1장

구속의 언약

　구속의 언약에는 삼위일체를 대표하시는 성부와, 하나님 백성을 대표하시는 성자 사이의 동의(agreement, 계약)가 있다. 이 동의에서 성자께서는 성부께서 자기에게 주신 백성의 의무들을 친히 이행하시고, 성부께서는 성자께 구속 사역에 필요한 모든 것을 약속하신다. 이 영원한 언약이 은혜 언약의 확고한 토대이다. 만약 성부와 성자 사이에 영원한 평화의 의논이 없었다면, 하나님과 죄인 사이에는 아무런 계약도 없었을 것이다. 구속의 언약이 은혜 언약을 가능하게 만드는 것이다.

A. 구속 언약의 성경적 근거

　구속 언약은 자주 스가랴 6:13의 표현을 이용하여 평화의 의논(the counsel of peace)이라 불린다. 이 영원한 의논 교리는 다음과 같은 성경적 근거에 놓여 있다.

　1. 성경은 구속 계획이 하나님의 영원한 작정 혹은 의논에 포함되어 있는 사실을 분명히 지적한다(엡 1:4 이하; 3:11; 살후 2:13; 딤후 1:9; 약 2:5; 벧전 1:2 등).

　2. 죄인을 구원하시려는 하나님의 계획이 언약의 성격을 띠고 있다는 사실을 가리키는 구절들이 있다. 그리스도께서는 초림 전에 받으신 약속들을 말씀하시며, 성부께로부터 받은 사명을 자주 언급하신다(요 5:30, 43; 6:38-40; 17:4-12). 더욱이 로마서 5:12-21과 고린도전서 15:22은 그리

스도를 분명히 언약의 머리로 표현한다. 아담과 그리스도를 비교한 것은 이 점에 관해 의심의 여지를 조금도 남기지 않는다.

3. 언약의 요소들, 즉 계약 당사자들, 약속, 조건 같은 조건들이 분명하게 지적된다. 시편 2:7-9에는 당사자들이 언급되고 약속이 지적된다(비교. 행 13:33; 히 1:5; 5:5). 또 다른 메시야 단락인 시편 40:7-9(비교. 히 10:5-7)에서, 메시야는 죄를 위한 희생 제물이 됨으로써 아버지의 뜻을 행할 의지를 표시한다. 그리스도께서는 거듭해서 아버지께 받은 사명을 말씀하신다(요 6:38, 39; 10:18; 17:4). 더 나아가 요한복음 17:5, 6, 9, 24(참조. 빌 2:9-11)은 그리스도께서 아버지께 받는 상을 언급한다.

4. 구약성경에는 언약 개념을 메시야와 직접 연결하는 두 구절이 있는데, 그것은 여호와의 종에 관해서 말하는 시편 89:3과 이사야 42:6이다. 이 연결은 여호와의 종이 단순히 이스라엘이 아님을 분명히 보여준다. 더욱이 메시야가 하나님을 자신의 하나님으로 말하는 절들이 있는데, 이것은 언약적 용어이다(시 22:1, 2; 시 40:8).

B. 구속 언약에서의 성자

구속 언약에서 그리스도의 지위와 사역과 관련하여 몇 가지 강조해야 할 점이 있다.

1. 언약에서 그리스도의 직무적 지위.

그리스도께서는 구속 언약의 보증이자 머리이시다. 히브리서 7:22은 그분을 '보증'(surety, 보증인)이라고 한다. 보증[인]이란 다른 사람을 위해서 법적 책임을 지는 사람이다. 그리스도께서는 죄인들의 지위에 들어오시고, 죄인이 받지 않을 수 없는 형벌을 받으심으로써 죄를 속죄하셨고, 자기의 모든 백성을 위해 율법의 요구를 지키셨다. 범죄한 인간의 지위에 대신 서심으로써 두번째 혹은 마지막 아담이 되셨고, 그러한 자격으로 언약의 머리, 즉 아버지께서 그에게 주신 모든 사람들의 대표가 되셨다.

2. 그리스도께는 언약이 행위 언약이었다.

구속의 언약은 실제로 은혜 언약의 영원한 기초이며, 죄인들에게도 은혜 언약의 원형이다. 하지만 그리스도께는 이 언약이 은혜 언약이라기보다 행위 언약이다. 그리스도께는 원시 언약의 법인 행위 언약이 적용된다. 즉, 그리스도께서는 율법의 요구를 준행함으로써만 영생을 얻으실 수 있었다. 마지막 아담으로 오신 그리스도는 신실한 순종의 대가로 영생을 얻으셨지, 값없이 받은 은혜의 선물로 영생을 얻으시지 않았다.

3. 언약에서 그리스도의 사역은 선택에 의해 제한된다.

구속의 언약이 선택의 작정과 혼동되는 일이 가끔 있지만, 둘은 동일하지 않다. 선택의 작정은 그리스도 안에서 영원한 영광의 후사들이 될 사람들의 수를 결정하는 반면에, 구속의 언약은 은혜와 영광이 죄인들을 위해서 마련되는 길을 나타낸다. 논리적으로는 선택이 구속의 의논에 앞선다. 왜냐하면 그리스도께서 언약의 보증이 되신 것은 보편적인 것이 아니라 특정적인 것이기 때문이다. 그리스도께서는 아버지께서 자기에게 주신 사람들만 구원하신다.

4. 구속의 언약과 그리스도께서 성례들을 사용하신 일.

그리스도께서는 구약과 신약의 성례들을 다 사용하신다. 물론 이 성례들은 신자들에게 대해서 갖는 의미를 그리스도께 대해서 갖지는 않는다. 그리스도께는 구약과 신약의 성례들이 구원 은혜의 상징일 수도 없고 인(印)일 수도 없다. 아울러 구원의 신앙을 강화하는 수단일 수도 없다. 그리스도께 이 성례들은 구속 언약의 표와 인이었을 가능성이 크다. 그리스도께서는 이 성례들을 자기 백성의 대표라는 공식적 자격으로 사용하셨다. 그분은 자기 백성의 죄책을 짊어지셨고, 따라서 그리스도께 이 성례들은 이 짐을 제거하고 아버지의 약속들을 성취하는 것을 상징하고 인을 치는 것이었다. 그리고 중보자의 지위에 계신 그분이 신앙(구원적 신앙이 아닌)을 발휘하실 필요가 있었을 때, 구약과 신약의 성례들은 그분의 인성에 관한 한 이 신앙을 강하게 하는 역할을 할 수 있었다.

C. 구속 언약의 요건들과 약속들

1. 요건들.

성부께서는 자기 백성의 보증이자 머리로서의 성자께 다음과 같은 것을 요구하셨다.

a. 그리스도께서 여인에게서 나심으로써 인성을 취하시고, 인성이 지니는 연약한 점들(비록 죄는 없지만)을 지니시도록(갈 4:4, 5; 히 2:10, 11, 14, 15; 4:15).

b. 그리스도께서 죄의 형벌을 치르시고, 선택된 자들에게 영생을 끼칠 수 있기 위해 율법 아래 나시도록(시 40:8; 마 5:17, 18; 요 8:29; 9:4, 5).

c. 그리스도께서 성령의 강력한 사역을 통해서 자기 백성을 거듭나게 하시고, 회개하도록 인도하시고, 신앙을 주시고, 거룩하게 하시며, 그로써 그들의 삶을 하나님께 거룩하게 구별해서 드림으로써 자신의 공로를 그들에게 적용하시도록(요 16:13-15; 17:19-22).

2. 약속들.

성부의 주된 약속들은 성자께서 받은 요구들과 상응하는 것들로서, 다음과 같다.

a. 성자께 죄에 오염되지 않은 몸을 주실 것이고(히 10:5), 성자께 성령을 한량없이 부어주심으로써 그를 기름 부으시고, 그로써 메시야 직무들을 수행할 자격을 갖춰주시겠다는 것(사 42:1, 2; 61:1; 요 3:34).

b. 성자께서 사명을 수행하시도록 뒷받침하시고, 그로써 성자께서 사단을 멸하시고 하나님 나라를 수립하실 수 있게 하시겠다는 것(사 42:6, 7; 눅 22:43).

c. 성자를 죽음의 권세에서 일으키시고, 그를 하늘로 올리사 자기 우편에 앉게 하시며, 그에게 하늘과 땅의 모든 권세를 부여하시겠다는 것(시 16:8-11; 행 2:25-28; 빌 2:9-11).

d. 성자께서 속죄를 이루신 대가로 성령을 보내셔서 중생과 성화로써

성자의 영적[신령한] 몸을 세우게 하시고, 교회를 가르치고 지도하고 보호하시겠다는 것(요 14:26; 15:26; 16:13, 14).

e. 성령의 사역을 통해서 성자께 주신 모든 사람들이 실제로 그에게 나오도록 하시고, 그로써 그들 중 아무도 멸망하지 않도록 하시겠다는 것(요 6:37, 39, 40, 44, 45).

f. 아무도 헤아릴 수 없이 많은 사람들이 이로써 구속에 참여하게 되고, 그렇게 해서 메시야의 왕국이 결국에는 지상의 모든 나라들을 포괄하게 되도록 하시겠다는 것(시 22:27; 72:17).

g. 놀라운 구속 사역 안에서, 그리고 그 사역을 통해서 하나님의 완전하신 속성들의 영광이 인간들과 천사들에게 밝히 드러나게 하시고, 그로써 하나님께서 모든 영광을 받도록 하시겠다는 것(엡 1:6, 12, 14).

제2장

은혜 언약

하나님께서는 구속 언약을 토대로 인간과 은혜 언약, 즉 화목의 언약을 세우셨으며, 이 언약은 구속의 복들이 죄인들에게 전달되는 길을 나타낸다. 은혜 언약이라는 제목하에 깊이 생각해야 할 몇 가지 사항이 있다.

A. 은혜 언약에서 언약의 당사자들

하나님께서 은혜 언약의 첫번째 당사자로서 언약에서 주도권을 쥐시고, 두번째 당사자가 자신과 맺게 될 관계를 은혜롭게 결정하신다. 이 언약에서 하나님은 자비롭고 용서하시는 아버지로서, 죄를 기꺼이 용서해 주시고, 죄인들을 자신과의 복된 교통으로 회복시키시는 아버지로 나타나신다. 일반적으로는 하나님께서 타락한 인간과 언약을 맺으셨다고 말할 수 있지만, 언약의 두번째 당사자가 정확히 누구인지를 말하기가 쉽지 않다. 처음에는 아무런 역사적 제한도 없었지만, 아브라함 시대에 이르면 이 언약이 모든 사람들을 포함시키려는 것이 아님이 분명해졌다.

그런 이유에서 하나님께서 죄인과 언약을 맺으셨다고 하는 것만으로는 충분하지 않다. 틀림없이 어떤 제한이 있으며, 그러므로 어떤 사람들은 하나님께서 아브라함과 그의 씨와 더불어, 즉 그의 혈육적인, 하지만 특히 그의 영적인 자손들과 언약을 맺으셨다고 주장하며, 혹은 약간 달리 신자들과 그들의 씨와 더불어 언약을 맺으셨다고 주장한다. 하지만 대다수는 하나님께서 선택된 자들 혹은 선택된 죄인들과 언약 관계를 맺으셨다고 주장한다. 이 문제를 분명히 해두고 넘어가려면 다음과 같은 구분이 아주 긴요하다.

1. 자체를 목표로 삼는 언약, 즉 상호 사귐 혹은 생명의 교통의 언약. 은혜 언약은 하나님께서 구속 언약을 하실 때 자신이 말씀 사역과 성령의 강력한 역사를 통해서 역사 과정에서 이루기 시작하시고, 만물이 절정에 달할 때 완성될 궁극적인 영적 실재로서 염두에 두신 목표로 생각할 수 있다. 이 관점에서 볼 때, 그것은 추구하여 성취되는 관계, 즉 하나님과 인간 사이의 화목의 관계이자, 인간이 신적 생명 곧 부활의 생명에 참여하게 되는 생명의 교통이다. 은혜 언약은 특권들이 영적 목표를 위해 개선되고, 하나님의 약속들이 살아 있는 신앙에 의해 받아들여지고, 약속된 복들이 충만하게 결실하게 되는 상태를 반영한다. 언약을 이 관점에서 본다면, 언약의 두번째 당사자와 관련하여 오직 한 가지 견해만 있게 되는 셈이며, 그것은 하나님께서 선택된 자들과 은혜 언약을 세우셨다는 것이다. 그렇다면 은혜 언약이란 하나님과 선택된 죄인 사이에 체결된 은혜로운 계약이며, 그 안에서 하나님께서 선택된 죄인에게 구원의 모든 복들을 주시고, 죄인은 신앙으로 하나님과 그분의 모든 은혜로운 선물들을 받는 계약이다.

아브라함 안에서 언약의 중심적인 복이 실현되었던 사실에 비추어, 그는 "하나님의 벗"이라 일컬음을 받았다(약 2:23). 예수께서는 제자들을 친구들이라고 하셨다. 왜냐하면 그들이 새 생명의 언약적 복을 받았고, 자신의 계명에 순종하며 살았기 때문이다(요 15:14). 성경의 여러 구절들은 하나님의 언약의 긍휼이 그분을 경외하는 사람들에게서 실현된다고 말한다(신 7:9; 대하 6:14; 시 103:17, 18). 새 시대에 이 일이 행해지는 방식이 예레미야 31:31-34; 히브리서 10:8-12에 언급된다. 언약이 최후에 실현될 일은 요한계시록 21:3에 묘사된다: "또 내가 들으니 보좌에서 큰 음성이 나서 가로되 보라 하나님의 장막이 사람들과 함께 있으매 하나님이 저희와 함께 거하시리니 저희는 하나님의 백성이 되고 하나님은 친히 저희와 함께 계셔서."

2. 목표에 이르는 수단으로서의 언약, 즉 실현되어야 할 영적 목표를 가리키는 순전히 법적 관계.

성경은 언약의 생명에 참여하지 않는, 그리고 심지어 일부에게는 언약의 약속들이 하나도 실현되지 않는 많은 사람들을 포함시키는, 광의의 의미로서의 언약에 관해서도 말하는 것이 분명하다. 이스마엘과 에서는 언약 안에 있었다. 엘리의 악한 아들들도 그랬다. 자기들의 죄 속에서 죽은 패역한 이스라엘 백성도 언약의 백성이었고, 심지어 예수께 강렬한 책망을 받은 서기관들과 바리새인들도 언약의 특권들을 누리고 있었다. 이 언약은 하나님께서 믿는 모든 사람들에게 구원의 복들을 보장하시는, 순전히 법적인 계약으로 간주할 수 있다. 이 계약은 심지어 그 목적을 이루기 위해 아무 일도 하지 않는 곳에서조차 순전히 객관적인 계약으로 존재할 수 있다.

이 계약이 나타내는 관계는 인간이 자신의 언약의 의무들에 대해서 취하는 태도와 무관하게 존재할 수 있다. 즉, 인간이 언약의 요건들을 이행하지 않고, 주 예수 그리스도를 믿지 않으면서도 하나님과의 언약의 관계에 있을 수가 있는 것이다. 만약 언약을 이렇게 광의로 이해하여 순전히 법적인 관계로 생각하거나, 하나님께서 언약의 요건들을 이행하는 사람들의 삶에 구원의 복들을 이루어 주시는 수단으로 생각한다면, 하나님께서 신자들과 그들의 자녀들과 언약을 맺으셨다고 말해야 할 것이다.

B. 은혜 언약의 약속들과 요건들

모든 언약은 양면을 지닌다. 곧 일정한 특권들을 제공하고, 그 다음에 일정한 의무들을 부과한다. 언약에는 약속들과 요건들이 있다.

1. 언약의 약속들

언약 가운데 다른 모든 약속들을 포괄하는 주된 약속은 "나는 그들의 하나님이 되고 그들은 내 백성이 될 것이라"는 거듭되는 말씀에 담겨 있다. 이 약속은 구약과 신약의 여러 구절들에서 충분한 형태로나 요약된 형태로 나타나며, 특히 언약적 삶의 새로운 국면이 시작되는 일을 말하는 구절들이나, 언약의 쇄신을 언급하는 구절들에 나타난다(렘 31:33; 32:38-40; 겔 34:23-25, 30, 31; 36:25-28; 37:26, 27; 히 8:10; 고후 6:16-18). 이 약속은 마침내 새 예루살렘이 하나님께로부터 하늘로서 내려오고, 하나님의 장막이 사람들 사이에 세워질 때 충만히 실현된다(계 21:3). 이 원대한 약속은 하나님과 언약 관계를 맺은 사람들이 외치는 "여호와는 나의 하나님이다"라는 환희에 찬 소리에서 거듭 울려 퍼진다.

이 한 가지 약속에 다음과 같은 모든 약속들이 담겨 있다: (a) 다양한 현세적 복에 대한 약속(이것은 종종 영적인 복들을 상징하는 데 사용된다); (b) 사죄와 양자됨과 영생의 확신을 포함하는 칭의의 약속; (c) 구속 사역과 모든 구원의 복들을 충만하고 넘치게 적용하시기 위한 성령에 대한 약속; (d) 끝이 없는 삶에서 얻게 될 최후 영화에 대한 약속(욥 19:25-27; 시 16:11; 73:24-26; 사 43:25; 렘 31:33, 34; 겔 36:27; 단 12:2, 3; 갈 4:5, 6; 딛 3:7; 히 11:7; 약 2:5).

2. 언약의 요건들

때때로 은혜 언약이 행위 언약과 달리 어떠한 요건도 내포하지 않고, 인간에게 아무런 의무도 부과하지 않는다는 주장이 제기된다. 하지만 이것은 그릇된 주장이다. 물론 언약에는 공로의 성격을 띤 요건들이 없는 것이 사실이다. 인간이 언약의 요구들을 실행했다고 해서 얻을 것이란 아무것도 없다. 아울러 언약의 모든 요건들이 하나님의 약속들에 의해 포괄되는 것도 사실이다. 즉, 하나님은 인간에게 무엇을 요구하시면서 그 요구하시는 모든 것을 주시겠다고 약속하시는 것이다. 따라서 아우구스티누스는 "주여, 주께서 명하시는 것을 주옵시고, 주께서 뜻하시는 것을 명하시옵소서"라고 기도했다. 하지만 이런 점들을 유념한 상태에서 언약의 요건들을 말하는 것은 정당하다.

하나님께서 자신과 언약 관계를 맺고 있는 사람들에게 요구하시는 것은 특히 두 가지이다. (a) 믿음으로 언약과 언약의 약속들을 받고, 그로써 언약의 생명으로 들어가는 것; (b) 그들 속에서 태어난 새 생명의 원리에 따라 새로운 순종으로써 자신들을 하나님께 거룩히 구별하여 드리는 것.

C. 은혜 언약의 특성들

은혜 언약에는 여러 가지 특성이 있다.

1. 은혜 언약은 은혜로운 언약이다.

이 언약을 은혜로운 언약이라고 할 수 있는 이유는, (a) 하나님께서 이 언약으로 우리의 의무들을 이행할 보증[인]을 허락하셨기 때문이고, (b) 하나님께서 친히 자기 아들을 보증으로 주사 공의의 요구들을 이행하게 하셨기 때문이며, (c) 하나님께서 성령의 사역 안에 나타난 자신의 은혜로써 인간에게 언약의 의무들을 이행하며 살 수 있도록 하셨기 때문이다.

2. 은혜 언약은 삼위일체적 언약이다.

삼위 하나님이 은혜 언약 안에서 역사하신다. 이 언약은 성부께서 베푸신 선택의 사랑과 은혜에 기원이 있고, 성자께서 보증이 되신 데에 법적 토대가 있으며, 성령의 효과적인 적용으로써만 죄인들의 삶에 충분하게 실현된다(요 1:16; 엡 2:8; 벧전 1:2).

3. 은혜 언약은 영원하고, 따라서 깨질 수 없는 언약이다.

구속 언약과 은혜 언약을 구분한다면, 후자가 영원 속에서 수립되었다고 말할 수 없다. 하지만 이 언약이 영원히 존속할 것이라고 말할 수는 있다(창 17:19; 삼하 23:5; 히 13:20). 그리고 언약은 영원하기 때문에 훼손할 수도 없다(히 6:17). 하나님은 영원히 자기 언약에 참되게 남으시며, 그것을 선택된 자들에게 온전히 이루실 것이다. 하지만 그렇다고 해서 인간이 언약 관계를 절대로 깨뜨리지 않을 것이라는 뜻은 아니다.

4. 은혜 언약은 특정되고, 보편적이지는 않은 언약이다.

이것은 언약의 본질, 즉 하나님과의 친교관계 및 하나님과의 교통에서 나오는 생명의 관계가 오직 선택된 자들에게만 실현될 것이며, 외적 언약 관계조차 모든 사람들에게 확대되지 않고, 믿는 자들과 그들의 자녀들에게만 확대된다는 것을 뜻한다. 다만 신약의 언약 경륜(dispensation, 시대)을 보편적이라고 할 수 있는 것은 그 경륜 안에서 언약이 모든 민족에게로 확대되며, 더 이상 유대인들에게 국한되지 않는다는 점 때문이다.

5. 언약은 경륜(dispensation)에 따라 시행 형식이 바뀌긴 하지만, 본질상 모든 경륜에서 동일하다.

본질적인 언약의 약속은 내내 동일하다(창 17:7; 출 19:5; 20:1; 신 29:13; 삼하 7:14; 렘 31:33; 히 8:10). 언약의 내용을 나타내는 복음은 구약과 신약에서 동일하다(창 3:15; 갈 1:8, 9; 3:8). 아브라함이 언약의 약속을 성취한 방식이 신약의 신자들이 이것을 성취하는 방식이기도 하다(롬 4:9-25; 갈 3:7-9, 17, 18). 더욱이 중보자는 어제나 오늘이나 영원히 동일하시다(히 13:8; 행 4:12).

6. 언약은 조건적인 동시에 무조건적이다.

언약은 예수 그리스도께서 보증이 되신다는 점에서는 분명히 조건적이다. 인간이 생명의 교통인 언약에 들어가려면 먼저 믿어야 하고, 그 뒤에도 믿음을 견지함으로써 언약의 복을 계속해서 누리며 살아야 한다. 동시에 언약에는 공로로 간주할 만한 아무런 조건이 없다. 그런 의미에서는 무조건적이다. 죄인은 회개하고 믿으라고 청함을 받지만, 어떤 식으로든 언약의 복들을 얻을 만한 일을 하지 못한다.

7. 언약은 유언(testament)으로 부를 수 있다.

물론 언약은 양면적이다. 즉 두 당사자간의 협약이다. 절대 일방적인 언약이란 말 자체가 모순이다. 그럴지라도 은혜 언약에는 일방적이라고 할 수 있는 면이 있다. 기원을 놓고 볼 때, 언약은 하나님께서 인간에게 복을 전달하실 때 사용하신 신적 의향 혹은 마련의 성격을 지닌다. 더욱이 하나님은 언약으로써 자신이 요구하시는 모든 것을 값없이 주신다. 그리고 언약은 하나님 편에서의 자유롭고 주권적인 의향이기 때문에, 유언이라고도 부를 수 있다(히 9:16, 17). 이 표현은 다음 사실들을 강조한다: (a) 언약 전체가 하나님의 선물이다; (b) 언약의 신약 경륜(시대)은 그리스도의 죽으심에 의해 시작되었다; (c) 언약은 확고하고 훼손할 수 없다; (d) 하나님은 언약으로써 자신이 요구하시는 것을 주신다.

D. 그리스도께서 은혜 언약과 맺고 계신 관계

성경은 그리스도를 언약의 중보자로 묘사한다. 일반적으로 중보자란 서로 대치해 있는 쌍방간에 합의를 이끌어내는 사람이다. 하지만 성경이 그리스도를 중보자라고 한 데에는 좀더 구체적이고 깊은 의미가 있다. 그리스도께서는 여러 가지 의미에서 중보자이시다. 그분은 하나님과 사람 사이에 개입하셔서 화해를 주선하고 설득하는 데 그치지 않고, 화해를 실질적으로 이루는 데 필요한 모든 일을 할 수 있는 충분한 권능을 갖추고 있다. 그분은 우리의 보증으로서 죄인들의 죄책을 친히 짊어지시고, 죄의 대가를 치르시고, 율법을 성취하시고, 그로써 자신이 대표하는 사람들을 하나님과 올바른 관계를 맺는 지위로 회복시키시는 중보자이시다(히 7:22; 8:6; 9:15; 12:24).

하지만 그는 또한 '접근' 하기 쉬운 중보자이시다. 그는 인간들에게 하나님께 관한 지식과, 그들이 하나님과 맺고 있는 관계에 관한 지식을 계시하시고, 하나님이 받으실 만한 봉사의 조건들을 계시하시는 분이며, 인간들로 하여금 진리를 받아들이도록 설득하고 그럴 능력을 주시며, 인생의 모든 상황에서 그들을 지도하고 유지하셔서 그들의 구원을 온전케 하시는 분이다(롬 5:2). 그리스도께서는 이 모든 일을 하시는 과정에서 인간들의 사역을 들어서 쓰신다(고후 5:20).

E. 언약 안에 있는 회원의 자격

언약 안에 있는 회원의 자격에 관해서 말할 때는 순전히 법적인 협정으로서의 언약과, 생명의 교통으로서의 언약의 차이를 유념해야 한다.

1. 언약 안에 있는 성인

성인(成人)들은 믿음과 고백에 의해서만 법적 협정으로서의 언약에 들어갈 수 있다. 그리고 언약에 들어갈 때는 동시에 생명의 교통으로서의 언약에 들어간다. 이것이 발생하지 않는 유일한 경우는 믿음이 가식이고 고백이 거짓일 때뿐이다. 믿고 고백하는 성인들은 즉시 온전한 언약적 생명 안으로 들어가며, 이것이 그들이 언약에 들어갈 수 있는 유일한 길이다. 그들은 특정한 외적 특권들에 참여하게 되고 특정한 외적 의무들을 수행하게 될 뿐 아니라, 자신들이 살아 있는 믿음으로 언약을 받았다는 것과, 이 믿음을 견지하는 것이 자신들의 소원이요 의도라는 것을 고백한다.

2. 언약 안에 있는 신자의 자녀

신자의 자녀들은 출생에 의해서 법적 관계로서의 언약에 들어가지만, 그렇다고 해서 그들이 곧 생명의 교통으로서의 언약에 자동적으로 있게 된다는 뜻은 아니다. 심지어 그 언약 관계가 그들의 생애에서 온전히 실현될 것이라는 뜻도 아니다. 동시에 신자의 자녀들의 경우에는 언약이 언젠가는 그들이 경험적 현실이 될 날이 올 것이라는 합리적 확신이 있다. 이것은 절대 신뢰할 수 있는 하나님의 약속, 즉 장차 하나님께서 구원의 은혜로 언약의 자녀들의 마음에서 일하시고, 그들을 살아 있는 언약의 지체들로 변화시키실 것이라는 약속에 토대를 둔다. 자녀들이 정반대의 증거를 드러내지 않는 한, 우리는 자녀들이 언약의 생명을 소유하고 있다는 전제를 견지한다. 그리고 이 자녀들이 사리를 판단할 연령에 이르렀을 때, 그들에게는 진실한 신앙 고백에 의해서 자발적으로 언약의 의무들을 받아들일 책임이 부과된다. 이렇게 하지 않는 것은 엄격히 말해서 언약의 관계를 부정하는 것이다.

3. 언약 안에서 중생하지 못하는 사람

앞 문맥의 논리에 근거하자면, 법적 협정으로서의 언약 안에 있으면서도 중생하지 못하고 회개하지 못한 사람이 있을 수 있다는 결론이 나온다. 그들은 하나님께서 신자들과 그들의 자녀들에게 언약을 맺으실 때 주신 언약의 약속들을 주장할 수 있다(롬 9:4). 그들은 언약의 사역의 대상이 되며, 항상 언약의 요건에 따라 살도록 훈계와 권고를 받는다. 교회는 그들을 언약의 자녀들로 대우하며, 그들에게 언약의 인(印)들을 치며, 이 인들을 올바로 사용하도록 권고한다.

아울러 그들은 언약의 공동의 복에 참여하며, 심지어 성령의 특별한 역사의 대상이 되기도 한다. 성령께서는 그들을 돌이키게 하려고 특별한 방식으로 노력하시고, 죄를 깨닫게 하시고, 어느 정도 조명을 해주시며, 공동의 은혜에 속한 좋은 복들로써 부요케 하신다(창 6:3; 마 13:18-22; 히 6:4, 5).

마지막으로, 그들도 언약의 의무 아래 있으며, 회개하고 믿을 의무가 있다. 만약 그들이 하나님께 돌이키고 믿음으로 그리스도를 영접하지 않으면, 언약의 파기자들로서 심판을 받을 것이다.

F. 언약의 여러 경륜들

엄격한 의미로는 구약과 신약이라는 두 가지 경륜(dispensation, 시대) 밖에 없다. 하지만 옛 경륜에서도 언약 관계 안에 존재한 여러 시기 혹은 단계를 구분할 수 있다. 여기서는 이 단계들의 특징을 간략히 설명하는 것으로도 족할 것이다.

1. 창세기 3:15에 최초로 계시된 언약

최초로 계시된 언약은 대개 원시 복음(protevangel) 혹은 어머니의 약속(maternal promise)이라 부르는 언약 안에서 발견된다. 이것은 아직까지는 공식적인 언약 체결을 가리키지 않는다. 언약이 공식적으로 체결된 것은 역사에서 언약 사상이 발전한 뒤의 일이었다. 창세기 3:15의 언약은 인류가 여인의 후손과 뱀의 후손 두 부분으로 구분된다는 것과, 하나님께서 뱀의 후손과는 원수가 되시지만, 여인의 후손과는 화목하신다는 것을 지적한다. 그러므로 이 언약에도 언약 사상이 분명히 담겨 있는 셈이다.

2. 노아와 맺으신 자연의 언약

노아와 맺으신 언약은 대단히 일반적인 성격을 지닌다. 이 언약에서 하나님께서는 다시는 홍수로써 모든 인간을 멸하지 않으시겠고, 심음과 거둠, 추위와 더위, 여름과 겨울, 낮과 밤이 규칙적으로 계속되도록 하시겠다고 약속하신다. 자연의 세력들이 제어되고, 악의 세력들이 큰 제재를 받으며, 인간은 인간과 짐승의 폭력으로부터 보호를 받는다. 그것은 오직 자연의 축복들만 주는 언약이며, 따라서 종종 자연의 언약 혹은 일반 은총의 언약이라고 불린다. 만약 이 표현이 이 언약과 은혜 언약 사이에 아무런 관계도 없다는 인상을 주지 않는다면 이 표현에 반대할 이유가 없다. 자연 언약과 은혜 언약은 서로 다르면서도 긴밀하게 연결되어 있다. 자연 언약도 하나님의 은혜에서 나왔다. 이 언약은 은혜 언약을 실현하는 데 절대적으로 필요한 지상적이고 일시적인 축복들을 보증한다.

3. 아브라함과 맺으신 언약

언약은 아브라함과 공식적으로 체결되었다. 아브라함과 체결된 이 계약이 구약의 특수한 언약 시행의 출발점이 되었다. 이제는 언약이 아브라함과 그의 자손들이라는 한 가문으로 제한된다. 아브라함과 언약이 체결되는 과정에서 인간이 언약의 한쪽 당사자이며, 따라서 믿음으로 하나님의 약속들에 반응을 나타내야 한다는 것이 아주 분명해진다. 아브라함이 보인 태도에서 핵심이 되는 사실은 그가 하나님을 믿었다는 것과, 이것을 하나님께서 그의 의로 간주하셨다는 것이다. 더 나아가 언약에 따르는 영적인 복들(이를테면 죄 사함과 성령의 선물)이 이제는 이전보다 훨씬 더 명확해진다. 하나님이 아브라함과 맺으신 언약은 뚜렷하게 양면적인 것이었다. 한편으로는 가나안 땅, 무수한 자손, 원수들에 대한 승리 같은 현세적인 복들에 관련된 반면에, 다른 한편으로는 영적인 복들에 관련되었다. 현세적인 복들은 영적이고 천상적인 것들을 상징하고 예표하는 역할을 했다. 영적인 약속들은 아브라함의 혈통적 자손들에게는 실현되지 않고, 다만 아브라함의 발자취를 따르는 사람들에게서만 실현된다.

4. 시내 산 언약

시내 산 언약은 형식은 다소 달랐으나, 본질상 아브라함과 맺으신 언약과 동일한 것이었다. 이 언약은 이제 이스라엘 민족과 체결되었고, 따라서 명실상부한 민족적 언약이 되었다. 어느 정도는 교회와 국가가 하나가 되었다. 시내 산 언약은 행위 언약의 엄격한 요구들을 확고하게 기억나게 하는 내용을 담고 있었다. 하지만 그것은 새로워진 행위 언약이 아니었다. 율법은 은혜 언약에 공헌하도록 만들어졌다. 이스라엘 민족이 신정 국가로서 지니게 된 지위가 율법 준수 여부에 달려 있긴 했으나(레 18:5; 신 27:26; 고후 3:7, 8), 율법은 은혜 언약과 관련하여 이중적인 목적을 수행했다: (a) 죄를 더욱 깨닫게 하는 목적(롬 3:20; 4:15; 5:13; 갈 3:19); (b) 그리스도께 이르도록 가르치는 몽학선생의 목적(갈 3:24).

시내 산 언약에는 상세하게 규정된 의식적(儀式的), 모형적 예배가 있었다. 구별된 제사장직이 제정되었고, 상징들과 모형들로써 복음이 끊임없이 전파되도록 하였다. 이 상징들과 모형들은 두 가지 다른 양상으로 나타났다. 하나는 하나님께서 백성에게 부과하신 요구들이었고, 다른 하나는 하나님이 백성에게 내리신 구원의 메시지였다. 유대인들은 대부분 후자를 보지 못한 채 오로지 전자에만 착념했다. 그들은 갈수록 언약을 행위 언약으로 간주했고, 상징들과 모형들을 행위 언약에 딸린 부수적인 것들로 보았다.

5. 신약시대의 언약

신약성경에 계시된 은혜 언약은 본질상 구약성경에 나타난 언약과 하나이다. 이 점은 로마서 4장과 갈라디아서 3장에 아주 분명하게 나타난다. 물론 신약에 나타난 은혜 언약을 가리켜 때로는 새 언약이라고 하는 게 사실이지만(렘 31:31; 히 8:8, 13), 새 언약이라고 하는 본격적인 이유는 신약의 언약 시행이 여러 점에서 구약과 다르다는 사실에서 찾을 수 있다. 은혜 언약은 구약의 형태에서는 한 민족에게 국한되었던 반면에, 신약의 형태에서는 특수주의의 장벽을 뚫고서 그 복이 만민에게로 확대된다는 의미에서 보편적인 것이 된다. 그리스도께서 완수하신 사역을 통해서 중간에

막혔던 담이 헐어지고, 모든 민족이 하나님께 자유롭게 나아갈 수 있게 되었으며, 멀리 떨어져 있던 자들이 가까워졌다. 더욱이 은혜 언약이 가져다주는 유익과, 그 유익의 영적이고 은혜로운 성격에도 차이가 있다. 성령께서 교회에 부어지셨으며, 하나님의 충만하신 은혜로 말미암아 신자들을 영적이고 영원한 복으로 부요케 하신다. 현재의 언약적 경륜시대(신약)는 예수 그리스도께서 다시 오실 때까지 계속될 것인데, 그 때는 언약적 관계가 하나님과의 친밀한 교통의 삶 안에서 충만하게 실현될 것이다(계 21:3).

그리스도론

그리스도의 인격과 사역에 관한 교리

신학에서 인간론에 관한 논의는 그리스도론에 관한 논의로 이어진다. 전자로부터 후자로 전환하는 것은 논리적일 뿐 아니라, 대단히 자연스럽고 쉽다. 인간론에 관한 공부는 은혜 언약에 관한 논의로 결론을 지었는데, 이 결론을 가지고 이제는 자연스럽게 언약의 중보자이신 예수 그리스도와, 그분이 자신의 모든 백성을 위해서 이루신 객관적 구속 사역을 상고하는 데로 넘어간다. 이 사역이 개인에게 주관적으로 적용되는 문제는 구원론에서 논한다.

제1편

그리스도의 인격

제1장

그리스도의 이름들

성경에는 그리스도께 적용되는 이름들이 많은데, 그 중에는 그분의 본질적 존재를 가리키는 이름들도 있고, 그분의 본성들을 가리키는 이름들도 있으며, 지위들과 직분들을 가리키는 이름들도 있다. 그리스도는 하나님의 아들, 인자, 슬픔의 사람(**KJV**, 사 53:3. 한글개역성경, 질고를 아는 자), 영광의 주, 메시야, 중보자, 주, 선지자, 제사장, 왕이라 불린다. 이 중 다섯 가지 이름, 즉 예수, 그리스도, 인자, 하나님의 아들, 주는 특별히 논할 필요가 있다.

A. 예수

예수라는 이름은 여호수아 1:1; 스가랴 3:1에 나오는 여호수아라는 히브리어 이름에 해당하는 헬라어 이름으로서, 포로기 이후에 기록된 역사서들에 정규적으로 나타나는 형태는 예수아이다(스 2:2). 이 이름은 '구원하다'라는 뜻의 히브리어에서 유래했을 가능성이 크다. 이러한 생각은 마태복음 1:21에서 주의 천사가 나타나 가르쳐 준 이름의 해석과 완전히 일치한다. 이 이름은 구약성경에서 예수를 예표한 두 명의 잘 알려진 인물이 지녔던 이름이었다. 한 사람은 눈의 아들 여호수아로서, 그는 원수들과의 전쟁에서 백성에게 승리를 안겨주고, 그들을 이끌고 거룩한 땅으로 들어간, 왕적 지도자로서의 그리스도를 예표한 인물이다. 또 한 사람은 여호사닥의 아들 여호수아로서, 그는 자기 백성의 죄를 짊어진 위대한 대제사장이신 그리스도를 예표한 인물이다(슥 3:1이하).

B. 그리스도

신약성경에서 그리스도라는 이름은 구약성경에서 '기름부음을 받은 자'라는 뜻의 메시야라는 이름에 해당한다. 옛 경륜에서는 왕들과 제사장들이 정규적으로 기름 부음을 받았다(출 29:7; 레 4:3; 삿 9:8; 삼상 9:16; 10:1; 삼하 19:10). 왕을 일컬어 "여호와의 기름 부음을 받은 자"라고 했다(삼상 24:6). 선지자에게 기름을 부은 사례는 한 번 기록되어 있지만(왕상 19:16), 시편 105:15과 이사야 61:1에도 그러한 사례가 언급된 듯하다. 기름 부음에 사용된 기름은 하나님의 신(神)을 상징했으며(사 61:1; 슥 4:1-6), 기름 부음 자체는 하나님의 신을 거룩하게 구별된 사람에게 전가하는 것을 상징했다(삼상 10:1, 6, 10; 16:13, 14).

기름 붓는 예식에는 세 가지 요소가 포함되었다. (1) 직분에 임명함; (2) 기름 부음을 받는 자와 하나님 사이에 거룩한 관계를 수립함; (3) 하나님의 신이 직분에 임명된 사람에게 전달됨(삼상 16:13).

여호와의 기름 부음을 구약성경은 시편 2:2; 45:7에서 언급하고, 신약성경은 사도행전 4:27; 10:38에서 언급한다. 그리스도께서는 영원 전부터 자신의 직분들에 임명되셨으나, 역사적으로 그분의 기름 부음은 성령으로 잉태되실 때(눅 1:35)와, 특히 세례를 받으시면서 성령을 받으실 때(마 3:16; 막 1:10; 눅 3:22; 요 1:32; 3:34) 발생했다. 이 일은 그리스도께서 큰 사명을 감당할 만한 자격을 구비해 주었다.

C. 인자

'인자'(人子)라는 이름은 시편 8:4; 다니엘 7:13; 외경 에녹서 46장; 62장; 에스드라 후서 13장에서 발견되며, 더 나아가 선지자 에스겔에 의해 자주 사용된다. 그리스도께 사용된 이 이름이 다니엘서 7:13에서 유래했다고 보는 것이 오늘날의 일반적 견해이다. 물론 이 구절에서는 인자라는 이름이 아직은 구체적인 이름이 아니고 보통명사에 지나지 않긴 하지만 말이다. 하지만 이 이름은 에녹서가 기록되었을 당시에는 이미 하나의 이름으로 굳어져 있었다. '인자'는 예수께서 자신에게 가장 흔히 사용하신 이름이었다. 예수께서는 이 이름을 40회 이상 사용하신 반면에, 다른 사람들은 요한복음 12:34; 사도행전 7:56; 요한계시록 1:13; 14:14에 언급된 경우를 제외하고는 사용을 자제했다.

물론 이 이름은 그리스도의 인성을 표시한 것이며, 때로는 예수께서 자신의 고난과 죽음을 말씀하시는 단락들에서 사용하신다. 하지만 이 이름이 그 외에도 예수의 독특성, 그분의 초인적 특성, 그분이 장차 하늘 영광 안에서 하늘 구름을 타고 오실 일을 분명히 암시한다(마 16:27, 28; 막 8:38; 요 3:13, 14; 6:27; 8:28). 어떤 사람들은 예수께서 다른 이름보다 이 이름을 즐겨 사용하신 이유가 다른 이름들에 비해 그 의미가 덜 알려졌고, 자신의 메시야 직분을 가리는 목적에 잘 부합하기 때문이었다고 주장한다. 하지만 그것보다는 이 이름이 유대인들 사이에서 유행하던 메시야에 대한 그릇된 해석들에 오염되지 않았기 때문일 가능성이 더욱 크다.

D. 하나님의 아들

'하나님의 아들'이라는 이름은 구약성경에서 다양하게 사용된다. 민족으로서의 이스라엘에 사용되고(출 4:22; 호 11:1), 다윗 가문의 약속된 왕에게 사용되고(삼하 7:14; 시 89:27), 천사들에게(욥 1:6; 38:7; 시 29:1), 그리고 경건한 사람들 일반에게 사용된다(창 6:2; 시 73:15; 잠 14:26). 신약성경에서는 예수께서 이 이름을 사용하셨고, 제자들과 심지어 귀신들도 간혹 예수께 이 이름을 사용했다. 이 이름이 그리스도께 사용될 때도 반드시 동일한 뜻으로 사용된 것만은 아니다. 그 사례를 몇 가지 소개하면 다음과 같다.

1. 출생적 의미

즉, 그리스도의 인성(人性)이 하나님의, 더 구체적으로 말하자면 성령의 직접적인 초자연적 행위에 그 기원을 두고 있음을 가리키는 데 사용된다.

2. 직분적 혹은 메시야적 의미

그리스도의 본성보다 직분을 묘사하는 데 사용된다. 메시야가 하나님의 후사이자 대표자로서의 하나님의 아들로 자주 불린다. 귀신들은 이 이름을 분명히 그런 뜻으로 사용했다(마 8:29). 이 이름은 마태복음 24:36; 마가복음 13:32에서도 이런 의미로 사용된 듯하다. 이 이름이 이런 의미와 다음 의미를 결합하는 몇몇 단락들이 있다.

3. 삼위일체적 의미

이 경우에 하나님의 아들이라는 이름은 삼위일체의 제2위이신 그리스도를 가리키는 역할을 한다. 이것이 이 이름이 사용된 경우들 가운데 가장 심오한 의미이다. 예수께서는 이 이름을 그런 독특한 의미로 사용하셨을 가능성이 매우 크다. 마태복음 11:27; 14:28-33; 16:16; 21:33-46; 22:41-46; 26:33과 다른 복음서들의 병행 단락에서 분명히 그런 의미로 사용된다. 그 중 몇몇 단락들은 메시야가 하나님의 아들이라는 사상이 다소 그 이름에 들어가 있음을 암시한다.

E. 주

신약성경에서 그리스도께 사용된 주(主, Lord)라는 이름도 여러 가지 함의를 지닌다.

1. 몇몇 경우에 이 이름은 단순히 존칭으로 사용된다(마 8:2; 20:33). 이런 경우에는 존칭으로 자주 사용되는 '선생님'이라는 단어와 크게 다르지 않다.

2. 다른 단락들에서는 이 이름이 그리스도의 신성과 그분이 영적이고 영원한 일들에 대해서 지니시는 권위에 관해서 아무런 뜻도 함축하지 않은 채 일반적인 소유권과 권위를 표시한다.

3. 마지막으로, 이 이름이 그리스도의 승귀된 성격과, 그분의 탁월한 영

적 권위를 표시하고, 사실상 하나님이란 이름과 동등하게 사용하는 단락들이 있다(막 12:36, 37; 눅 2:11; 3:4; 행 2:36; 고전 12:3; 빌 2:11). 하나님의 아들이라는 이름이 교회의 주인이시고 다스리는 분이라는 사실을 지적하는 뜻으로 그리스도께 사용된 것은 부활하신 뒤의 일이다. 물론 부활 전에도 그런 뜻에 근접하게 사용된 사례들도 있긴 하지만 말이다(마 7:22; 눅 5:8).

제2장

그리스도의 본성들

A. 그리스도의 본성들이 지니는 특징

성경은 하나님과 사람 사이에 한 분의 중보자밖에 계시지 않는다고 가르치면서도, 이 중보자를 신성(神性)과 인성(人性)이라는 두 독특한 본성(nature)을 지니신 분으로 묘사한다. 하나님께서 육체로 나타나셨다는 것은 경건의 크나큰 신비이다(딤전 3:16). 이것은 구약에 충분히 계시되지 않은 어떤 것으로서, 성경적 의미에서만 신비가 아니라, 인간의 이해를 넘어선다는 의미에서도 신비이다. 이로써 야기되는 문제는 역사의 과정에서 여러 상충되는 견해들이 발생하게 했지만, 아직까지 충분한 해명이 제시되지는 않았다. 해명으로 제시된 몇몇 견해들은 그리스도의 두 본성을 제대로 해석하는 데 실패한 반면에, 다른 견해들은 인격(위격)의 단일성을 유지하지 못했다. 양자를 유지하지 못한다면 만족스러운 해명으로 간주할 수 없다. 성경은 그리스도께 두 본성이 있음을 인정할 것을 요구한다.

1. 그리스도의 신성

오늘날은 그리스도의 신성 혹은 보다 구체적으로 말하자면 그리스도께서 하나님이심을 부정하는 견해가 널리 퍼져 있다. 하지만 성경은 분명히 그리스도의 신성을 가르친다. 심지어 구약성경조차 장차 오실 메시야에 대한 예언들로써 그 증거를 제시한다(사 9:6; 렘 23:6; 단 7:13; 미 5:2; 슥 13:7; 말 3:1). 신약성경의 증거는 훨씬 더 풍부하다. 요한복음이 1:1-3, 14, 18, 25-27; 11:41-44; 20:28 같은 단락들에서 그리스도께 관해

가장 숭고한 견해를 나타낸다는 것은 잘 알려진 사실이다. 하지만 다른 복음서들이 묘사하는 그리스도의 상도 요한복음의 상(像)과 온전히 일치한다는 것은 널리 인정되지 않을지라도 엄연한 사실이다. 특히 다음 구절들을 눈여겨봐야 한다: 마 5:17; 9:6; 11:1-6, 27; 14:33; 16:16; 25:31 이하; 28:18; 막 8:38, 그리고 그 밖의 여러 구절들. 게다가 바울 서신들과 히브리서가 그리는 그리스도의 상(像)도 조금도 다르지 않다: 롬 1:7; 9:5; 고전 1:1-3; 2:8; 고후 5:10; 갈 2:20; 4:4; 빌 2:6; 골 2:9; 딤전 3:16; 히 1:1-3, 5, 8; 4:14; 5:8, 그리고 그 밖의 구절들.

2. 그리스도의 인성

기독교의 처음 몇 세기에 어떤 사람들은 그리스도의 인성에 의문을 제기했지만, 현재는 이 점에 관해 중대한 의문을 제기하는 사람이 없다. 오랜 세월 동안 그리스도의 신성만 일방적으로 강조된 반면에 그분의 인성을 정당하게 평가하는 경우가 드물었지만, 오늘날은 상황이 완전히 바뀌어서 그리스도가 인간이라는 견해(humanitarianism)가 그리스도의 참된 인성을 강조하는 견해를 완전히 대체했다. 많은 사람들이 여전히 그리스도께 대해 인정하는 신성도 고작 완전한 인성에 지나지 않는다. 성경이 그리스도의 인성에 관해서 제시하는 증거는 풍부하다.

그리스도께서는 자신을 '사람'이라고 부르시며, 다른 사람들도 그렇게 부른다(요 8:40; 행 2:22; 롬 5:15; 고전 15:21). 그분이 육체로, 즉 인간 본성을 지닌 채 오셨다는, 혹은 나타나셨다는 말이 거듭 나온다(요 1:14; 딤전 3:16; 요일 4:2). 그리스도는 인성의 본질적 요소들인 물질적 육체와 이성적 영혼을 지니셨다(마 26:26, 28, 38; 눅 23:46; 24:39; 요 11:33; 히 2:14). 더욱이 그분은 인간의 정상적인 성장 법칙과, 인간의 여러 가지 곤궁과 고통에 종속되셨다(마 4:2; 8:24; 9:36; 막 3:5; 눅 2:40, 52; 22:44; 요 4:6; 11:35; 12:27; 19:28, 30; 히 2:10, 18; 5:7, 8).

하지만 그리스도께서 실제 인간이었으면서도 죄가 없었다는 점을 눈여겨봐야 한다. 그분은 자신 안에 이루어진 인성과 신성의 본질적 결합 때문에 죄를 범하지 않았을 뿐 아니라, 죄를 범하실 수 없었다. 오늘날 어떤 사람들은 그리스도의 무죄성을 부정하지만, 성경은 다음 구절들에서 그 점을 분명하게 증거한다: 눅 1:35; 요 8:46; 14:30; 고후 5:21; 히 4:15; 9:14; 벧전 2:22; 요일 3:5.

3. 그리스도 안에 두 본성이 존재해야 할 필요성

오늘날은 많은 사람들이 예수를 단지 인간으로 간주하며, 그리스도 안에 두 본성이 존재해야 할 필요성을 인정하지 않는다. 하지만 만약에 그리스도께서 인간이신 동시에 하나님이시지 않다면 우리의 중보자가 되실 수 없다. 먼저, 그리스도께서는 구속 사역에서 죄인들을 대표하실 수 있기 위해서는 인간 중 하나가 되셔야 했다. 인간 본성을 취하시되, 육체와 영혼의 필수적인 속성들뿐 아니라, 타락 이후에 쉽게 떨어지는 인간의 모든 연약성들을 지닌 인간 본성을 취하실 필요가 있었다.

이러한 참 인성을 지니신 중보자, 즉 인류가 처한 저주를 경험적으로 아시고, 모든 시험을 이기고 우뚝 솟으신 중보자께서만 인간이 겪는 모든 경험과 시련과 유혹을 체휼하실 수 있었고(히 2:17, 18; 4:15-5:2), 자신을 따르는 자들에게 온전한 인간적 본이 되실 수 있었다(마 11:29; 막 10:39; 요 13:13-15; 빌 2:5-8; 히 12:2-4; 벧전 2:21).

동시에 그리스도는 죄 없는 인간이셔야 했다. [죄 때문에] 자기 목숨을 잃는 자가 다른 사람들을 구속할 수는 없기 때문이다(히 7:26). 더 나아가 그리스도께서는 하나님이실 필요가 있었다. 그래야만 무한한 가치를 지닌 온전한 제사를 드릴 수 있었고, 하나님의 진노를 구속적으로 질 수 있었으며(즉, 다른 사람들을 율법의 저주로부터 건질 수 있었으며), 자신의 구속 사역의 결실을 적용하실 수 있었다(시 49:7-10; 130:3).

B. 그리스도의 인격의 통일성(단일성)

교회는 칼케돈 공의회부터 그리스도의 두 본성 교리를 유지하되, 동시에 한 인격(person)에 이 두 본성이 존재한다는 점을 강조해 왔다.

1. 한 인격에 두 본성이 존재한다는 교리 진술

중보자께는 하나의 인격만 있으며, 그 인격은 변할 수 없는 하나님의 아들이시다. 그는 성육신으로써 인간의 인격으로 바뀌지도 않으셨고, 인간 인격을 채택하지도 않으셨으며, 다만 인간 본성을 취하셨다. 이 본성은 독립된 인격(personality)으로 발전하지 않았고, 다만 하나님의 아들의 위격 안에 존재하는 인격이 되었다. 영원 전부터 신적 본성을 지닌 하나의 신적 위격이 인성을 취하셨고, 그로써 이제는 두 본성을 지니게 되셨다. 이렇게 인성을 취하신 뒤에 중보자의 인격은 신적인 것일 뿐 아니라 신인적(神人的)인 것이 되었다. 즉, 이제 그분은 신인(神人)이시다. 한 분의 개인이지만, 인성과 신성 양성에 해당하는 모든 본질적 속성들을 다 소유하고 계시다. 하나의 자의식을 갖고 계시면서도, 신적 의식과 인간적 의식, 그리고 신적 의지와 인간적 의지를 동시에 갖고 계시다.

2. 그리스도의 인격의 통일성에 대한 성경적 증거

만약 그리스도께 두 인격이 중복되어 계시다면, 성경에서 그 흔적을 발견할 수 있으리라고 기대하는 것이 자연스러울 것이다. 하지만 성경에는 그러한 증거가 전혀 없다. 말씀하실 때 인간적으로 의식하셨든 신적으로 의식하셨든, 말씀하시는 분은 언제나 동일한 인격이다(참조. 요 10:30; 17:5; 비교. 마 27:46; 요 19:28). 인성과 신성 사이에는 삼위일체 안에서 위격들 사이에 이루어지는 것과 같은 '나'와 '당신'의 교류가 없다(참조. 요 17:23). 인간의 속성들과 행위들이 때로는 신적 칭호로 지칭되는 인격에 적용된다(행 20:28; 고전 2:8; 골 1:13, 14). 반면에 신적 속성들과 행위들이 인간적 칭호로 지칭되는 인격에 적용된다(요 3:13; 6:62; 롬 9:5).

3. 한 인격에 두 본성이 결합됨으로써 나타난 결과들

신성은 불변하기 때문에 자연히 성육신을 거치면서도 본질적인 변화를 겪지 않았다. 하지만 그리스도 안에 두 본성이 결합됨으로써 귀결된 삼중 교류(communication)가 있었다.

a. 속성들의 교류

이것은 성육신 이후에 인성과 신성의 속성들이 한 인격의 속성들이며, 따라서 한 인격에 적용된다는 것을 의미한다. 그 인격은 전능하고, 전지하고, 편재하다고 말할 수 있을 뿐 아니라, 슬픔의 사람[질고를 아는 자], 제한된 지식을 갖고 있는 사람, 인간의 곤궁과 비참에 종속되어 있는 사람으로도 불릴 수 있다.

b. 활동의 교류

활동의 교류에 힘입어, 그리스도의 구속 사역은 그리스도 안에 나뉘지 않고 존재하는 하나의 인격의 사역이라고 할 수 있고, 이 사역은 두 본성의 협력에 의해서 이루어진다고 할 수 있고, 두 본성 각각이 저마다의 특별한 능력을 가지고 일한다고 말할 수 있으며, 단일 인격의 사역인 이 사역의 결과가 나뉘지 않는 통일성을 이룬다고 말할 수 있다.

c. 은혜들의 교류

그리스도의 인성은 처음 존재하는 순간부터 온갖 종류의 부요하고 영화로운 은사들로 장식되었다. 신적 인격과 연합됨으로써 얻는 은혜와 영광을 공유하며, 심지어 기도와 경배의 대상이 된다. 더욱이 인성은 성령의 은사들, 특히 지성과 의지의 은사들, 그리고 그리스도의 인성이 다른 모든 지성적 피조물들 위에 우뚝 솟게 만든 권능에 참여한다.

C. 그리스도론에서 발생한 몇 가지 중요한 요류들

1. 신성의 실재에 대한 부정

기독교의 처음 몇 세기에는 에비온파(the Ebionites)와 알로고스파(the Alogi)가 그리스도의 신성의 실재를 부정했다. 좀더 최근에는 종교개혁 시대의 소지니파(the Socinians)와 유니테리언파(the Unitarians), 그리고 오늘날의 자유주의 신학자들이 그것을 부정했다.

2. 그리스도의 인성의 실재에 대한 부정

2세기의 영지주의는 그리스도의 인성의 실재를 부정했다. 어떤 이들은 그리스도가 단순히 세련된 혹은 천상적 육체일 뿐이라고 주장한 반면에, 다른 이들은 인간 예수와 신적 그리스도, 즉 인간 예수와 잠시 관련되었었던 신적 그리스도를 구분했다. 4세기의 사벨리우스파(the Sabellians)는 그리스도를 단순히 하나님께서 자신을 나타내신 양태(mode)로 간주했다.

3. 두 본성의 완전성에 대한 부정

아리우스파(the Arians)는 그리스도를 피조물, 즉 하나님도 아니고 사람도 아닌 일종의 반신(半神)으로 간주한 반면에, 아폴리나리스(Appolinaris)는 인간이 육, 혼, 영 세 부분으로 구성된다는 견해에 입각하여, 그리스도의 인성이 오로지 육과 혼 두 부분으로 구성된 데 반해, 신적 로고스는 영의 지위를 취했다고 주장했다.

4. 그리스도의 인격의 통일성에 대한 부정

네스토리우스파(the Nestorians)는 사실상 그리스도 안에 두 본성이 실질적으로 결합되어 있다는 견해를 부정했다. 그들은 두 본성을 지나치게 뚜렷하게 구분한 나머지, 두 본성을 사실상 목적과 행동에 도덕적으로 합의한 두 인격으로 만들었다.

5. 그리스도의 두 본성에 대한 부정

유티케스파(the Eutichians)는 그리스도의 두 본성이 인간도 신도 아닌 제3의 본성으로 혼합되었다고 말하는 정반대의 극단을 취했다. 때로 이 견해는 마치 인성이 신성에 흡수되었다고 보는 식으로 소개되기도 한다. 루터교의 그리스도론은 유티케스파와 다소 유사하다.

제3장

그리스도의 신분들

그리스도의 신분들(states)에 관한 교리는 17세기에 발전했다. 문제의 신분들은 중보자의 인격이 취한 신분들이지, 루터교가 주장하듯이 그리스도의 인성이 취한 신분들이 아니다. 여기서 신분이라고 할 때는 상태(condition, 혹은 조건)와 정확히 동일하지 않다는 점을 유념해야 한다. 신분이란 어떤 사람이 인생에서 처한 위치(position)와 특히 율법에 대해 맺고 있는 관계를 말하는 반면에, 상태란 존재 양태, 특히 인생의 상황들에 의해 결정되는 존재 양태를 말한다. 법정에서 유죄로 밝혀지는 사람은 죄책 혹은 정죄의 신분에 있으며, 이 신분에는 대개 구금과 그로 인한 박탈과 수치가 따른다. 중보자께서 취하신 신분들은 일반적으로 그 신분들로 인해 파생한 상태들을 포함하는 것으로 간주된다. 흔히 그러하듯이, 그리스도의 비하(卑下)와 승귀(昇貴)의 단계를 열거하는 것은 사실상 신분들 자체보다 신분들로 인한 상태들을 더욱 부각시킨다.

A. 비하의 신분

비하의 신분은 그리스도께서 우주의 주권적 통치자로서 지니셨던 신적 위엄을 버리시고, 종의 형태로 인성을 취하신 일로 이루어진다. 즉, 친히 최고의 입법자이신 분께서 율법의 요구들과 저주에 종속되신 일로 이루어진다. 이 교리는 다음 구절들에 토대를 둔다: 마 3:15; 갈 3:13; 4:4; 빌 2:6-8. 그리스도의 이 신분은 그렇게 낮아지신 결과 처하게 되신 상태에 나타나는데, 그 상태는 대개 다음과 같은 단계들로 구분된다.

1. 그리스도의 성육신과 탄생

때로 말씀(요 1)이라고 불리는 하나님의 아들이 성육신으로써 육신이 되셨다. 이것은 그분이 과거의 신분을 중단한 채 인간으로 변화하셨다는 뜻이 아니다. 하나님의 아들은 자신의 본질적 본성에서 성육신 이전이나 이후가 온전히 동일하시다. 그분이 육신이 되셨다는 것은 신성에 덧붙여 육체와 영혼으로 이루어진 온전한 인간 본성을 취하셨다는 뜻일 뿐이다 (요 1:14; 롬 8:3; 딤전 3:16; 요일 4:2; 요이 7). 그분은 성육신을 통해서 인간의 하나가 되셨다. 마리아의 실체(substance)로부터 자신의 인성을 취하셨기 때문이다. 이 점은 재세례파의 주장에 대해서 반드시 견지해야 한다. 재세례파는 그리스도께서 인성을 하늘로부터 받으셨고, 마리아는 단순히 그것의 도관 혹은 통로에 지나지 않았다고 주장한다. 성경은 성육신이 동정녀 탄생에 의해 이루어졌다고 가르치며, 이 가르침을 토대로 우리의 신앙고백은 그리스도의 인성이 "남자의 수단 없이 성령의 권능으로 복된 동정녀 마리아에게 잉태되셨다"고 진술한다. 이 교리는 성경의 다음 구절들을 토대로 삼는다: 사 7:14; 마 1:20; 눅 1:34, 35.

그리스도의 탄생과 관련한 성령의 사역은 이중적인 것이었다: (a) 성령께서는 그리스도의 인성이 마리아에게 잉태되도록 하셨다; (b) 성령께서는 이 인성을 잉태된 순간부터 거룩하게 하셨고, 그로써 인성이 죄의 오염에서 벗어나도록 하셨다. 동정녀 탄생 교리는 처음부터 교회에 의해 받아들여졌으나, 현대 자유주의 신학자들은 자연 법칙에 위배된다고 하여 이것을 부정한다. 더러는 그리스도께서 지금도 여전히 자신의 인성을 지니고 계신데도 불구하고 더 이상 비하의 상태에 계시지 않다는 이유를 들어, 성육신이 그리스도의 비하의 일부가 아니라고 주장한다. 하지만 이 점에 대해서 세심한 주의를 기울여야 한다. 성육신은 크게 낮아지신 행위이긴 했으나, 하나님의 아들이 인성을 취하신 것은 반드시 비하만은 아니었다. 하지만 그분이 '육신'을 취하신 것은 비하의 행위였다. 왜냐하면 육신은 타락 이래로 약해지고, 고통과 죽음에 종속되었기 때문이다. 물론 그분의 경우에는 죄의 오염에서 벗어나긴 했지만 말이다.

2. 그리스도의 고난들

우리는 그리스도의 고난들을 최후에 당하신 고통에 국한시켜 생각하는 경향이 있다. 하지만 실제로는 그분의 생애 전체가 고난의 삶이었다. 그것은 만군의 여호와께서 종으로 사신 생애였고, 죄 없으신 분이 죄로 인해 저주받은 세상에서 사신 생애였다. 그분에게는 순종의 길이 곧 고난의 길이었다. 그분은 사단의 거듭된 공격으로 고난을 받으셨고, 자기 백성의 미움과 불신앙으로, 그리고 원수들의 박해로부터 고난을 받으셨다. 고독감과 책임감이 그분을 중압감으로 내리 눌렀음에 틀림없다. 그분이 당하신 고난의 본질은 육체적으로 겪으신 온갖 불편과 고통에서 찾아서는 안 되고, 영혼의 고뇌와 중보자로서 죄에 대해 지니신 의식으로 말미암은 고통에서 찾아야 한다. 그리스도께서는 윤리적으로 완전하시고 의와 성결과 진리에 대한 열정이 크셨기 때문에, 그분에게는 고통의 원인이 우리들에 비해서 훨씬 더 많았다. 그분만큼 통렬한 고통과 슬픔과 도덕적 악을 느낄 수 있는 사람이 다시 없었다. 그분이 받으신 시험들도 고난의 일부분을 형성하되, 대단히 본질적인 부분을 형성한다. 예수께서 시험받는 인간들을 체휼하는 진정한 대제사장이 되실 수 있었던 것은 친히 사람들의 시련들을 겪으셨기 때문이었다(마 4:1-11; 눅 22:28; 요 12:27; 히 2:18; 4:15; 5:7-9). 죄 없으신 예수께서 어떻게 시험을 받으시는 게 가능했는가 하는 질문에는 완전히 만족할 만한 대답을 제시할 수 없다. 하지만 한편으로는 그분이 실제로 시험을 받으셨다는 점과, 다른 한편으로는 시험을 받으심으로써 죄에 빠지신 일이 없다는 점을 반드시 견지해야 한다.

3. 그리스도의 죽음

여기서 그리스도의 죽음을 말할 때는 그분의 육체적 죽음을 염두에 두어야 한다. 그리스도께서는 우발적 사고로 죽지 않으셨고, 암살자의 손에 죽지도 않으셨으며, 법의 판결에 의해서 죽으셨다. 그러한 죽음을 당하시는 게 중요했다. 왜냐하면 그분은 범죄자들의 하나로 간주되셔야 했기 때문이다. 더욱이 그리스도께서 세계 최고의 사법 권력을 대표하고, 하나님의 은혜에 의해 작용하고, 하나님의 이름으로 공의를 집행하던 로마 법정에 의해 재판을 받아 사형 선고를 받으신 것은 의미심장한 일이었다. 더욱이 그리스도께서 참수를 당하시거나 돌에 맞아 죽으시지 않고, 십자가에 못박혀 죽으셨다는 것도 의미심장한 일이었다. 이렇게 로마 식의 처형을 받으심으로써 가장 저급한 죄수이자 인류의 찌끼로 간주되셨으며, 그로써 법의 가장 극단적인 요구에 응하셨다. 동시에 저주의 죽음을 당하셨으며, 그로써 우리를 위하여 저주를 받은 바 되셨다는 사실을 입증하셨다(신 21:23; 갈 3:13).

4. 그리스도의 장사(葬事)

그리스도의 죽음은 비하의 마지막 단계로 볼 수 있으며, 이것은 특히 십자가에서 마지막으로 하신 "다 이루었다"는 말씀에 비추어 볼 때 더욱 그러하다. 하지만 이 말씀은 그분이 능동적으로 고난을 당하셨음을 확실하게 가리킨다. 그분의 장사(葬事)가 비하의 일부를 이루었다는 것도 분명하다. 인간이 흙으로 돌아가는 것은 죄에 대한 형벌의 일부분이다(창 3:19). 더욱이 성경의 여러 구절들은 구주께서 무덤에 머무신 일이 비하였음을 분명히 함축한다(시 16:10; 행 2:27, 31; 13:34, 35). 성경은 죄인이 그리스도와 함께 장사된다고 표현하며, 이것은 옛 사람이 장사되고, 버려지고, 멸해지는 것을 가리킨다(롬 6:1-6). 이것은 성경이 그리스도의 장사를 비하의 일부로 간주한다는 분명한 증거이다. 그리스도의 장사는 구속받은 자들을 위해 무덤의 공포들을 제거하고, 그들을 위해 무덤을 거룩하게 하는 목적을 이루었다.

5. 그리스도께서 지옥에 내려가심

사도신경은 구주의 고난과 죽음을 언급한 뒤에 "그는 지옥(하데스)에 내려가셨다"라고 덧붙인다. 이 문장은 다양하게 해석된다. 로마 가톨릭 교회는 이 문장을 그리스도께서 죽으신 뒤에 조상들의 림보(Limbus Patrum, 古聖所)에 유폐되어 있는 구약 성도들을 풀어내어 하늘로 데리고 올라가시기 위해서 그곳으로 내려가셨다는 뜻으로 해석한다. 루터교는 지옥에 내려가신 일을 그리스도의 승귀(昇貴)의 첫 단계로 간주한다. 흑암의 권세를 이기신 일을 기념하기 위해 아마 죽음과 부활 사이에서 벌이셨을 개선 행진으로 간주한다. 영국 국교회는 그리스도의 시신이 무덤에 있는 동안 영혼은 낙원, 즉 의로운 영혼들이 거하는 곳인, 하데스의 그 부분으로 내려가서 그들에게 진리를 좀더 충분하게 해명해 주셨다고 주장한다. 마지막으로 개혁교회들은 대체로 "그는 지옥에 내려가셨다"는 문장을 상징적으로 해석하여, 그리스도께서 겟세마네와 십자가에서 지옥의 고통을 당하셨다는 뜻으로 이해한다. 전반적으로 다음 두 가지 생각을 결합하는 것이 이 문장에 대한 최선의 해석인 듯하다: (a) 그리스도께서 동산과 십자가에서 지옥의 고통을 당하셨다; (b) 비하의 가장 낮은 단계인 죽음의 상태에 들어가셨다. 지옥에 내려가심에 관한 교리를 뒷받침하기 위해 인증되는 성구들은 다음과 같다: 시 16: 8-10; 엡 4:9; 벧전 3:18, 19; 4:6.

B. 승귀의 신분

승귀의 신분에서 그리스도께서는 언약의 의무인 율법 아래에 놓였던 상태에서 벗어나 죄에 대한 형벌을 치르시고, 죄인들에게 의와 영생의 공로를 얻어주셨다. 지금은 중보자로서 하나님의 온전한 호의와 기쁨에 들어가셨고, 그에 따른 영예와 영광을 입고 계신다. 승귀의 신분에서는 죄의 형벌이 제거된 것이 나타나야 했다. 그리스도의 승귀는 영화롭게 되심이기도 했다. 로마 가톨릭 교회와 루터교는 그리스도의 승귀가 지옥(음부)에 내려가신 일과 더불어 시작되었다고 가르친다. 하지만 개혁교회들은 승귀가 그리스도의 부활과 더불어 시작되었다고 주장한다. 여기서 네 단계를 고려해야 한다.

1. 그리스도의 부활
부활은 그리스도의 신분들에서 커다란 전환점이었다.

a. 부활의 본질

그리스도의 부활은 그분이 다시 살아나시고, 육체와 영혼이 재결합했다는 단순한 사실로 이루어지지 않았다. 만약 이것이 부활의 전부였다면, 그분은 "잠자는 자들의 첫 열매"(고전 15:20)라 불리실 수 없었고, "죽은 자 가운데서 먼저 나신 자"(골 1:18; 계 1:5)라 불리실 수도 없었다. 부활은 오히려 그분 안에서 육체와 영혼을 포함하는 인간 본성이 원시의 순결과 힘과 완전으로 회복되었고, 심지어 한층 더 높은 차원으로 격상되는 한편, 육체와 영혼이 재결합하여 살아 있는 유기체를 이루었음을 뜻한다.

부활 뒤에는 그리스도의 육체가 괄목할 만한 변화를 겪으셨음이 분명하게 나타났다. 그것은 같으면서도 쉽게 알아볼 수 없을 만큼 너무나 다른 육체이기도 했다. 그것은 물질적이고 실제의 육체이면서도, 기이한 방식으로 순간적으로 나타났다가 사라질 수 있는 육체였다. 즉, 영혼의 완전한 한 기관으로 변모했고, 따라서 '신령한' 육체였다(눅 24:31, 36, 39; 요 20:19; 21:7; 고전 15:50). 분명히 그리스도의 영혼의 생명에는 변화가 있었다. 이것은 그분이 종교적으로 윤리적으로 변화하셨다는 뜻이 아니라, 그분의 영혼이 새로운 성질들, 즉 그분이 장차 거하실 천상의 환경에 완전하게 부합하는 성질들을 부여받으셨다는 뜻이다. 그리스도는 부활을 통해서 생명을 주는["살려 주는"] 영이 되셨다(고전 15:45).

b. 부활의 의미

그리스도의 부활은 세 가지 의미를 지닌다.

① 부활은 그리스도가 언약의 의무인 율법의 모든 요구를 이루셨다는 성부의 선언이다. ② 부활은 장차 신자들의 칭의와 영적 출생과 장래의 부활에 발생할 일을 상징한다(롬 6:4, 5, 9; 8:11; 고전 6:14; 15:20-22; 고후 4:10, 11, 14; 골 2:12; 살전 4:14); ③ 부활은 우리의 칭의와 중생과 최후 부활의 원인이다(롬 4:25; 5:10; 엡 1:20; 빌 3:10; 벧전 1:3).

c. 부활에 대한 부정.

예수 그리스도의 부활은 모든 자연적 설명을 무색케 하는 기적이다. 바로 이런 이유 때문에 오늘날 많은 사람들은 그리스도의 부활을 부정하면서, 그것이 물리적으로 불가능하다고 주장한다. 왜냐하면 물질 분자들은 시간의 과정에서 여러 몸체들 속으로 합성되며, 한때 그것들이 한 부분을 형성했던 모든 몸체들로 다시 회복되는 일이란 절대로 있을 수 없기 때문이라고 한다. 하지만 부활을 부정하는 사람들은 물론 그리스도의 부활에 대한 신앙이 기독교의 첫 세기에 보편적인 신앙이었다는 부정할 수 없는 사실을 설명해야 한다. 그 점을 설명하기 위해서 다양한 설들이 제시되었다. ① 사도들과 그 밖의 초기 증인들이 쉽게 믿는 사람들에게 거짓말을 퍼뜨렸다는 설; ② 예수께서 실제로 죽지 않으시고 기절하셨을 뿐인데, 사도들이 실제로 죽으셨다고 생각했다는 설; ③ 사도들과 여인들이 흥분한 상태에서 예수의 환상을 보았고, 이 환상들을 실제 나타나신 일로 혼동했다는 설; ④ 부활 이야기가 실제로는 동양의 타종교들에서 수입되었고, 이교 신화들에서 끌어들인 것이라는 설. 하지만 이런 설명들은 성경에 진술된 부활에 관한 사실들을 정당하게 평가하지 못한다.

2. 그리스도의 승천

그리스도의 승천은 성경에 부활만큼 뚜렷하게 부각되지 않는다. 부활은 예수의 생애에서 진정한 전환점이었고, 승천은 부활에 필수적인 보완과 완성이라고 할 수 있다. 이것은 승천이 독자적인 중요성을 지니지 못한다는 뜻이 아니다. 승천에 관한 성경의 증거는 매우 충분하다. 예수께서는 죽으시기 전에 승천을 자주 언급하셨다(요 6:62; 14:2, 12; 16:5, 10, 17, 28; 17:5; 20:17). 누가는 승천에 관해 두 차례에 걸쳐 전한다(눅 24:50-53; 행 1:6-11). 바울도 이 사건을 거듭 언급하며(엡 1:20; 4:8-10; 딤전 3:16), 히브리서는 그 중요성을 부각시킨다(1:3; 4:14; 9:24).

a. 승천의 본질

승천은 중보자의 인격(person)이 그의 인간 본성에 따라 가시적으로 땅에서 하늘로 올라가신 일로 묘사할 수 있다. 그것은 한 장소에서 다른 장소로 가는 지역적 이동이었다. 물론 이것은 하늘이 땅과 마찬가지로 하나의 장소임을 함축한다. 하지만 예수의 승천은 단순히 한 장소에서 다른 장소로 이루어진 이동이 아니었다. 그것은 그리스도의 인성에 더 깊은 변화가 있었음을 암시한다. 인성이 이제는 하늘 영광의 충만함으로 들어갔고, 하늘의 삶에 완전히 적합하게 되었다. 최근의 어떤 신학자들은 하늘을 장소라기보다 상태로 간주하며, 그로써 승천을 장소적인 의미로 이해하지 않는다. 하지만 성경은 하늘을 분명히 장소로 표시한다. 하늘은 천사들과 성도들 같은 피조물들이 거하는 거주지이며(마 18:10; 고후 5:1), 장소인 땅과 나란히 언급되는 경우가 많다(대상 16:31; 전 5:2; 사 66:1). 더욱이 성경은 우리 생각을 위로는 하늘로 향하게 하고, 아래로는 지옥으로 향하게 한다(신 30:12; 수 2:11; 시 139:8; 롬 10:6, 7).

b. 루터교의 승천 개념

루터교의 승천 개념은 개혁파의 개념과 다르다. 루터교는 승천을 지역 이동으로 간주하지 않고, 상태 변화로, 즉 그리스도의 인성이, 성육신 때 부여받은 신적 완전성들을 충분히 누리고 발휘하는 상태로 들어가고, 그로써 영원히 편재(遍在)하게 되신 것으로 간주한다.

c. 승천의 의미

승천에서 보게 되는 것은 우리의 크신 대제사장이신 그리스도께서 성부께 자신이 완수하신 제사를 보이시기 위해서 지성소로 들어가시는 모습이다. 이것은 벌써부터 하늘 처소에서 그리스도와 함께 거하고 있고(엡 2:6), 장차 그분과 영원히 있게 될(요 17:24) 모든 신자들이 경험하게 될 승천에 대한 예언이다. 마지막으로, 그리스도의 승천은 그분에게 속한 사람들을 위해 거처를 예비하는 목적도 수행했다. 주께서는 제자들을 위해 거처를 예비하시기 위해 성부께로 가셔야 할 필요성을 친히 지적하신다 (요 14:2, 3).

3. 하나님 우편에 앉으심

그리스도께서는 승천하신 뒤에 성부의 우편에 있는 보좌에 좌정하셨다.

이미 땅에 계실 때부터 자신이 권능의 우편에 앉으실 것을 예고하셨다(마 26:64). 베드로는 설교할 때 이 점을 언급하며(행 2:33-36; 5:31), 서신서들의 여러 구절들이 이 점을 언급한다(엡 1:20-22; 히 10:12; 벧전 3:22; 계 3:21; 22:1). 자연스러운 일이지만, "하나님의 우편"이라는 표현은 문자적으로 받아들일 수 없으며, 권능과 영광의 장소를 상징적으로 지적한 표현으로 이해해야 한다. 그리스도께서 성부의 우편에 앉으셨다는 것은 교회와 우주에 대한 통치권이 그분에게 위임되었다는 뜻이며, 그분이 그에 합당한 영광을 지니게 되셨다는 뜻이다. 이로써 그리스도께서는 공식적으로 신인(神人)의 지위에 오르신다. 하나님의 우편에 앉아 계시는 동안 그리스도는 교회를 다스리고 보호하시고, 자기 백성을 위해서 우주에 대해 권위를 행사하시고, 자신이 완수하신 제사를 성부께 바치시고, 신자들을 위해 끊임없이 도고(禱告)하심으로써 그 제사를 유효하게 만들고 유익을 끼치시며, 성령을 통해서, 그리고 종들을 도구로 쓰셔서 자기 백성을 계속해서 가르치신다.

4. 그리스도의 육체적 재림

그리스도의 승귀는 그분이 재판장의 자격으로 재림하실 때 비로소 가장 높은 단계에 오른다. 그리스도께서 친히 이 일을 특별한 대권으로 언급하시며(요 5:22, 27), 사도들도 그러하다(행 10:42; 17:31). 다른 여러 구절들도 그리스도의 재판장으로서의 행위를 언급한다(마 19:28; 25:31-34; 눅 3:17; 롬 2:16; 14:9; 고후 5:10; 딤후 4:1; 약 5:9). 어떤 이들은 그리스도의 재림 시점을 과거에 두면서, 재림 약속이 오순절에 그리스도께서 성령으로 오셨을 때 실현되었다고 주장한다. 하지만 이것은 영적이고 불가시적인 재림이었던 반면에, 성경은 육체적이고 가시적인 재림을 기대하도록 가르친다(행 1:11). 오순절 이후에도 성경은 그리스도의 재림을 기대하도록 가르친다(고전 1:7; 4:5; 11:26; 빌 3:20; 골 3:4; 살전 4:15-17; 살후 1:7-10; 딛 2:13; 계 1:7). 예수 그리스도의 재림은 세상을 심판하고 하나님의 백성에 대한 구원을 완수하는 목적으로 있을 것이다. 그것은 그리스도의 구속 사역의 완전한 승리를 널리 알릴 것이다.

제2편

그리스도의 사역

제1장

그리스도의 직분들

칼빈 이래로 중보자의 삼중 직분을 말하는 것이 관례가 되었다. 인간은 하나님께 지음을 받을 때 선지자, 제사장, 왕으로서의 기능을 수행하도록 의도되었다. 따라서 지식과 이해력, 의와 성결, 하급 피조물에 대한 통치권을 부여받았다. 하지만 죄가 세상에 들어오면서 인간 전체에 영향을 주었고, 그 뒤부터 인간은 선지자, 제사장, 왕으로서의 삼중 역량을 제대로 발휘하는 것이 불가능하게 되었다. 인간은 오류와 기만의 힘에 휘둘리며, 불의와 도덕적 오염, 비참과 죽음에 종속되어 있다. 이러한 상황에서 그리스도께서 이상적인 인간으로서 인간을 원래의 상태로 회복시키려는 목적을 띠고 오셨으며, 따라서 필연적으로 선지자와 제사장과 왕의 기능을 수행하시게 되었다. 어떤 진영에서는 그리스도의 직분들 가운데 하나만 인정하는 경향이 있다. 합리주의는 선지자 직분을 강조하고, 신비주의는 제사장 직분을, 천년왕국설은 왕 직분을 강조한다. 현대 자유주의 신학은 세 직분을 모두 부정하는 경향을 띤다. 자유주의 신학은 그리스도를 이상적 인간, 사랑이 많은 조력자, 맏형으로 이해하기를 좋아하기 때문에, 어떠한 공식적 직위에 놓고서 그분을 생각하기를 싫어한다.

A. 선지자 직분

구약성경은 그리스도께서 신지자로서 오실 것을 예고하며(신 18:15), 이 구절이 사도행전 3:22, 23에서 그리스도께 적용된다. 누가복음 13:33

에서 그리스도는 자신을 선지자라고 말씀하신다. 더욱이 성부께로부터 말씀을 받아 전하신다고 하시고(요 8:26-28; 12:49, 50; 14:10, 24; 15:15; 17:8, 20), 장래의 일들을 예고하시며(마 24:3-35; 눅 19:41-44), 그러므로 비류 없는 권위를 가지고 말씀하시는 셈이다(마 7:29). 이런 점들을 감안할 때 사람들이 예수를 선지자로 알았다는 것이 조금도 이상하지 않다(마 21:11, 46; 눅 7:16; 24:19; 요 3:2; 4:19; 6:14; 7:40; 9:17).

1. 선지자의 성경적 개념

선지자에 관한 고전적 구절들인 출애굽기 7:1과 신명기 18:18은 선지자 직분에 양면, 즉 받는 면과 산출하는 면이 있음을 지적한다. 선지자는 꿈과 이상 혹은 구전 전달로써 신적인 계시를 받으며, 이렇게 받은 계시를 말로써 혹은 눈에 보이는 예언적 행위로써 백성에게 전달한다(민 12:6-8; 사 6장; 렘 1:4-10; 겔 3:1-4, 17). 선지자 직분에는 '받는 면'이 가장 중요하며, 이것이 나머지 면을 관장한다. 선지자는 받지 않고는 줄 수 없으며, 받은 것 이상의 것을 줄 수 없다. 그럴지라도 '산출하는 면'도 본질적인 것이다. 계시를 받기만 한 사람은 아직 선지자가 아니다. 선지자들의 임무란 하나님의 뜻을 백성에게 계시하고, 율법을 그 도덕적·영적 측면들에서 해석하고, 형식주의와 죄를 질책하고, 백성에게 본연의 상태로 돌아와 계명을 지키라고 권고하며, 하나님께서 장래에 대해서 하신 영광스러운 약속들을 주지시키는 것이었다.

2. 그리스도께서 선지자로서의 기능을 수행하신 방식들

그리스도의 선지자 사역은 그분의 지상 생애 혹은 공생애의 시기로 제한해서는 안 된다. 그리스도께서는 구약 시대(old dispensation, 옛 경륜)에는 주의 사자로서, 그리고 아울러 선지자들 안에서 그리고 그들을 통해서 선지자의 기능을 수행하셨다(벧전 1:11; 3:18-20). 땅에 계실 때는 가르치시는 일과 그에 수반된 표적들로써 이 일을 수행하셨다. 그리고 그분의 선지자적 사역은 승천하신 뒤에도 그치지 않았다. 사도들의 가르침 안에서 그리고 그것을 통해서 이루어진 성령의 역사에 의해 그 사역을 계속하셨으며(요 14:26; 16:12-14; 행 1:1), 여전히 말씀 사역과 신자들에 대한 영적 조명을 통해서 계속하고 계신다. 심지어 성부의 우편에 앉아 계실 때도 항상 우리의 위대한 선지자로서 일하고 계신다.

3. 그리스도의 선지자 사역에 대한 오늘날의 강조

현대 자유주의 신학에서 그리스도의 공식적 사역을 조금이라도 인정하는 구석이 있다고 한다면 그것은 그리스도의 선지자 사역에 집중된다. 자유주의 신학은 그리스도께서 주로 인류의 위대한 스승으로 서 계신다고 본다. 그리스도를 믿는다는 것은 단순히 그의 가르침을 받아들이고, 그의 지도에 복종하는 것이라고 한다. 그리스도가 언행으로써 제자들을 한층 높은 수준의 도덕적·영적 생활로 항상 인도한다고 주장한다.

B. 제사장 직분

구약성경은 장차 오실 구속자의 제사장 직분을 예고하고 예표한다. 시편 110:4과 스가랴 6:13에 이 점에 관한 명백한 언급들이 있다. 이사야 53장에서는 여호와의 종이 특히 제사장 직분을 수행하시는 모습을 보게 된다. 더욱이 구약성경의 제사장직, 특히 대제사장직은 분명히 제사장으로서의 메시야를 예표했다. 신약성경에는 그리스도를 제사장으로 지칭하는 책이 히브리서 한 권뿐이지만, 이 책에서는 그 칭호가 그리스도께 자주 사용된다(3:1; 4:14; 5:5; 6:20; 7:26; 8:1). 하지만 다른 신약성경 책들도 그분의 제사장 직분을 언급한다(막 10:45; 요 1:29; 롬 3:24, 25; 고전 5:7; 엡 5:2; 요일 2:2; 4:10; 벧전 2:24; 3:18).

1. 성경적 제사장 개념

성경은 선지자와 제사장을 광범위하되 중요하게 구분한다. 선지자는 백성에 대해서 하나님을 대표하도록 임명받았고, 주로 신앙적 스승이었다. 반면에 제사장은 백성을 대표하여 하나님 앞에 섰다. 그는 하나님께 나아

가서 백성을 대신하여 말하고 행동하는 특권을 갖고 있었다. 구약의 제사
장들도 스승들이었지만, 그들의 가르침은 선지자들의 가르침과 달랐다. 선
지자들이 도덕적·영적 의무들과 책임들과 특권들을 강조한 반면에, 제사
장들은 하나님께 올바로 나아가는 데 따르는 의식(儀式)들을 준수할 것을
강조했다. 제사장의 특징들은 히브리서 5:1에 비교적 소상하게 언급된다.
제사장은 (a) 사람들 중에서 그들의 대표자로 취해지고, (b) 하나님께 임
명을 받고(3절, 한글개역성경은 4절), (c) 사람들을 위해서 하나님께 속한
일들, 즉 종교적 일들을 수행하며, (d) 죄를 위해 예물과 제사를 드린다.
그밖에도 제사장은 백성을 위해 간구한다.

2. 그리스도의 제사 사역

a. 그리스도의 제사 사역의 본질

그리스도의 사역은 무엇보다도 죄를 위한 제사를 드리는 것이었다. 그리
스도의 경우에 독특했던 점은 제사장이 제물이기도 했다는 점이다. 달리
말하자면, 그리스도의 제사는 자기 제사, 즉 죄인들을 위해 자기 목숨을 내
놓으신 제사였다. 더욱이 이 한 번의 제사가 구약의 다양한 제사들에 반영
된 모든 요소들을 포괄했다. 그것은 죄를 속하기 위해 드려진 속죄제이자
속건제였고, 하나님께 마음을 다해 구별해 드리는 번제였으며, 죄인으로
하여금 하나님과 복된 사귐에 들어가게 하는 화목제이기도 했다. 이 점을
감안할 때 그리스도의 제사는 다양한 특성을 지닌 제사였다고 할 수 있다.

b. 구약성경에 예표된 그리스도의 제사 사역

구약의 제사들은 영적이고 모형적인 중요성을 지녔다. 이 제사들은 그리
스도의 제사를 예언하고 예표했다. 유월절 양은 그리스도의 예표(type, 모
형)로 간주된다. 요한복음 1:29은 이 점을 언급한다. 더욱이 그리스도는
고린도전서 5:7에서 "우리의 유월절 양"으로 언급된다. 구약의 제사들이
그리스도와 그분의 사역을 예표했다고 볼 만한 뚜렷한 암시들과 심지어
분명한 진술들이 있다(골 2:17; 히 9:23, 24; 10:1; 13:11, 12). 그 외에

도 그리스도께서 죄인들을 위해서 구약 제사들이 그들에게 끼쳤던 바로 그 효과를 성취하셨다는 것과, 그분이 비슷한 방법으로 그 효과를 성취하셨다는 것을 가르치는 여러 구절들이 있다(고후 5:21; 갈 3:13; 요일 1:7).

c. 그리스도의 제사 사역을 뒷받침하는 성경적 증거

그리스도의 제사 사역은 히브리서에 가장 분명하게 나타난다. 이 서신서는 중보자가 우리의 유일하게 참되고 영원하고 완전한 대제사장이며, 하나님께 임명을 받은 이 대제사장이 우리가 서야 할 자리에 대신 서시고, 자신을 제사로 드림으로써 진정하고 완전한 구속을 성취하신다고 가르친다(히 5:1-10; 7:1-28; 9:11-15, 24-28; 10:11-14, 19-22; 12:24). 그리스도를 제사장이라고 부르는 곳은 이 서신서뿐이지만, 그분의 제사장 사역은 바울 서신들에도 분명하게 반영된다(롬 3:24, 25; 5:6-8; 고전 5:7; 15:3; 엡 5:2). 요한의 저작들(요 1:29; 3:14, 15; 요일 2:2; 4:10)과 베드로전서에도 그러하다(2:24; 3:18).

3. 그리스도의 중보 사역

그리스도의 제사장 사역은 제사를 드리는 것으로 그치지 않는다. 그분은 자기 백성의 중보자이시기도 하다. 요한복음 14:16은 그분이 우리의 '보혜사'[대언자]임을 암시하며, 요한일서 2:2(한글개역성경은 2:1)은 그 점을 명시한다. '보혜사'(혹은 대언자, 파라클레토스)라는 용어는 도움을 요청 받는 이, 대변자, 다른 사람을 위해 탄원[변론]하는 이라는 뜻이다. 신자의 대변자이신 그리스도는 사단의 고소에 대해서 성부 앞에서 신자를 위해 탄원[대변]하신다(슥 3:1; 히 7:25; 요일 2:1; 계 12:10).

a. 그리스도의 중보 사역의 본질

그리스도의 중보 사역은 그분의 구속적 제사에 기초를 두며, 그분의 제사장 사역의 연속으로서 그 사역을 완수의 단계로 이끌고 간다. 이 사역의 본질은 성경에 지적되어 있다(롬 8:24; 히 7:25; 9:24). 이 사역은 종종 잘못 생각되듯이 중보 기도에 국한되지 않고, 그것보다 훨씬 더 많은 것을 포함한다. 중보자이신 그리스도는 자기 백성에게 필요한 모든 복의 근거로서 자신의 제사를 끊임없이 하나님 앞에 제시하시고, 자기 백성의 필요에 따라 이 복들이 그들에게 임하기를 구하시고, 사단과 율법과 양심이 그 백성에게 가하는 모든 공격에 답변하시고, 자기 백성에 대해 정당하게 제시된 고소에 대해서는 용서를 확보해 주시며, 하나님께 그들의 예배와 봉사를 바치고, 자신의 의로 말미암아 그들의 예배와 봉사가 가납(加納)될 만하게 만드신다.

b. 중보의 범위와 효과

그리스도께서는 자신이 속죄를 이루어 주신 모든 사람들을 위해, 그리고 오직 그들만을 위해 중보해 주신다. 이 점은 속죄의 제한된 성격과, 다음과 같은 구절들을 토대로 추론할 수 있다(롬 8:29, 참조. 33, 34절: 히 7:25). 더욱이 이 점은 요한복음 17:9에 명확하게 진술된다. 하지만 주의해서 봐야 할 점은 그리스도께서 신자들만을 위해서 중보하시지 않고, 선택된 모든 사람들(그들이 이미 신자들이든 아니면 아직은 불신자들이든 관계없이)을 위해서 중보하신다는 점이다(요 17:20).

더 나아가 그리스도께서 하나님 앞에 서실 때는 권위가 확증된 중보자로 서시며, 따라서 법적 권리를 청구할 수 있는 분으로 서신다는 점을 잊어서는 안 된다. 그리스도께서 성부께 무엇을 요구하실 때는 당연한 권리로서 요구하시며, 따라서 그분이 자기 백성을 위해서 드리시는 기도는 절대로 헛되이 돌아가는 법이 없다. 그분의 기도는 구속 사역에 토대를 두며, 그분은 자신이 구하시는 모든 것들에 대해서 이미 공로를 쌓으셨다.

C. 왕의 직분

그리스도는 하나님의 아들이시기 때문에 자연히 모든 피조물에 대해서 하나님과 통치권을 공유하신다. 이 왕권은 그분의 신적 본성에 뿌리를 두며, 생득적 권리에 의해 그분의 것이다. 하지만 우리가 관심을 갖는 것은 그분이 중보자로서 부여받은 왕권이다. 우리는 그리스도께서 지니신 이중의 중보자적 왕권, 즉 교회에 대한 영적 왕권과 우주에 대한 왕권을 구분한다.

1. 그리스도의 영적 왕권

성경은 이 왕권을 여러 곳에서 말한다(시 2:6; 45:6, 7〈참조. 히 1:8, 9〉; 132:11; 사 9:6, 7; 미 5:2; 슥 6:13; 눅 1:33; 19:27, 38; 요 18:36, 37; 행 2:30-36).

a. 이 왕권의 성질

그리스도의 영적 왕권은 자기 백성, 즉 자기 교회에 대한 왕적 통치권이다. 이 왕권을 가리켜 영적이라고 하는 이유는 그것이 영적 영역에 관련되고, 신자들의 마음과 생활에 확립되고, 영적 목적, 즉 죄인들의 구원과 직접 관계가 있고, 외적 방법이 아닌 내적 방법(말씀과 성령)에 의해 발휘되기 때문이다. 이 왕권은 교회를 모으고, 다스리고, 보호하고, 완전케 하는 방향으로 시행된다. '머리'라는 용어가 때로 교회의 왕이신 그리스도께 적용된다(고전 11:3; 엡 1:20-22; 5:23). 이렇게 그리스도께서는 교회의 머리이시기 때문에 유기적이고 영적인 방법으로 교회를 다스리실 수 있다.

b. 이 왕권이 시행되는 영역

그리스도의 영적 왕국은 신약성경이 하나님 나라 혹은 천국이라 하는 것과 동일하다. 이 왕국은 무엇보다도 그리스도 안에 나타난 하나님의 왕권이 중생 사역에 의해서 사람들의 마음에 수립되고 인정되는 왕국이다. 둘째로, 이 왕국은 그리스도 안에 나타난 하나님의 통치가 시행되는 영역이며, 하나님의 성령에 의해 창조되고, 오로지 성령의 생명에 참여하는 사람들로만 구성되는 영역이다. 마지막으로, 이 왕국은 하나님 나라 원리들이 적용되는 데서 오게 되는 사물의 새로운 상태를 의미하기도 한다. 그리고 종종 엄격한 의미에서 왕국의 영역을 넘어서까지 확대된다. 이 왕국의 시민권은 무형 교회(the invisible church)의 회원 자격과 겹친다. 하지만 이 왕국의 사역 분야는 교회의 사역 분야보다 광범위하며, 삶의 모든 분야를 지배하는 데 목표를 둔다. 유형 교회(the visible church)는 가장 중요하며, 유일하게 신적으로 제정된 왕국의 외적 조직이다. '하나님 나라[왕국]'라는 용어는 때로 그 나라를 사실상 유형 교회와 동등하게 만드는 의미로 사용된다(마 8:12; 13:24-30, 47-50).

그리스도의 영적 왕국은 현재적일 뿐 아니라 미래적이기도 하다. 이 왕국은 한편으로는 사람들의 마음과 삶 속에서 언제나 발전해 가는 현재적 영적 실재로서, 꾸준히 확장되어 가는 영역에서 그 영향력을 발휘한다(마 12:28; 눅 17:21; 골 1:13). 하지만 다른 한편으로는 예수 그리스도의 재림 때에야 비로소 실현될 미래의 소망이기도 하다. 왕국이 갖는 이러한 미래적 측면이 성경에서는 현재적 측면보다 더 두드러지게 강조된다(마 7:21; 19:23; 눅 22:29; 고전 6:9; 15:50; 갈 5:21; 엡 5:5; 딤후 4:18; 벧후 1:11). 본질상 미래의 왕국은 현재의 왕국과 마찬가지로 인간들의 마음에 수립되고 인정되는 하나님의 통치로 존속할 것이다. 하지만 예수 그리스도께서 영광스럽게 재림하실 때 이 수립과 인정은 완전해질 것이고, 그 왕국의 감춰졌던 세력들이 나타날 것이며, 그리스도의 영적 통치가 가시적이고 엄위로운 통치로 그 절정에 이르게 될 것이다.

c. 그리스도의 영적 왕권의 기간.

소지니주의자들은 그리스도께서 승천 때에야 비로소 왕이 되셨다고 주장하며, 전천년주의자들은 그리스도께서 두 번째로 강림하셔서 천년왕국을 수립하시기 전까지는 권좌에 앉지 않으실 것이라고 주장한다. 하지만 사실상 그리스도는 영원부터 왕으로 임명되셨고(잠 8:23; 시 2:6), 인간의 타락 직후부터 왕으로서 사역하기 시작하셨다. 그럴지라도 공식적으로 권좌에 앉으신 것은 승천하셔서 하나님 우편에 오르신 때였다. 어떤 사람들은 이 왕권이 그리스도의 재림 때 중단될 것이라고 주장하지만, 성경은 그것이 영원히 지속될 것이라고 가르치는 듯하다(시 45:6; 72:17; 89:36, 37; 사 9:7; 단 2:44; 삼하 7:13, 16; 눅 1:33; 벧후 1:11).

2. 우주에 대한 그리스도의 왕권

그리스도께서는 승천하시기 전에 제자들에게 "하늘과 땅의 모든 권세를 내게 주셨으니"라고 말씀하셨다(마 28:18). 동일한 진리를 에베소서 1:20-22; 고린도전서 15:27도 가르친다.

a. 이 왕권의 성질

이 왕권을 그리스도께서 하나님의 아들로서 원래부터 지니신 왕권과 혼동해서는 안 된다. 비록 동일한 영역으로 확대되긴 하지만 말이다. 이것은 그리스도께서 교회를 위한 중보자로서 위임받은 우주에 대한 왕권이다. 우주의 왕이신 그분은 자신의 피로 구속하신 백성이 장성하고, 점진적으로 성화되고, 결국 완전케 되게 하시기 위해서 개인들과 사회 집단들, 민족들의 운명을 주관하신다. 더욱이 이 왕권에 힘입어 자기 백성을 세상의 위험들로부터 보호하시고, 모든 원수들을 굴복시키시고 멸하심으로써 자신의 의를 입증하신다.

b. 이 왕권의 존속 기간

그리스도는 하나님 우편으로 높이 올리우셨을 때 우주에 대한 이 왕권을 공식적으로 받으셨다. 이것은 그분의 수고에 대해서 이미 약속되었던 보상이었다(시 2:8, 9; 마 28:18; 엡 1:20-22; 빌 2:9-11). 그리스도는 이 임명을 받으셨을 때 하나님의 아들로서 과거에 소유하지 않으셨던 어떠한 권능이나 권세도 부여받지 않으셨다. 게다가 이 임명으로 자신의 통치 영역이 확대된 것도 아니었다. 그것은 다만 신인(神人)으로서의 권위를 부여했고, 그로써 그분의 인성이 이제 이 왕적 통치의 영광에 참여하게끔 만들었을 뿐이다. 이로써 세상의 통치가 예수 그리스도의 교회의 유익에 복속되었다. 이 왕권은 하나님 나라의 원수들에 대해서 최후 승리가 이루어질 때까지 지속될 것이다(고전 15:24-28). 목표가 성취될 때 그것은 성부께 되돌려질 것이다.

제2장

그리스도를 통한 속죄

A. 속죄의 동인(動因)과 필요성

1. 속죄의 동인

속죄의 동인이 마치 죄인들에 대한 그리스도의 동정적 사랑에 있는 것처럼 가끔 주장된다. 이 주장은 하나님이 죄인을 멸망시키려고 하시는 진노의 하나님으로 비쳐지는 반면에, 그리스도는 하나님과 죄인 사이에 개입하여 자기 목숨을 바쳐 죄인을 구원하시는 사랑 많은 분이라는 인상을 주기 십상이다. 그리스도는 영광을 받으시고, 하나님은 잊혀지고 영예를 박탈당하게 되는 셈이다.

성경은 속죄의 동인을 대리 속죄에 의해 죄인들을 구원하시려고 하신 하나님의 기쁘신 뜻에서 찾는다(사 53:10; 눅 2:14; 골 1:19, 20). 하나님의 이 기쁘신 뜻을 그분의 인위적인 선택으로 간주해서는 안 된다. 오히려 대리 속죄에 의해 죄인들을 구원하시려는 하나님의 기쁘신 뜻이 하나님의 사랑과 공의에 토대를 두었다고 말하는 것이 성경의 가르침과 더 잘 부합한다. 죄인들에게 피할 길을 낸 것은 하나님의 사랑이었다(요 3:16). 그리고 "자기도 의로우시며 또한 예수 믿는 자를 의롭다"(롬 3:26) 하시기 위해서 율법의 요구가 이루어지도록 요구한 것은 하나님의 공의였다(롬 3:24, 25).

2. 속죄의 필요성

둔스 스코투스(Duns Scotus), 소지니(F. Sozzini; 영. Socinus), 그리고

현대의 여러 자유주의 신학자들 같은 일부 사람들은 속죄의 필요성을 부정한다. 그들은 하나님이 죄인을 용서하실 수 있기 전에 그분 안에 있는 어떤 것이 죄에 대한 배상(satisfaction〈만족〉)을 요구했다고 믿지 않는다. 하지만 하나님의 공의를 감안할 때 속죄가 필요했다는 것은 매우 자명하다. 인간의 범죄로 하나님의 공의가 훼손되었고, 그로써 자연히 배상이 요구되었던 것이다. 하나님은 죄를 차마 보실 수 없을 정도로 의롭고 거룩하신 분이기 때문에 자신의 무한한 엄위를 노골적으로 훼손한 행위를 간과하실 수 없다. 하나님은 신적인 혐오로 죄를 미워하시며, 존재 전체로 죄를 적대시하신다(창 18:25; 출 20:5; 23:7; 시 5:6, 7; 나 1:2; 롬 1:18, 32). 더욱이 하나님은 진실하시기 때문에 친히 죄에 대해 선고하신 형벌이 반드시 집행되도록 요구하셨다(겔 18:4; 롬 6:23).

B. 속죄의 본질

1. 속죄는 하나님께 만족(배상)을 드리는 역할을 했다.

속죄를 죄인에게 감화를 주고, 회개를 일으키고, 그로써 그가 하나님께 돌아오도록 계획된 어떤 것으로 보는 경향이 종종 있었고, 오늘날도 그러하다. 하지만 이것은 속죄를 전적으로 그릇되게 이해한 것이다. 만약 사람이 잘못을 저지르고 배상을 하면, 이 배상은 자연히 가해자가 아닌 피해자에게 영향을 끼치려는 것이다. 죄인의 경우에는 속죄가 하나님을 유화하고, 죄의 행실을 고침으로써 그분의 호의를 다시 얻게 하는 역할을 한다. 이것은 속죄의 주된 목적이 하나님을 죄인과 화목시키는 데 뜻이 있음을 의미한다. 하지만 그렇다고 해서 죄인을 하나님과 화목시킨다고 말해서는 절대로 안 된다는 의미는 아니다. 성경은 한 곳 이상에서 그렇게 말한다(롬 5:10; 고후 5:19, 20).

죄인을 하나님과 화목시키는 것은 속죄의 두번째 목적으로 간주할 수 있다. 화목을 받으신 하나님은 죄인을 의롭다하시고, 성령으로 죄인의 마음에 역사하셔서 그가 하나님을 떠나서 자행해온 악한 행실을 버리고, 그리스도의 완전한 속죄의 결실을 맛보는 데 들어가게 하신다.

2. 그것은 대리 속죄였다.

직접(personal) 속죄와 대리(vicarious) 속죄는 다르다. 인간은 하나님께로부터 떨어져 나갔을 때 범죄자가 되었고, 그로써 하나님께 배상을 해야 할 처지에 떨어졌다. 하지만 인간은 영원히 죄의 형벌을 당함으로써만 자기 죄를 속할 수 있었다. 그리고 만약 하나님께서 죄인에 대해 사랑과 긍휼을 품지 않으셨더라면 이것은 하나님께서 엄격한 공의로 요구하실 수 있었고 또 요구하셨을 그러한 상황이었다. 하지만 하나님은 그러한 직접 속죄를 고수하시는 대신에 예수 그리스도를 대리자로 세우셔서 인간을 대신하게 하셨다. 그리고 이 대리자가 인류의 죄를 속하시고 인간에게 영원한 구속을 이루셨다. 그러므로 이 경우에는 손상을 당한 측이 직접 속죄의 길을 마련하셨다.

직접 속죄였다면 긍휼의 요소가 배제되었겠으나, 이 대리 속죄는 가장 높은 차원의 긍휼을 드러낸다. 그리고 죄인이 직접 속죄를 해야 했다면 속죄를 위해 영원히 노력해도 이루지 못했겠으나, 하나님께서 친히 내신 대리 속죄는 화목과 영생으로 인도한다. 그리스도께서 이루신 대리 속죄는 구약의 짐승 제사들로 예표되었다. 성경은 이 제사들이 죄를 속했고, 그로써 범죄자들에게 죄사함을 받게 했다고 거듭 말한다(레 1:4; 4:20, 31, 35; 5:10, 16; 6:7; 17:11). 여러 구절들이 하나님께서 우리 죄를 그리스도께 '담당' 시키셨고, 그분이 죄를 '짊어지셨다'고 말한다(사 53:6; 요 1:29; 고후 5:21; 갈 3:13; 히 9:28; 벧전 2:24). 다른 구절들은 그리스도께서 죄를 위해 혹은 죄인을 위해 죽으셨다고 혹은 목숨을 버리셨다고 말한다(막 10:45; 롬 8:3; 갈 1:4; 벧전 3:18; 요일 2:2).

3. 속죄는 그리스도의 능동적이고 수동적인 순종을 내포했다.

그리스도의 능동적 순종과 수동적 순종으로 구분하는 것이 관례이다. 능동적 순종이란 영생을 얻기 위한 조건으로서 죄인들을 위해서 율법을 준수하신 일을 가리키는 반면에, 수동적 순종이란 죄의 형벌을 치르느라 고난을 당하시고, 그로써 자기 모든 백성의 부채를 탕감해 주신 일을 가리킨다. 이 둘을 구분하는 것이 필요하긴 하지만, 둘을 구별할 수는 없음을 분명히 알아야 한다. 둘은 구주의 생애에서 매 순간 붙어 다녔다. 그리스도께서 자진해서 고난과 죽음에 처하신 것은 그리스도의 능동적 순종의 일부분이었다(요 10:18). 반면에 그분이 율법에 복종하며 사시고, 종의 형체를 지니고 사셨다는 것은 수동적 순종의 일부분이었다. 일반적으로 말하자면, 그리스도께서는 수동적 순종을 통해서 죄의 형벌을 치르셨고, 그 결과 인간에게서 저주를 제거하셨다고 말할 수 있으며(사 53:6: 롬 4:25: 벧전 3:18: 요일 2:2), 능동적 순종을 통해서 죄인을 위해 영생을 얻어 주시고, 그를 아담이 이르지 못한 목적지로 인도하신다고 말할 수 있다(롬 8:4: 10:3, 4: 고후 5:21: 갈 4:4, 5, 7).

C. 속죄의 범위

그리스도께서 드리신 만족이 그 자체로 만민 구원에 충분했다는 것은 널리 인정되는 견해이다. 물론 그 만족으로 만민이 구원을 얻게 되었다는 뜻은 아니지만 말이다. 하지만 그리스도께서 고난과 죽음을 당하신 목적이 만민을 구원하시려는 것이었는가, 아니면 선택된 사람들만 구원하시려는 것이었는가 하는 문제에 대해서는 견해가 엇갈린다.

1. 속죄의 제한된 범위

로마 가톨릭 교회와 루터교와 아르미니우스주의자들은 그리스도께서 이루신 속죄가 보편적이라고 주장한다. 이것은 그들이 장차 모든 사람이 다 구원받을 것이라고 주장했다는 뜻이 아니라, 성부께서 그리스도를 보내신 의도와 그리스도께서 구속 사역을 이루신 의도가 예외 없이 모든 사람을 구원하시려는 데 있었다는 뜻이다. 위에 언급한 집단들은 모두 의도된 결과가 성취되지 않았다고 시인한다.

이들과 달리, 개혁교회들은 제한 속죄를 믿는다. 그들은 선택된 자들만 구원하는 것이 성부와 성자의 의도였으며, 이 의도가 실제로 성취되고 있다고 주장한다. 보편 속죄 옹호자들은 그리스도께서 단순히 모든 사람에게 가능한 구원을 이루셨고, 그들의 실제 구속 여부는 그들의 자유로운 선택에 달려 있다고 주장한다. 반면에 제한 속죄 옹호자들은 그리스도께서 자신이 위해서 목숨을 버리신 사람들을 한 사람도 빠짐없이 구원하신다고 주장한다. 대가가 지불된 사람들 가운데 한 사람도 구원에서 탈락하는 사람이 없다고 한다. 성경은 그리스도께서 이루신 사역의 효과가 속죄를 가능케 할 뿐 아니라, 사람들을 하나님과 화목케 하고, 그들이 실제로 영원한 구원을 소유하게 한다고 분명히 가르친다(눅 19:10: 롬 5:10: 고후 5:21: 갈 1:4: 3:13: 엡 1:7).

더욱이 성경은 그리스도께서 제한된 특정 수의 사람들, 즉 자기 백성을 위해(마 1:21), 자기 양들을 위해(요 10:11, 15), 교회를 위해(행 20:28: 엡 5:25-27), 혹은 선택된·자들을 위해(롬 8:32-35) 목숨을 버리셨음을 다양한 방식으로 지적한다. 더 나아가 만약 만민을 구원하는 것이 정말로 하나님의 목적이었다면, 하나님의 목적이 인간들에 의해 좌절되었다는 결론을 내리지 않을 수 없는데, 이것은 불가능한 결론이다.

2. 제한 속죄에 대한 반론들

제한 속죄에 대해서 여러 반론들이 제기되었는데, 그 중에서 몇 가지 중요한 것을 소개하자면 다음과 같다.

a. 성경에는 그리스도께서 세상을 위해서 죽으셨다고 가르치는 구절들이 있다(요 1:29; 3:16; 요일 2:2; 4:14).

이러한 반론을 펴는 사람들은 이 구절들에서 '세상'이라는 단어가 항상 인간 세상을 구성하고 있는 모든 개인들을 가리킨다는 추정을 토대로 삼는다. 하지만 그 단어에 반드시 이런 뜻만 있는 것은 아니다. 그 단어의 의미는 틀림없이 좀더 제한된다(눅 2:1: 12:19). 세상을 언급하는 구절들은 단지 그리스도께서 유대인들만을 위해서 죽으시지 않고 세계 만방의 사람들을 위해서 죽으셨음을 지적하기 위해 그 단어를 사용할 뿐이다.

b. 그리스도께서 모든 사람을 위해서 죽으셨다고 하는 구절들이 있다(롬 5:18; 고전 15:22; 고후 5:14; 딤전 2:4, 6; 딛 2:11; 히 2:9; 벧후 3:9).

하지만 성경에서 '모든'이라는 단어는 때로 특정 계층 전체를 가리키거나(고전 15:22; 엡 1:23), 온갖 유형의 계층들을 가리키는 데 사용된다(딛 2:11). 만약 반대론자들이 제시하는 구절들에서 그 단어를 항상 절대적인 의미로만 받아들인다면, 이 구절들 가운데 일부는 모든 사람이 사실상 구원을 받는다고 가르치는 셈인데, 하지만 제한 속죄에 대한 반대론자들 자신들도 이러한 생각을 믿지 않는다(참조. 롬 5:18; 고전 15:22; 히 2:9; 참조. 10절).

c. 마지막으로, 복음 전파에 의해 구원이 보편적으로 제공되는 사실이 보편 속죄를 전제로 한다고 주장하는 사람들이 있다.

그들은 만약 그리스도께서 모든 사람들을 위해 죽지 않으셨다면 선한 믿음을 지닌 모든 사람에게 구원이 확대될 수 없다고 주장한다. 하지만 구원이 보편적으로 제공되었다는 말은 그리스도께서 모든 개인을 속죄하셨다는 주장을 내포하지 않는다. 더욱이 구원은 언제나 성령께서 마음에 일으키실 수 있는 신앙과 회개를 조건으로 삼는다. 오직 선택된 사람들만 그 요건들에 순응할 수 있고, 그로써 구원의 복을 받을 수 있다.

D. 현대 신학에서 다뤄지는 속죄

현대 신학에서는 속죄라는 단어의 본연의 의미가 광범위하게 부정된다. 현대 자유주의 신학은 사실상 어떤 의미에서도 속죄론을 용납하지 않는다. 자유주의 신학은 죄를 인간이 아직 극복하지 못했으나 장차 진화의 과정에서 극복하게 될 연약성 내지 불완전성으로 간주한다. 그것은 인간이 책임을 질 수 없는 불완전성이고, 죄책을 형성하지 않으며, 따라서 속죄도 필요없다는 것이 그들의 주장이다.

하지만 많은 현대 복음주의 교회들조차 사실상 속죄를 부정하는 것과 다름없는 속죄관을 옹호한다. 그들은 그리스도의 구속 사역이 죄에 대한 하나님의 진노를 진정시키고, 죄인에게 하나님의 은총을 얻어주는 목적을 수행했다는 개념을 무시한다. 그들에 따르면, 속죄는 하나님께서 죄인에게 지니신 태도에 아무런 변화도 일으키지 않았고, 다만 죄인이 하나님께 대해서 지녔던 태도에만 변화를 일으킨 셈이다. 그들이 속죄(atonement)라고 말하는 것은 사실상 화목(reconciliation)이다. 그리스도께서 죄인들에게 하나님의 큰사랑을 계시하시기 위해서, 그리고 그로써 그들의 마음에 감사의 사랑을 일깨우고, 그 깨달음이 그들로 하여금 탕자처럼 참회의 심정으로 하나님께 돌아가게 하기 위해서 고난과 죽음을 당하셨다고 그들은 주장한다.

이러한 속죄관은 분명히 성경이 그리스도의 사역에 관해서 가르친 교훈과 일치하지 않는다. 그것은 속죄를 요구하는 하나님의 공의를 무시하고, 그리스도께서 왜 죽으셔야 했는지에 대해서 적절한 해명을 제시하지 못한다.

구원론

구속 사역의 적용에 관한 교리

제1장

성령의 일반 사역

이 책의 바로 앞부분은 그리스도의 인격과 사역에 관한 논의를 다루었다. 그분의 인격과 사역에 힘입어 죄인들에게 구원의 문이 활짝 열렸고, 구원과 영생을 받아 하나님과 사귐을 누리는 데 따르는 온갖 축복이 그리스도께서 평화의 의논(the counsel of peace, 성자가 성부와 나누신 의논)에 반영하셨던 모든 사람들에게 부여된다는 것을 앞부분에서 논했다. 따라서 이제는 그리스도의 구속 사역이 성령의 특별 사역에 의해 죄인들의 마음과 생활에 적용되는 방식에 관해 논의하는 것이 자연스러운 일이다. 성령의 이 사역을 올바른 배경에 놓고 바라보기 위해서, 서론에 해당하는 장에서 성령의 일반 사역에 관해 잠시 상고할 것이다.

A. 성령께서 자연계에서 행하시는 일반 사역들

성령께서 구속 사역에서 행하시는 특별한 역사는 자연계와 인간의 삶에서 행하시는 일반 사역을 배경으로 삼아 비쳐 보는 것이 대단히 중요하다. 둘 사이에는 비슷한 점이 있지만, 아주 본질적인 차이점도 있다. 자연계에서 유기적이고 지적이고 도덕적인 모든 생명을 태어나게 하시고, 숱한 변화들 속에서 생명을 유지하시고, 그것을 발전하게 하시고 그 운명으로 인도하시는 분은 성령이시다. 그리고 성령께서 은혜 혹은 구속의 영역에서 행하시는 일도 바로 그런 것이다. 성령께서는 그리스도 예수 안에서 새 생명을 발생시키시고, 그것을 발전하도록 인도하시고, 선행으로 결실하게 하시며, 결국 정한 운명에 이르게 하신다. 하지만 둘 사이에는 본질적인 차이도 있다. 성령의 일반 사역들은 창조에 뿌리를 두고 있는 기존의 자연 및 인간 생명의 질서에 관련되며, 그 질서의 발전과 완성을 보증한다. 반면에 성령의 특별 사역은 선택된 자들에게만 직접적인 의미를 지니며, (그 설명이 창조 사역에서 발견되지 않고 다만 예수 그리스도 안에서 계시된 하나님의 은혜 안에서만 발견되는) 사물들의 새로운 질서를 시작하신다. 하지만 성령의 일반 사역 없이는 특별 사역을 위한 적절한 영역도 존재하지 않을 것이다.

B. 일반 은총

성령의 일반 사역들의 결실들 가운데는 일반 은총이 각별히 언급할 만한 가치가 있다.

1. 일반 은총이란 무엇인가?

일반 은총과 특별 은총을 구분하는 것은 하나님의 덕(德)인 은총에 적용되지 않고, 다만 하나님의 자비로운 사역들과 이 사역들이 자연과 인간의 삶에 끼치는 영향들에 적용된다. 일반 은총에 관해서 말할 때 우리가 염두에 두는 것은 다음 두 가지 중 하나이다. (a) 성령께서 인간의 마음을 새롭게 하시지 않은 채 인간에게 도덕적으로 감화시켜 죄를 억제하시고, 사회 생활에서 질서를 유지하시고, 시민 사회의 의를 증진케 하실 때 발휘하시는 일반 사역들: 혹은 (b) 하나님께서 모든 인간에게 차별 없이 기뻐하시는 분량만큼 부여하시는 일반적인 축복들.

아르미니우스주의자들은 일반 은총이 인간으로 하여금 일정 분량의 영적 선행을 수행할 수 있게 하며, 진심의 회개로 하나님께 돌이킬 수 있게 한다고 믿는다. 그리고 일반 은총이 심지어 인간으로 하여금 믿음으로 예수 그리스도를 받아들이도록 자극하며, 인간이 완고하게 그 사역을 거부하기 전에는 그 목표를 완수할 것이라고 믿는다. 하지만 이것은 성경과 무관한 견해이다. 일반 은총은 죄인으로 하여금 영적인 선행을 할 수 있는 능력도 주지 못하고, 신앙과 회개로써 하나님께 돌이킬 수 있는 능력도 주지 못한다. 인간의 전적 부패를 제거하기에도 충분하지 못하며, 인간을 영적 쇄신의 길로 인도하기에도 충분하지 못하다.

일반 은총과 특별 은총 사이의 다음과 같은 차이점들을 주의 깊게 살펴봐야 한다. (a) 전자가 인간의 마음에 아무런 영적 변화도 일으키지 않는 반면에, 후자는 그런 변화를 일으킨다. (b) 전자가 인간들로 하여금 진리를 받아들이고, 의지에 동기를 불어넣고, 인간의 자연적 욕구에 호소함으로써 합리적이고 도덕적인 방식으로 작용하는 반면에, 후자는 인간의 본성 전체를 쇄신시키고 영적 열매를 맺게 함으로써 영적이고 창조적인 방식으로 작용한다. 그리고 (c) 전자가 거역할 수 있고 항상 다소간에 거역되는 데 반해, 후자는 인간을 근본적으로 변화시켜서 자의로 그 사역에 순복하게 하기 때문에 불가항력적이다.

2. 일반 은총과 그리스도의 속죄 사역

그리스도께서는 속죄 사역에 의해서 특별 은총(은혜)의 복들을 끼치셨다. 그렇다면 과연 그분이 제사적 죽음에 의해서, 모든 사람들에게 부여되고 따라서 회개하지 않고 유기된 사람들에게도 부여되는 일반 은총의 복들도 끼치셨을까? 만약 그렇지 않다면 하나님께서, 모든 것을 상실하고 그리스도의 의에 참여하지 못하는 사람들에게 은혜를 확대하시고 호의를 베푸시는 법적 근거가 무엇인가?

그런데 다음과 같은 사실에 비추어 볼 때 그러한 근거가 필요하지 않을 것같다. (a) 일반 은총은 죄책을 제거하지 못하며, 따라서 죄의 용서도 전달하지 못한다. (b) 일반 은총은 정죄의 선고를 제거하지 못하고, 다만 그 집행을 연기할 뿐이다. 아마 하나님께서 죄에 대해 진노를 쏟으시기를 유예하기를 기뻐하시는 뜻이 일반 은총의 축복들의 존재 이유를 충분히 설명해 주는 듯하다.

하지만 이러한 축복들조차 어떤 식으로든 그리스도의 죽음과 틀림없이 연관되어 있을 가능성이 없다고 할 수 없다. 이것은 반드시, 그리스도께서 회개하지 않고 유기된 자들에게 이러한 축복들을 끼치셨다는 뜻이 아니라,

다만 그리스도의 죽음으로부터 중요한 유익들이 온 인류에게 발생한다는 것과, 이 유익들에 믿지 않은 자들, 회개하지 않은 자들, 유기된 자들도 참여한다는 것을 뜻할 뿐이다. 그리스도의 속죄 사역으로부터 간접적으로 나온 이러한 일반적인 축복들은 물론 하나님께서 이미 예견하신 것일 뿐 아니라, 온 인류에게 베푸시는 축복으로 계획하신 것이었다.

3. 일반 은총이 작용할 때 사용되는 방법들

일반 은총이 작용할 때 사용되는 방법들은 다음과 같다:

a. 하나님의 계시의 빛

이것은 근본적인 방법이다. 이것이 없다면 다른 모든 방법들은 불가능하고 아무런 효과도 발휘하지 못할 것이기 때문이다. 우리가 주로 염두에 두는 것은 자연에 나타난 하나님의 일반 계시의 빛, 즉 모든 사람을 비추며, 자연인의 양심을 지도하는 역할을 하는 빛이다. 좀더 제한된 의미에서 일반 은총은 하나님의 특별 계시의 빛과 관련해서도 작용한다.

b. 정부

우리의 벨기에 신앙고백(Belgic Confession)은 하나님께서 정부들을 세우신 목적은 악한 경향들과 "인간의 방탕함"을 억제하고, 인간들 사이에 "선한 질서와 예의 범절"을 증진시키는 데 있다고 가르친다.

c. 여론.

자연에 비치는 하나님의 빛은 특히 특별 계시의 빛에 의해 강화될 때 하나님의 율법과 조화를 이루는 여론을 조성하는 결과를 낸다. 이렇게 형성된 여론은 여론의 판단에 매우 민감한 사람들의 품행에 대단한 영향력을 행사한다.

d. 하나님의 벌과 상

하나님께서는 이생에서라도 사람들의 죄악을 벌하시며, 외적으로 율법을 준수하는 행위에는 상을 내리신다. 이 벌은 죄를 단념하게 하는 효과를 내며, 상은 선행을 자극하는 역할을 한다. 이처럼 세상에 있는 도덕적인 선은 크게 권장된다.

4. 일반 은총의 효과

a. 형 집행의 유예

하나님께서 진작에 죄인에게 즉각 사형을 집행하지 않으시고, 지금도 그렇게 하지 않으시고, 인간의 자연적 생명을 보존하시고 연기하시며 그에게 회개할 시간을 주시는 이유는 일반 은총 때문이다.

b. 죄의 억제

일반 은총의 작용을 통해서 개인들과 사회의 삶에서 죄가 억제된다. 인류의 삶에 들어온 부패의 요소가 파괴 활동을 실행하는 것이 현재로서는 허용되지 않는다.

c. 진리, 도덕성, 종교에 관한 의식

일반 은총에 힘입어 인간은 여전히 어느 정도는 참된 것과 선한 것과 아름다운 것에 대한 의식을 지니고 있고, 이런 것들을 어느 정도 식별하며, 진리와 외적 도덕성, 심지어는 특정 형태의 종교에 대한 욕구까지도 드러낸다.

d. 시민적 의

일반 은총은 인간으로 하여금 흔히 시민적 의 혹은 자연적 선이라고 부르는 것, 즉 외적으로 하나님의 율법과 일치하는 행위들을 행할 능력을 준다. 물론 이 능력에는 진정한 영적 능력이 완전히 결핍되어 있긴 하지만 말이다.

e. 자연적 축복

인간은 일반 은총에 힘입어 현세에서 받는 모든 자연적 축복들을 누린다. 비록 그는 모든 것을 박탈당했으나, 하루하루 살아가면서 하나님의 선하심의 증표들을 풍성하게 받는다.

5. 일반 은총에 대한 성경적 증거

몇몇 성경 구절들은 성령께서 인간에게 행하시는 어떤 역사가 회개로 이끌지 않고 결국 중단되는 일도 있음을 분명하게 암시한다(창 6:3; 사 63:10; 행 7:51; 삼상 16:14; 히 6:4-6; 시 81:12; 롬 1:24, 26, 28). 다른 구절들은 하나님께서 다양한 방식으로 죄를 억제하신다는 사실을 가리킨다(창 20:6; 31:7; 욥 1:12; 2:6; 왕하 19:27, 28; 롬 13:1-4). 또 다른 구절들은 거듭나지 않은 사람들이 선하고 옳은 일을 하는 것으로 묘사한다(왕하 10:29, 30; 12:2; 14:3; 눅 6:33; 롬 2:14). 그리고 마지막으로 하나님께서 모든 인간에게 차별 없이, 조건 없이 복을 부어주심을 가리키는 구절들이 있다(창 17:20; 39:5; 시 145:9, 15, 16; 마 5:44, 45; 눅 6:35, 36; 행 14:16, 17; 딤전 4:10).

제2장

부르심과 중생

A. 구원의 순서에 관한 일반적 언급

우리는 구원의 순서, 즉 성령께서 구속 사역을 인간의 마음과 삶에 적용하시는 일의 순서에 관한 논의를 부르심(소명)과 중생에 관한 연구로써 시작한다. 이것은 인간이 협력하지 않고, 그리고 구속이 오로지 하나님의 일로만 뚜렷이 나타나는 하나님의 구속 사역들을 출발점으로 삼겠다는 뜻이다. 이렇게 함으로써 우리는 인간이 아닌 하나님께서 구속의 과정을 시작하신다는 사실과, 구원이 오로지 신적 은혜의 사역이며, 우리가 예수 그리스도와 연합함으로써만 참여하게 되는 사역으로서, 우리는 중생의 사역에 의해 그분과 연합하게 된다는 사실을 분명히 인정한다.

루터교도들과 아르미니우스주의자들 같은 다른 많은 사람들은 출발점을 인간에게 두며, 구원의 순서에 관한 논의를 구원적 신앙에 관한 논의로써 시작한다. 이것은 구원적 신앙을 좀더 구체적으로 인간의 행위로 간주하고, 이 행위로써 인간이 그리스도께서 이루신 구원의 복을 자기 것으로 삼는다고 생각한 결과이다. 그들은 성령께서 구속 사역을 적용하시는 일에 관해서는 언급하지 않고, 다만 인간이 그것을 자기 것으로 삼는 일만 언급한다. 그리고 이렇게 자기 것을 삼는 과정에서 모든 것이 인간의 신앙 행위에 좌우되게 만든다. 심지어 인간이 중생하는 것도 신앙에 의해서라고 한다.

이러한 견해는 인간에게 자유 의지가 있다는 그들의 견해와 분명히 잘 들어맞는다. 하지만 우리는 하나님을 구원의 주체이자 모든 구속 행위의 주된 원인으로 높이는 한편, 인간이 중생한 뒤에 신앙으로 구원의 복들을 자기 것으로 삼는다는 사실과, 회개와 성화 같은 일부 구속 행위들에는 성령과 협력한다는 사실을 간과하지 않는다.

B. 부르심

부르심(calling, 소명) 일반에 관해서 말할 때 우리가 염두에 두는 것은 하나님께서 죄인들에게 그리스도 예수 안에서 베푸시는 구원을 받으라고 권하시는 자비로운 행위이다. 그것은 삼위 하나님이 하시는 일이며, 따라서 성부의 일로도 언급되고(고전 1:9; 살전 2:12; 벧전 5:10), 성자의 일로도 언급되며(마 11:28; 눅 5:32; 요 7:37; 롬 1:6〈KJV〉), 성령의 일로도 언급된다(마 10:20; 요 15:6; 행 5:31, 32).

이 부르심은 외적일 수도 있고, 내적일 수도 있다. 외적 부르심과 내적 부르심 모두 하나님께서 하시는 일로서, 성령께서 두 일에 모두 역사하시며, 두 일에 모두 하나님의 말씀이 도구로 사용된다. 그럴지라도 외적 부르심과 내적 부르심에는 중요한 차이가 있다. 외적 부르심은 말씀을 듣는 모든 사람들에게 오는 반면에, 내적 부르심은 선택된 사람들에게만 온다. 성령의 특별 사역이 없는 외적 부르심은 자연적 삶에만 영향을 끼치는 반면에, 내적 부르심은 내적 혹은 영적 삶에 영향을 끼친다. 내적 부르심은 외적 부르심을 구원에 이르는 효과가 있게 만든다.

1. 외적 부르심

성경이 외적 부르심에 관해서 말하는 곳은 대사명(마 28:19; 막 16:15)과, 더러는 부름을 받고 더러는 부름을 받지 못한다고 말하는 구절들(마 22:2-14; 눅 14:16-24), 복음이 배척되는 상황에 관해 언급하는 구절들(요 3:36; 행 13:46; 살후 1:8), 그리고 불신앙의 두려운 죄에 관해 언급하는 구절들(마 10:15; 11:21-24; 요 5:40; 16:8, 9; 요일 5:10)이다. 외적 부르심이란 죄인들에게 죄 사함과 영생을 얻기 위해서 믿음으로 그리스도를 영접하라고 진지하게 권하면서, 그리스도 안에 있는 구원을 소개하고 전달하는 것이다.

a. 외적 부르심의 구성 요소들.

위에 소개한 외적 부르심의 정의에서 외적 부르심이 세 가지 요소로 구성된다는 것을 알 수 있다. (1) **복음의 사실과 사상을 전달하는 행위**. 예수 그리스도 안에 계시된 구속의 길이 모든 상황에서 분명하게 제시되어야 한다. (2) **믿음과 회개로써 그리스도를 영접하라는 권유**. 구원의 길을 전할 때는 진실한 권유로 해야 하며, 심지어 회개하고 믿으라는 엄숙한 명령이 따라야 한다(요 6:28, 29; 행 19:4; 고후 5:11, 20). (3) **사죄와 구원의 약속**. 하지만 이 약속은 절대적이지 않고 항상 조건적이다. 참된 믿음과 회개 없이는 아무도 이 약속이 성취될 것을 기대할 수 없다.

b. 외적 부르심의 특성들

외적 부르심은 두 가지 특성을 지닌다. (1) **외적 부르심은 일반적 혹은 보편적이다.** 이 말은 외적 부르심이 실제로 모든 인간에게 온다는, 혹은 과거에 모든 인간에게 왔다는 뜻이 아니라, 복음이 전파되는 사람에게는 누구에게나 차별 없이 온다는 뜻이다. 그것은 어느 시대나 민족 혹은 계층에게 국한되지 않는다. 외적 부르심은 의로운 자들과 악한 자들, 선택된 자들과 유기된 자들 모두에게 온다. 외적 부르심의 이러한 일반적 성격은 다음 구절들에 잘 나타난다: 욜 2:32; 시 86:5; 사 55:1; 마 11:28; 계 22:17. 이것이 선택된 자들에게만 국한되지 않는다는 점은 잠언 1:24-26; 에스겔 3:19; 마태복음 22:2-8, 14; 누가복음 14:16-24에 잘 나타난다.

(2) **외적 부르심에는 진지한 의도가 담겨 있다.** 하나님께서 복음을 통해서 죄인을 부르실 때는 그를 선한 믿음으로 부르시며, 그가 예수 그리스도를 믿으라는 권유를 받아들이기를 진심으로 원하신다. 그리고 회개하고 믿는 사람에게 영생을 약속하실 때, 그 약속은 신뢰할 만한 약속이다. 이것은 하나님의 본성 자체에서, 즉 하나님의 진실성과 신뢰성에서 나오며, 다음 성경 구절들에 잘 나타나 있다: 민 23:19; 시 81:13-16; 잠 1:24; 사

1:18-20; 겔 18:23, 32; 33:11; 마 21:37; 딤후 2:13.

c. 외적 부르심의 의의

하나님은 외적 부르심을 쓰셔서 죄인에게 끊임없이 자신의 권리를 주장하신다. 하나님은 인간의 섬김을 받으실 권리가 있으시며, 인간이 타락했을지라도 이 권리를 견지하시며, 율법과 복음으로써 이 권리를 주장하신다. 인간은 복음의 부름을 받아들여야 할 의무가 있다. 만약 받아들이지 않으면 하나님의 권리 주장을 경시하는 것이고, 그로써 죄책을 가중시킨다. 외적 부르심은 하나님께서 세상 모든 민족들로부터 선택된 자들을 불러모으기 위해 정하신 방법이다(롬 10:14-17).

더욱이 외적 부르심은 하나님의 거룩하심과 선하심과 자비의 계시이다. 하나님은 거룩하시기 때문에 모든 곳의 죄인들에게 죄를 버리라고 요구하시고, 선하시고 자비로우시기 때문에 죄인들에게 자멸의 길을 걷지 말라고 경고하시고, 사형 언도의 집행을 유예하시며, 그들에게 구원을 제시하심으로써 복을 베푸신다. 이 자비로운 부르심은 죄인들을 위한 복으로 묘사된다(시 81:13; 잠 1:24; 겔 3:18, 19; 18:23, 32; 33:11; 암 8:11; 마 11:20-24; 23:37).

마지막으로, 외적 부르심은 하나님께서 죄인들을 정죄하시는 일이 정당함을 입증하는 역할도 한다. 만약 죄인들이 하나님의 오래 참으심을 멸시하고 자비로운 구원의 초대를 거절한다면, 그들의 부패와 죄책의 중대함과, 그들을 정죄하시는 하나님의 공의가 극명하게 드러나는 셈이다.

2. 내적 부르심 혹은 효과적 부르심

하나님께로서 죄인들에게 임하는 부르심은 비록 우리가 그것을 외적 부르심과 내적 부르심으로 구분해서 말할지라도 사실상 하나이다. 성령의 사역을 통해서 외적 부르심이 내적 부르심으로 귀결되고, 내적 부르심 안에서 효과를 발휘한다. 외적 부르심과 내적 부르심이 하나라는 사실은 루터교도들의 주장처럼 내적 부르심이 항상 말씀 선포를 동반한다는 뜻은 아니다. 오히려 그것은 내적 부르심이 항상 말씀 선포를 매개로 하여 이루어진다는 뜻이다. 외적 부르심으로써 들려진 동일한 말씀이 죄인의 마음에서 성령의 역사를 통해 내적 부르심으로써 효과 있게 된다.

내적 부르심에는 몇 가지 특징이 있다. (a) 내적 부르심은 하나님 말씀에 의한 부르심으로서, 이 부르심은 성령의 사역에 의해서 구원의 목적으로 적용된다(고전 1:23, 24). (b) 내적 부르심은 강력한 부르심, 즉 구원에 이르는 효과를 내는 부르심이다(행 13:48; 고전 1:23, 24), (c) 내적 부르심은 후회함이 없는 부르심이다. 따라서 변하는 일이나 취소되는 일이 생기지 않는다(롬 11:29). 내적 부르심을 받는 사람은 반드시 구원을 받는다. 이 부르심과 관련하여 다음 몇 가지 점을 눈여겨볼 필요가 있다.

a. 내적 부르심은 도덕적 설득의 방법으로 작용한다.

성령께서는 내적으로 부르실 때 말씀을 통해서 역사하시되, 창조적 방법으로 하시지 않고, 설득의 방법으로 하신다. 하나님께서는 때로 말씀을 통해서 창조적으로 역사하시지만(창 1:3; 시 33:6; 시 147:15), 이런 경우들에 언급되는 말씀은 하나님의 권능의 말씀이지, 죄인을 부르시는 데 도구가 되는 전도의 말씀은 아니다. 성령께서는 말씀 전파를 통해서 일하시되, 그 설득을 효과있게 만드셔서 인간이 자기 하나님의 음성을 듣게 하신다.

b. 내적 부르심은 인간의 의식(意識) 안에서 작용한다.

만약 전도의 말이 창조적으로 작용하지 않고 다만 도덕적이고 설득적인 방법으로 작용한다면, 그 말은 인간의 의식, 즉 정신 생활에서만 작용할 수 있다는 결론이 따른다. 내적 부르심은 성령에 의해 조명을 받은 오성(悟性, understanding)에게 말하며, 오성을 통해서 의지에 효과적으로 영향을 주며, 그로써 죄인이 하나님께 돌이키게 한다.

c. 내적 부르심은 언제나 한 가지 목표를 지향한다.

내적 부르심은 언제나 한 가지 확실한 목표, 즉 성령께서 선택된 자들을 인도하시는 구원을 지향하며, 따라서 이 최종 목표의 과정에 자리잡고 있는 중간 단계들을 지향한다. 내적 부르심은 예수 그리스도와의 사귐에 들어가게 하는 부르심이고(고전 1:9), 축복을 유업으로 받으며(벧전 3: 9), 자유(갈 5:13), 화평(고전 7:15), 거룩함(살전 4:7), 하나의 소망(엡 4:4), 영생(딤전 6:12), 그리고 하나님의 나라와 영광(살전 2:12)에 이르게 하는 부르심이다.

C. 중생

하나님의 부르심과 중생은 서로 대단히 밀접한 관계를 맺고 있다.

1. '중생'이란 단어의 의미

'중생'(重生, 거듭남)이란 단어는 항상 같은 의미로만 쓰이지는 않는다. 칼빈은 이 단어를 매우 포괄적인 의미로 사용하여, 심지어 회심과 성화까지 포함하는 인간의 갱신 과정 전체를 가리켰다. 개혁교회의 표준적 신앙고백들에서는 이 단어가 신생(新生)과 회심으로 이루어지는 갱신의 시작을 가리키는 데 사용된다. 오늘날은 이 단어가 훨씬 더 좁은 의미로 사용되어서, 죄인에게 새로운 영적 생명을 부여하고, 새 생명의 원리가 최초로 작용하게 만드는 신적 행위를 가리킨다. 때로 이 단어는 훨씬 더 제한된 의미로 사용되어서, 새 생명의 증거들이 최초로 나타나는 것과 무관하게, 영혼에 새 생명이 심겨지는 것을 가리킨다. 중생이 이런 의미로 사용될 때는 새 생명의 원리를 인간 안에 심어주시고, 영혼의 지배적 성향을 거룩하게 만들어 주시는 하나님의 일로 정의할 수 있다.

2. 중생의 본질적 성격

다음과 같은 특징들은 중생의 본질적 성격을 가리킨다.

a. 중생은 근본적 변화이다.

중생은 새로운 영적 생명의 원리가 인간 생명 안에 심겨지고, 영혼의 지배적 성향이 근본적으로 변화하는 것이다. 원리상 중생은 전인(全人)에게

영향을 미친다: 지성(고전 2:14, 15; 고후 4:6; 엡 1:18; 골 3:10); 의지 (빌 2:13; 살후 3:5; 히 13:21); 정서(시 42:1, 2; 마 5:4; 벧전 1:8).

b. 중생은 순간적인 변화이다.

중생이 순간적인 변화라는 주장에는 두 가지 사항이 내포되어 있다. (1) 중생은 영혼에 점진적으로 준비되는 사역이 아니다. 생명과 죽음 사이에는 중간 단계가 없다. (2) 중생은 성화와 같이 점진적 과정이 아니라 한 순간 에 완료된다.

c. 중생은 잠재 의식에서 발생하는 변화이다.

중생은 은밀하고도 불가해한 하나님의 사역으로서, 인간이 직접 파악할 수 없고, 다만 그 결과들을 가지고 파악할 수 있다. 물론 중생과 회심이 동 시에 발생하는 경우에는 자연히 인간이 변화를 직접 의식할 수 있다.

3. 부르심[소명]과 중생의 관련 순서

부르심과 중생의 순서는 다음과 같이 말하는 것이 최선이다. ① 말씀 전 파 안에서 이루어지는 외적 부르심이— 어린이들의 경우를 제외하자면— 새 생명을 일으키시는 성령의 역사보다 앞서거나 동시에 발생한다. ② 외 적 부르심이 있은 뒤 하나님은 창조적 행위로써 새 생명을 일으키심으로 써 영혼의 내적 성향을 변화시키신다. 이것이 제한된 의미에서의 중생이 다. ③ 이 과정에서 인간에게는 구원으로 부르시는 하나님의 내적 부르심 을 들을 수 있는 영적 귀가 이식된다. 영적 귀를 받은 뒤에는 하나님의 [내적] 부르심이 마음에 효과적으로 전달되며, 그로써 인간은 듣고 순종한 다. ④ 이 효과적 부르심이 마침내 영혼에 태어난 새로운 성향을 처음으로 거룩하게 발휘되도록 만든다. 새 생명은 자체를 나타내기 시작하며, 신생 (新生)으로 귀결된다. 이것이 광범위한 의미에서의 중생으로서, 중생이 회 심으로 전환되는 시점을 표시한다.

4. 중생의 필요성

성경은 중생의 필요성에 관해서 모호하게 알도록 내버려두지 않고, 아주 분명한 용어들로 그것을 가르친다(요 3:3, 5, 7; 고전 2:14; 갈 6:15; 참조. 렘 13:23: 롬 3:11; 엡 2:3). 이 필요성은 또한 인간의 죄악된 상태로 말미암는다. 성결, 즉 하나님의 율법을 준행하는 것이 하나님의 호의를 얻고, 양심의 평화를 유지하고, 하나님과의 교제를 맛보기 위한 필수적인 조건이다(히 12:14). 그런데 인간의 자연적 조건은 그토록 필수 불가결한 성결과 정반대이다. 따라서 영혼의 성향 전체가 변화되는 근본적인 내적 변화가 필요하다.

5. 중생의 도구로 사용되는 하나님의 말씀.

다음과 같은 질문이 종종 제기된다. 말씀 곧 전도의 말이 제한된 의미에서의 중생에서 새 생명이 심어지는 일에 도구로 쓰이는가? 중생은 하나님의 창조적 행위이고, 복음의 말은 도덕적이고 설득적인 방법으로밖에 작용할 수 없기 때문에, 말씀이 인간에게 새 생명이 심어지는 일에 도구로 쓰일 수가 없는 듯하다. 그러한 도구는 여전히 죄 안에서 죽어 있는 사람들에게 아무런 영적 효과가 없다. 말씀이 중생의 도구로 쓰인다는 주장에는 사람이 영적으로 죽어 있음을 부정하는 의미가 담겨 있을 수 있다. 물론 그 주장을 하는 사람은 그런 의도로 말하지 않았겠지만 말이다.

더욱이 중생은 잠재 의식 영역에서 발생하는 반면에, 진리는 인간의 의식에 전달된다. 그리고 마지막으로, 성경은 인간이 성령의 특별 사역에 의해서만 진리를 이해할 수 있다고 분명히 가르친다(행 16:14; 고전 2:12-15; 엡 1:17-20). 어떤 사람들은 야고보서 1:18과 베드로전서 1:23이 중생에 말씀이 도구로 사용됨을 입증한다고 주장한다. 하지만 분명한 것은 야고보가 말하는 것은 광범위한 의미의 중생이며, 따라서 신생 혹은 신생의 첫번째 증거들을 포함해서 말하는 것이며, 베드로의 경우도 이와 같을 가능성이 크다. 그리고 좀더 포괄적인 의미에서 볼 때, 중생은 당연히 말씀을 도구로 삼아서 발생한다.

6. 중생은 오직 하나님께서 하시는 일

하나님께서는 중생의 창시자이시다. 성경은 중생을 성령의 직접적이고 독점적인 사역이라고 가르친다(겔 11:19; 요 1:13; 행 16:14; 롬 9:16; 빌 2:13). 이것은 중생에서 하나님만 일하시며, 이 일에는 죄인의 협력이 조금도 개입되지 않는다. 아르미니우스주의자들은 이 견해에 동의하지 않는다. 그들은 중생 사역에서 하나님과 인간의 협력을 말한다. 인간의 영적 갱신이란 사실상 인간이 진리를 도구로 발휘되는 신적 감화에 협력하기로 결정한 결실이라고 그들은 주장한다. 엄격히 말하자면, 그들은 인간의 사역을 하나님의 사역에 앞세운다. 인간이 성령의 감화를 거절할 수도 있지만, 받아들일 수도 있다고 한다.

7. 세례 시의 중생

로마 교회에 따르면, 중생은 영적 갱신을 포함할 뿐 아니라 칭의 곧 죄 사함도 포함하며, 세례에 의해서 초래된다고 한다. 성공회의 유력한 집단도 이 점에 관해서 로마 교회의 주장에 동의한다. 심지어 많은 루터교 학자들도 일종의 세례 시 중생을 가르친다. 비록 어떤 루터교 학자들은 이것은 영적 갱신을 내포하지 않고, 다만 세례 받은 사람을 교회와 새로운 관계에 두는 역할을 할 뿐이라고 주장하지만 말이다. 이 교파들은 모두 중생의 복을 다시 상실할 수도 있다고 가르친다.

제3장

회심

A. 회심에 대한 성경의 용어

성경은 회심(conversion)을 가리키기 위해서 여러 용어를 사용한다.

1. 구약성경에서

구약성경은 회심에 관해서 두 단어를 사용하는데, 각 단어가 회심의 구체적인 요소를 가리킨다. 한 단어(니캄)는 종종 계획과 행동의 변화가 따르는 뉘우침으로 '회개하다'(repent)라는 뜻이고, 다른 단어(슈브)는 '돌아서다', 특히 떠난 뒤에 '돌아오다'라는 뜻이다. 선지서들에서 이 단어는 이스라엘이 여호와를 떠났다가 다시 돌아오는 것을 가리킨다. 이것이 회심의 아주 중요한 측면이다.

2. 신약성경에서

신약성경에는 회심에 해당하는 세 가지 중요한 단어가 있다. 가장 빈번하게 나오는 단어(메타노에오, 메타노이아)는 주로 '마음(정신)의 변화'를 가리킨다. 하지만 이 변화를 오로지 지적인 변화로만 이해해서는 안 되고, 도덕적 변화로도 이해해야 한다. 인간은 정신과 양심이 다 오염되어 있는데(딛 1:15), 정신이 변하면 새로운 지식을 받아들일 뿐 아니라 의식의 방향과 도덕적 특성도 변화하게 마련이다. 다음으로 중요한 단어(에피스트레포, 에피스트로페)는 '선회하다' 혹은 '돌아서다'라는 뜻이다. 이 단어는 과거와 다른 방향으로 적극적인 삶을 살아가는 사실을 강조하며, 그로써 회심의 최종 행위를 가리킨다. 첫째 단어가 회개의 요소를 강조한다면(물론 항상 신앙의 요소를 배제하지는 않은 채), 둘째 단어는 항상 두 가지 요소를 다 포함한다. 셋째 단어(메타멜로마이)는 신약성경에 다섯 번밖에 나오지 않으며, 문자적으로는 '후에 어떤 사람에게 걱정거리가 되다' 라는 뜻이다. 이 단어는 회개의 요소를 강조하지만, 이것이 항상 참된 회개만은 아니라는 점은 유다의 후회에도 사용된다는 사실을 볼 때 자명하다(마 27:3). 이 단어에서 가장 중요한 것은 정서적 요소이다.

B. 회심의 성경적 의미

성경의 회심 교리는 단순히 그 용어들이 사용되는 구절들을 토대로 삼을 뿐 아니라, 회심을 생생한 사례들로써 묘사하거나 구체적으로 표현하는 다른 많은 구절들도 토대로 삼는다. 성경은 항상 회심을 같은 뜻으로만 말하지 않는다.

1. 민족의 회심

성경은 민족적 회심을 반복해서 언급한다. 사사 시대의 이스라엘의 회심, 열왕 시대의 유다의 회심, 니느웨 사람들의 회심(욘 3:10)이 그 예들이다.

2. 일시적 회심

성경은 아울러 마음의 변화가 실리지 않고, 일시적인 의미만 갖고 있는 회심에 관해서도 말한다(마 13:20, 21; 행 8:9 이하; 딤전 1:19, 20; 딤후 2:18; 4:10; 히 6:4, 5). 이러한 회심도 한동안은 참된 회개의 모든 외양을 지닐 수 있다.

3. 참된 회심

성경은 참된 회심의 사례들을 많이 싣고 있다. 예를 들면 나아만(왕하 5:15), 므낫세(대하 33:12, 13), 삭개오(눅 19:8, 9), 소경으로 태어난 사람(요 9:38), 사마리아 여인(요 4:29, 39), 에디오피아 내시(행 8:30 이하), 고넬료(행 10:44 이하), 바울(행 9:5 이하), 루디아(행 16:14)가 그런 사례들이다. 이 회심은 중생 사역의 외적 표현이거나, 중생으로 인해 죄인의 의식에 발생한 변화이다.

참된 회심에는 두 가지 면이 있는데, 한 가지는 능동적이고, 다른 한 가지는 수동적이다. 능동적인 면에서의 회심은 하나님께서 인간의 삶에서 의식의 방향을 바꾸어 놓으시는 변화로 간주된다. 수동적인 면에서의 회심은 하나님이 일으켜 놓으신 이러한 변화의 결과로서, 인간이 삶의 노선을 바꾸어 하나님께로 돌아가는 행위로 간주된다. 능동적 회심의 관점에서 볼 때, 회심이란 하나님께서 중생한 사람들의 의식에 변화를 일으켜서 믿고 회개하기 위해 하나님께 돌이키도록 하시는 행위로 정의할 수 있다.

4. 반복되는 회심

중생은 새 생명을 심는 것이기 때문에 반복될 수 없다. 회심도 엄격한 의미에서 반복될 수 없다. 왜냐하면 중생으로 나타난 변화가 인간 의식에 처음으로 표출되는 결과이기 때문이다. 하지만 회심이 반복된다고도 말할 수 있다. 새 생명의 활동은 현세적 태도, 부주의한 태도, 무관심 때문에 퇴보할 수 있으며, 그럴 때는 다시금 불러내어 새롭게 할 수 있기 때문이다. 성경은 누가복음 22:32; 요한계시록 2:5, 16, 21, 22; 3:3, 19에서 이렇게 반복되는 회심을 말한다.

C. 회심의 요소들

앞의 내용에서 회심이 두 가지 요소, 즉 회개와 신앙으로 이루어진다는 것이 이미 나타났다. 물론 회개는 과거와 관계가 있고, 신앙은 미래와 관계가 있으며, 회개는 성화와 직결되고, 신앙은 비록 절대적이지는 않지만 특히 칭의와 관계가 있다. 신앙은 별개의 장에서 논의할 것이므로, 여기서는 논의를 회개로 제한한다.

1. 회개의 요소들

회개에는 세 가지 요소가 있다. (a) 지적 요소. 이것은 과거의 삶을 죄책과 오염과 절망으로 얼룩진 죄의 삶으로 인식하는 관점의 변화이다. 이것이 성경이 말하는 죄에 관한 지식이다(롬 3:20). (b) 정서적 요소. 이것은 사실상 감정의 변화로서, 자신이 거룩하시고 공의로우신 하나님께 죄를 범한 데 대해서 슬픔을 느끼는 것이다. 만약 이것이 진정한 삶의 변화로 귀결된다면, 이것을 가리켜 거룩한 슬픔이라고 한다(고후 7:9, 10). (c) 의지적 요소. 이것은 목적이 바뀌고, 마음으로부터 죄를 버리고, 용서와 정결을 구하는 심정을 품는 것이다(행 2:38; 롬 2:4). 이것이 회개의 가장 중요한 요소이다.

2. 로마 가톨릭 교회의 회개관

로마 교회는 회개 개념을 전적으로 고해성사로 형식화했다. 고해성사는 특히 세 가지 요소를 지닌다. (a) 통회(Contrition). 이것은 죄를 진심으로 슬퍼하되, 타고난 죄가 아닌 개인적 허물을 슬퍼하는 것이다. 하지만 이것 대신에 하등통회(attrition)로도 충분할 수 있다. 이것은 사실상 죄 짓고 벌받을 것을 두려워하는 것에 다름 아니다. (b) 고백(Confession). 이것은 고해성사에서 사제에게 하는 고백으로서, 사제는 참회자가 만족한 고백을 할 때 하나님이 참회자의 죄를 용서할 뿐만 아니라 실제로 자신도 그 죄를 사한다고 선언한다. (c) 보속(Satisfaction). 이것은 죄인의 행동의 회개, 즉 고통스러운 어떤 것을 견디거나, 어렵고 혹은 내키지 않는 의무를 수행하는 것이다.

3. 성경적 회개관

성경적 회개관은 로마 가톨릭 교회의 외적 회개관과 사뭇 다르다. 성경은 회개를 전적으로 내적 행위로, 즉 죄 때문에 통회하고 슬퍼하는 행위로 간주한다. 회개를 그로 나타나는 삶의 변화와 혼동하지 않고, 자백과 악행을 고치는 일을 회개의 결실로 간주한다. 더욱이 성경은 참된 신앙에는 항상 참된 회개가 따르게 마련이라고 인식한다. 그 둘은 나란히 진행하며, 인간 안에서 발생한 동일한 변화의 다른 측면들일 뿐이다.

D. 회심의 특징들

다음과 같은 특징들을 눈여겨봐야 한다.

1. 회심은 칭의처럼 하나님의 법적 행위가 아니라, 중생처럼 도덕적 혹은 재창조적 행위이다. 이것이 변화시키는 것은 인간의 신분(state)이 아니라 상태(condition)이다.

2. 회심은 중생처럼 잠재 의식에 발생하지 않고, 인간의 의식에 발생한다. 이것은 중생 안에서 시작된다고 말할 수 있고 따라서 의식 밑의 영역에서 시작한다고 말할 수 있지만, 하나의 완성된 행위로서는 틀림없이 의식 생활의 영역에서 나타난다.

3. 회심은 원리상 옛 사람을 벗어버리는 것일 뿐 아니라 새 사람을 입는 것이기도 하다. 죄인은 의식적으로 과거의 죄악된 생활을 버리고 하나님과 사귐을 갖고 하나님께 자신을 드리는 생활로 돌아선다.

4. '회심'이라는 단어를 구체적인 의미로 받아들이자면, 그것은 성화처럼 점진적 과정이 아닌 순간적 변화를 가리킨다. 그것은 한 번 발생하고 다시 반복되지 않는다. 하지만 약간 다른 의미로는 반복되는 회심을 말할 수 있다.

E. 회심의 창시자

하나님만 회심의 창시자라고 할 수 있다. 이것이 성경의 명백한 가르침이다(행 11:18; 딤후 2:25). 회심에는 성령의 직접적인 행위가 있다. 중생한 사람의 새 생명은 그가 원래 갖고 있던 능력으로 행하는 의식적 행위로써 발휘되지 않고, 오직 성령의 조명하시고 결실하게 하시는 감화를 통해서 발휘된다(요 6:44; 빌 2:13). 하지만 그 외에도 하나님의 말씀을 통한 간접 사역도 있다. 일반적으로는 하나님께서 율법을 쓰셔서 회개를 일으키시고(시 19:7; 롬 3:20), 복음을 쓰셔서 신앙을 일으키신다고 말할 수 있다(롬 10:17; 고후 5:11).

하지만 중생의 경우에는 하나님께서 홀로 일하시고 인간은 철저히 수동적으로 남지만, 회심의 경우에는 인간이 하나님과 협력한다. 회심의 경우에 인간이 능동적인 역할을 한다는 것은 다음과 같은 구절들에서 분명하게 나타난다: 사 55:7; 렘 18:11; 겔 18:23, 32; 33:11; 행 2:38; 17:30. 하지만 인간의 이 행위는 반드시 인간 안에서 행하시는 하나님의 선행적 사역에서 온다. 인간은 오직 하나님께서 그에게 부여하신 능력만 가지고 행동한다.

F. 회심의 필요성

성경은 대단히 절대적인 표현들로 중생의 필요성을 말한다(요 3:3, 5). 회심에 관해서는 그러한 절대적인 표현을 발견할 수 없다. 이것은 유아 때 죽은 어린이들의 경우에는 회심에 관해 말할 수 없고 다만 중생만 말할 수 있기 때문일 것이다. 성경은 어른들에 대해서는 에스겔 33:11; 마태복음 18:3 같은 구절들에서 회심의 필요성을 가르친다. 물론 이런 진술들은 절대적이지 않고 다만 특정 집단들을 가리키긴 하지만 말이다.

모든 어른들의 경우에는 회심이 필요하다고 말할 수 있다. 하지만 이것은 회심이 각 개인의 삶에서 눈에 두드러지는 뚜렷한 분기점으로 나타나야 한다는 뜻은 아니다. 그런 것은 대체로 성년이 된 뒤에 중생한 사람들의 경우에만 기대할 수 있다. 그들의 경우에는 의식적으로 하나님을 미워하며 살던 생활이 즉시 하나님과 친교의 생활로 바뀐다. 하지만 예레미야와 세례 요한처럼 아주 어릴 때 중생한 사람들의 삶에서는 그런 상황을 기대할 수 없다. 그럴지라도 회심의 요소들, 즉 참된 회개와 참된 신앙은 중생한 모든 사람들의 삶에 반드시 나타나게 마련이다.

제4장

신앙

A. 신앙에 대한 성경의 용어들

구약성경에는 사실상 신앙에 해당하는 용어가 없다. 비록 신앙 행위의 다양한 측면들을 가리키는 세 가지 단어가 있긴 하지만 말이다. '믿다'라는 뜻으로 가장 공통되게 쓰이는 단어(헤에민)는 지적 요소를 강조하며, 다른 사람의 증언을 토대로 어떤 것을 사실로 받아들인다는 뜻이다. 나머지 두 단어(바타흐와 카사)는 오히려 다른 사람을 확실히 신뢰하는 요소를 강조한다.

신약성경에는 신앙에 해당하는 아주 중요한 단어(피스티스)가 있는데, 이 단어는 (1) 어떤 사람에 대한 일반적 확신, (2) 이 확신을 토대로 그의 증언을 기꺼이 받아들이는 행위, (3) 미래를 위하여 그에게 신뢰를 두는 행위를 가리킨다. 구원의 신앙을 지칭하는 이 단어는 하나님의 진실성에 대한 확신과, 그분 말씀을 믿고 받아들이는 태도, 그리고 영혼 구원을 위해 그분을 진심으로 신뢰하는 태도를 가리킨다. '믿다'에 해당하는 이 단어는 이와 유사한 다양한 의미들로 사용되며, 그중 어떤 경우들에는 지적 요소가, 다른 경우들에는 신뢰의 요소가 강조된다.

B. 성경에 언급된 여러 종류의 신앙

성경은 항상 신앙을 같은 의미로만 말하지 않으며, 그렇기 때문에 성경에 언급된 신앙들은 다음과 같이 구분해서 생각해야 한다.

1. 역사적 신앙

역사적 신앙은 성경 진리를 순전히 지적으로 받아들이되, 진정한 도덕적·영적 반응은 내놓지 않는 신앙이다. 이 명칭은 그것이 도덕적·영적 진리들은 배제하고 다만 역사적 사실들과 사건들만 받아들인다는 뜻이 아니다. 아울러 그것이 오직 역사의 증언에만 토대를 둔다는 뜻도 아니다. 역사적 신앙은 현재 사건들에도 관계를 가질 수 있기 때문이다(요 3:2). 역사적 신앙이란 오히려 마치 역사를 받아들일 때 자기 개인을 개입시키지 않은 채 받아들이는 식으로 성경의 진리들을 받아들이는 태도를 가리킨다. 이것은 진리를 지적으로 받아들이면서도 그것을 진지하게 받지도 않고 진정한 관심도 일어나지 않는 것을 뜻한다. 성경은 마태복음 7:26; 사도행전 26:27, 28; 야고보서 2:19에서 역사적 신앙을 언급한다.

2. 이적 신앙

이적 신앙은 자신에 의해서 혹은 자신을 위해서 이적이 일어날 것을 확신하는 신앙이다. 만약 자신이 이적을 행할 수 있거나 앞으로 행하게 될 것을 확신하게 되면, 그는 적극적인 의미에서의 이적 신앙을 갖고 있는 셈이지만(마 17:20; 막 16:17, 18), 만약 이적이 자신에게 혹은 자신을 위하여 행해질 것을 믿는다면 그는 소극적인 의미의 이적 신앙을 갖고 있는 셈이다(마 8:11-13; 요 11:22〈비교, 25-27〉, 40; 행 14:9). 이 신앙은 구원의 신앙을 동반할 수도 있고 하지 않을 수도 있다. 로마 가톨릭 교회는 지금도 이러한 신앙을 가져도 된다고 주장하는 반면에, 개신교는 일반적으로 이런 주장을 부정한다. 왜냐하면 이적이 여전히 일어날 수 있음을 부정하지는 않을지라도, 이적 신앙에 대한 근거가 없기 때문이다.

3. 일시적 신앙

일시적 신앙은 양심의 어떤 각성과 정서의 고양에 수반되는 종교 진리에 대한 확신이지만, 중생한 마음에 뿌리를 두지는 않는다. 그 명칭은 마태복음 13:20, 21에서 유래했다. 그것을 가리켜 일시적 신앙이라고 하는 이유는 항구적인 특성이 없고, 시련과 핍박 때에 견지되지 않기 때문이다. 이것을 위선적 신앙으로 간주할 수는 없다. 왜냐하면 일시적 신앙을 지닌 사람들은 자신들이 참된 신앙을 갖고 있다고 믿기 때문이다. 오히려 이것은 상상적 신앙이라고 할 수 있다. 겉으로는 진짜인 것 같은데 일시적 성격을 갖고 있기 때문이다. 큰 어려움이 닥치면 일시적 신앙과 구원적 신앙이 구분될 수 있다. 그리스도께서는 일시적 신앙으로 믿는 사람에 관해서 "그 속에 뿌리가" 없는 사람이라고 말씀하신다(마 13:21). 일반적으로 일시적 신앙은 감정적 생활에 토대를 두고, 하나님의 영광보다는 개인의 기쁨을 추구한다고 말할 수 있다.

4. 참된 구원적 신앙

참된 구원적 신앙은 마음에 좌소를 두고, 중생한 삶에 뿌리를 내린 신앙이다. 하나님께서는 신앙의 씨앗을 중생한 마음에 심으시며, 이렇게 마음에 씨앗이 심겨진 뒤에야 비로소 사람은 능동적으로 신앙을 발휘할 수 있다. 신앙을 지속적으로 발휘하면 점차 습관이 형성되고, 이것이 신앙을 더 크게 발휘하는 데 강력한 도움이 된다. 성경이 이 신앙에 관해서 말할 때는 꼭 그런 것은 아니지만, 일반적으로는 인간의 활동으로 언급한다. 구원적 신앙은 성령께서 복음 진리에 대해서 마음에 일으키시는 확신이자, 하나님께서 그리스도 안에서 하신 약속들을 진심으로 의지하는 것으로 정의할 수 있다.

C. 신앙의 요소들

신앙은 인간 전체의 행위이다. 이것은 영혼의 행위이기 때문에 단순해 보일지라도, 자세히 조사해 보면 오히려 정교하고 복잡한 것을 알 수 있다. 신앙을 이루는 여러 요소들을 구분해서 생각해야 한다.

1. 지적 요소[지식]

구원적 신앙은 단순히 진리를 지적으로 받는 것으로 이루어지지 않지만, 하나님의 말씀에 계시된 진리를 능동적으로 인정하는 태도를 포함한다. 이 신앙 지식을 진리에 대한 철저한 이해로 간주해서는 안 되며, 믿음의 내용을 그것이 사실이라고 확신하지 않은 채 그냥 알고 넘어가는 것으로 간주해서도 안 된다. 구원적 신앙 지식이란 기독교 신앙의 진리들을 꿰뚫어 보는 영적 통찰이며, 따라서 죄인들의 마음에 반응을 일으킨다. 그것은 하나님의 약속에 토대를 두고, 따라서 하나님 안에 보증을 두는 절대 확실한 지식이다. 이 신앙 지식은 비록 신자에게 복음의 근본 진리들에 대한 개념을 전달하기에 충분해야 하지만, 대단히 포괄적인 필요는 없다. 일반적으로 만약 다른 모든 것이 동등하다면, 사람의 신앙은 그의 지식이 충분하고 명료하게 증가하는 정도만큼 한층 부요하고 풍성하게 될 것이라고 말할 수 있다.

2. 감정적 요소[동의]

하이델베르크 요리문답은 신앙의 이 요소를 개별적으로 언급하지 않는다. 그 이유는 이른바 '동의'라고 하는 것이 사실상 구원적 신앙의 지식에 포함되는 사실 때문이다. 구원적 신앙에 포함된 지식의 특징은 신앙의 대상에 대해 아주 중요한 확신을 동반한다는 점인데, 이것이 동의이다. 단순히 역사적 신앙을 가진 사람의 경우 진리가 그의 영혼을 붙들고 있지 않기 때문에 진리에 반응을 나타내지 않는 반면에, 구원적 신앙을 지니고 발휘하는 사람의 경우는 사뭇 다르다. 그는 진리에 개인적으로 관심을 갖고 있으며, 마음에서 우러나오는 동의로 그것에 반응을 나타낸다.

3. 의지적 요소[신뢰]

이것은 신앙의 가장 중요한 요소이다. 신앙은 단순히 지적인 문제도 아니고, 지성과 감정이 결합된 것만도 아니다. 신앙은 삶의 방향을 결정하는 문제이자, 신앙의 대상에게로 향하고 그 대상을 영접하는 영혼의 행위이기도 하다. 이 셋째 요소는 구주이며 주이신 그리스도를 인격적으로 신뢰하는 것이다. 이것에는, 죄책이 있고 더럽혀진 영혼을 그리스도께 굴복시키며, 그분을 사죄와 영적 생활의 근원으로 영접하고 의지하는 태도가 포함된다. 신앙의 의지적 요소에는 일정한 안전감과 감사와 기쁨이 따른다. 그 자체로 확실한 신앙은 영혼에 안전감과 확신을 일깨워주는 경향이 있다.

D. 구원적 신앙의 대상

신앙의 대상과 관련하여 일반적 의미의 신앙과 구체적 의미의 신앙을 구분할 필요가 있다.

1. 일반적 의미의 구원적 신앙

보다 일반적 의미에서 구원적 신앙의 대상은 하나님의 말씀에 담긴 신적 계시 전체이다. 성경에서 명시적으로 가르치거나, 성경으로부터 적절하고 필요한 추론에 의해 연역할 수 있는 모든 것은 이 일반적 의미에서의 신앙의 대상에 속한다.

2. 보다 구체적 의미의 구원적 신앙

성경을 하나님의 말씀으로 받아들이는 태도가 필요하지만, 이 자체가 죄인을 의롭게 하고 그로써 직접 구원하는 구체적 신앙 행위는 아니다. 보다 구체적인 신앙으로 나아가야 한다. 그리스도와 그분의 사역에 관한 특정 교리들이 있고, 그리스도 안에서 죄인들에게 제시된 약속들이 있는데, 신자는 이것을 믿는 마음으로 받으며, 이런 태도가 신자로 하여금 예수 그리스도를 의지하도록 인도한다. 간단히 말하자면, 구원적 신앙의 대상은 예수 그리스도와 그분 안에 있는 구원의 약속이다. 구원적 신앙에서 나오는 독특한 행위는 그리스도를 영접하고, 복음이 가르치는 대로 그분을 믿고 의지하는 것이다(요 3:15, 16, 18; 6:40).

E. 로마 가톨릭의 신앙관

로마 가톨릭 교회는 신앙을 진리에 대한 단순한 동의로 이해한다. 물론 이것을 충분한 자격을 갖춘 구원적 신앙으로 간주하지는 않지만 말이다. 로마 교회는 사실상 신앙에 지적 요소의 절대 필요성을 부정한다. 교회의 가르침에 기꺼이 동의하면 비록 가르침의 내용에 무지할지라도 참 신자로 인정할 수 있다고 한다. 하지만 신앙이 지적 요소를 갖춘다면 한층 풍성하고 부요하게 될 것이라고 한다. 그러나 지식의 유무를 떠나서 이렇게 진리에 동의하는 태도는 그것이 선행으로 나타나는 사랑을 통해서 발휘될 때에야 비로소 실제로 구원적 신앙이 된다고 한다.

F. 신앙과 확신

신앙에 언제든 구원의 확신이 따르는가 하는 질문이 제기된다. 신앙과 확신의 관계에 관해서는 견해가 크게 엇갈린다. 로마 가톨릭 교회와 17세기 아르미니우스주의자들은 신자들이 극히 드문 경우를 제외하고는 자기들의 구원에 대해 확신할 수 없다고 가르친다. 더 나아가 그들은 그러한 확신이 대체로 바람직하지 않은 것이라고 주장한다. 그러나 웨슬리파 아르미니우스주의자들, 즉 감리교도들은 회심하는 즉시 구원의 확신이 생긴다고 주장한다. 믿는 사람은 즉각 자신이 구속받은 사실을 확신한다는 것이다. 하지만 이 말은 그가 궁극적 구원까지도 확신한다는 뜻은 아니라고 한다. 아무리 철저한 감리교도라도 항상 은혜에서 떨어질 가능성이 있으므로 궁극적 구원에 대해서는 확신할 수 없다고 한다.

확신에 대한 올바른 견해는 참 신앙이란 하나님을 신뢰하는 태도를 내포하기 때문에 비록 개인에 따라 정도가 다를지라도 자연히 안전감과 확신이 따르게 마련이라고 이해하는 것이다. 그러나 신앙에 내포되어 있는 확신은 항상 의식에 뚜렷이 박혀 있는 것만은 아니다. 왜냐하면 그리스도인이 항상 온전한 신앙 생활을 하는 것도 아니고, 따라서 언제든 신앙 생활의 부요로움을 자각하며 사는 것이 아니기 때문이다. 그리스도인도 종종 의심과 불확실로 흔들리며, 따라서 성경은 힘써서 확신을 견지하라고 강권하는 것이다(엡 3:12; 딤후 1:12; 히 10:22; 히 6:11; 벧후 1:10; 요일 2:9-11; 3:9, 10, 18, 19; 4:7, 20).

확신을 견지할 수 있는 방법은 기도에 힘쓰고, 하나님의 약속들을 묵상하고, 성령의 열매들이 나타나도록 그리스도인답게 힘써 살아가는 것이다.

제5장

칭의

A. '의롭다 하다'에 해당하는 성경의 용어들

구약성경은 이 개념을 표현하는 데 같은 단어의 두 가지 형태(히츠디크와 치데크)를 사용한다. 이 단어들은 몇 구절을 제외하고는 하나님께서 사람 안에 일으키시는 도덕적 변화를 가리키지 않고, 정식으로 인간에 대한 신적 선언을 가리킨다. 이 단어들은 하나님께서 재판장의 지위로 인간을 의롭다고 선언하신다는 개념을 전달한다. 그렇기 때문에 이 단어들이 표현하는 개념은 종종 정죄 개념과 반대의 뜻으로 쓰이며(신 25:1; 잠 17:15; 사 5:23), 죄인을 심판하지 않는다는 개념(시 143:2), 그의 죄를 용서한다는 개념(시 32:1)과 같은 뜻을 지닌다.

신약성경의 단어(디카이오오)도 다음 사실들에서 나타나는 대로 의롭다고 선언한다는 같은 뜻을 지닌다. (1) 많은 경우 이 단어는 오직 그런 뜻만 지닌다(롬 3:20-28; 4:5-7; 5:1; 갈 2:16; 3:11; 5:4). (2) 이 단어는 정죄와 반대되는 뜻으로 쓰인다(롬 8:33, 34). (3) 때로 이 단어 대신에 쓰이는 다른 용어들도 법적 개념을 지닌다(요 3:18; 5:24; 롬 4:6, 7; 고후 5:19). 이 단어들을 연구해 보면 성경에서 '의롭다고 하다' 라는 단어가 의롭게 만든다는 뜻이 아니라 의롭다고 선언하다라는 뜻임을 분명하게 알게 된다.

B. 칭의의 본질과 특성들

칭의는 하나님께서 예수 그리스도의 완전한 의를 토대로 죄인을 의롭다고 선언하시는 법적 행위로 정의할 수 있다. 그것은 중생, 회심, 성화처럼 갱신의 행위나 과정이 아니며, 죄인의 상태가 아닌 지위에 영향을 준다. 칭의와 성화 사이에는 다음과 같은 중요한 차이가 있다.

1. 칭의는 죄책을 제거하고 죄인에게 영원한 유업을 포함한 하나님의 자녀의 모든 권리로 회복시킨다. 성화는 죄의 오염을 제거하고, 죄인을 새롭게 하여 하나님의 형상을 닮게 한다.

2. 칭의는 비록 신앙으로 받는 것이긴 하지만, 하나님의 법정에서 죄인의 외부에서 발생한다. 성화는 인간의 내면 생활에서 발생하며, 점차 그의 존재 전체에 영향을 끼친다.

3. 칭의는 단번에 발생한다. 반복되는 것이 아니며 과정도 아니다. 단번에 완료된다. 반면에 성화는 현세에서는 완료되지 않는 끊임없는 과정이다.

4. 둘 다 그리스도의 공로의 산물이긴 하지만, 칭의 사역은 특히 성부께 관련되는 일이며, 성화는 성령께 관련되는 일이다.

C. 칭의의 요소들

칭의에는 특히 두 가지 요소가 있는데, 하나는 소극적인 요소이고, 다른 하나는 적극적인 요소이다.

1. 소극적 요소

칭의의 소극적 요소는 예수 그리스도께서 전가해 주신 의를 토대로 죄를 사하는 것이다. 칭의로써 부여되는 사죄는 과거와 현재와 미래의 모든 죄에 적용되며, 따라서 모든 죄책과 모든 형벌의 제거를 내포한다. 이 결론은 칭의가 반복되지 않는다는 사실과, 다음과 같은 성경 구절들에서 유래하며(롬 5:21: 8:1, 32-34: 히 10:14: 시 103:12: 사 44:22), 하이델베르크 요리문답 제60문에 대한 답에도 함축되어 있다. 이러한 결론은 그리스도께서 제자들에게 사죄를 위해 기도하라고 가르치신 사실과, 성경의 성도들이 사죄를 간구하여 받은 사례가 종종 발견된다는 사실(마 6:12; 시 32:5; 51:1-4; 130:3, 4)과 모순되는 듯이 보일는지 모른다. 이 점에 대한 설명은 신자들의 죄 자체가 여전히 죄책을 이루고 있으며(이미 처리된 죄책이긴 하지만), 따라서 자백을 필요로 한다는 사실에서 찾을 수 있고, 죄책감이 여전히 남아 있고, 그것이 신자에게 자연히 자기 죄를 자백하고 사죄의 확신을 구하게 만든다는 사실에서 찾을 수 있으며, 죄로 인해 거듭해서 흐려지는 사죄에 대한 확신이 자백과 기도로써, 그리고 새로운 신앙의 행위로써 되살아나고 힘을 얻는다는 사실에서 찾을 수 있다.

2. 적극적 요소

칭의에는 적극적 요소도 있으며, 이 요소는 두 부분으로 구분할 수 있다.

a. 자녀(양자)로 삼으심

칭의로써 하나님은 신자를 자기 자녀로 삼으신다. 즉, 신자를 자녀의 위치에 두시고 그에게 자녀의 모든 권리를 주신다. 이렇게 입양에 의해서 자녀가 되는 것은 신자들이 중생과 성화로 말미암아 도덕적으로 자녀가 되는 것과 구분해서 생각해야 한다. 신자들은 입양에 의해 법적 의미로서의 자녀들일 뿐 아니라, 신생에 의해 영적 의미로서의 자녀들이기도 하다. 이러한 이중적 자녀의 지위가 다음 구절들에 함께 언급된다: 요 1:12, 13; 롬 8:15, 16; 갈 4:5, 6.

b. 영생의 권리

이 특권은 사실상 자녀가 될 때 생긴다. 죄인들이 하나님의 자녀들로 입양될 때, 그들은 자녀에 해당하는 모든 법적 권리들을 부여받으며, 하나님의 후사들이자 그리스도와 함께하는 후사가 된다(롬 8:17). 그들은 현세에서 구원의 모든 복들을 받는 후사들로 세워지고, 더 나아가 그들을 위해 하늘에 예비되어 있는 "썩지 않고 더럽지 않고 쇠하지 아니하는 기업"을 권리로 받는다(벧전 1: 4).

D. 칭의가 발생하는 영역

칭의가 어떤 영역에서 발생하는가 하는 질문에 답하려면 능동적 칭의와 수동적 칭의를 구분해서 다뤄야 한다.

1. 능동적 칭의

능동적 칭의는 하나님의 법정에서 발생한다(롬 3:20; 갈 3:11). 하늘의 영역에서 의로운 재판장으로 나타나시는 하나님은 죄인을 의롭다고 선언하시되, 죄인 자체가 의롭기 때문이 아니라 그리스도의 의가 그에게 전가된 사실 때문에 그렇게 선언하신다. 그 재판장은 죄인을 값없이 용서하시고 받으시는 자비로운 아버지이기도 하시다.

2. 수동적 칭의

수동적 칭의는 죄인의 마음 곧 양심에서 발생한다. 칭의가 죄인에게 깨달아지지 않는다면 그것은 목적에 부응하지 못한 것이 될 것이다. 죄가 사해졌다는 기쁜 소식이 죄인에게 전달되고 감옥 문이 열리기 전에는 사죄가 죄인에게 아무런 의미도 없다. 하나님의 법정에서 선고되는 무죄 선고는 죄인에게 전달되며, 죄인은 그것을 신앙으로 받는다. 성경이 믿음으로 말미암는 칭의를 말할 때는 대개 이런 수동적 측면의 칭의를 가리킨다.

E. 칭의의 시점

칭의의 시점에 관해서는 견해가 다소 엇갈린다. 하지만 몇몇 경우에 이렇게 견해가 엇갈리는 이유는 '칭의'라는 용어가 항상 같은 뜻으로만 쓰이지 않기 때문이다. 그런 경우에는 서로 다른 견해들이 반드시 서로 배척하지 않고 병존할 수도 있다.

1. 영원부터의 칭의

많은 율법폐기론자들은 인간의 구속에 관한 하나님의 작정과 성령에 의한 구속 사역의 적용을 혼동한다. 그들은 하나님이 영원한 작정으로 죄인들에게 베푸시는 은혜가 인간의 구속에 필요한 전부라고 믿는다. 그리스도께서 이 은혜를 확립하실 더 이상의 필요도 없고, 성령께서 이것을 적용하실 필요도 없다고 믿는다. 모든 것이 작정 안에서 성취되며, 따라서 인간이 영원부터 의롭다 함을 받는다고 한다.

하지만 영원부터의 칭의를 믿는 또 다른 사람들이 있다. 일부 개혁파 신학자들은 비록 율법폐기론자들의 특정 신조들에 동의하지 않긴 하지만 이 교리를 옹호한다. 그들은 선택된 자들이 삼위일체간에 이루어진 구속 논의에서 의롭다 함을 받았으며, 그 때 그리스도의 의가 그들에게 전가되었다고 이해한다. 하지만 그들은 동시에 영원부터의 이 칭의가 시간이 흐르면서 또 한 번의 칭의를 수반한다고 믿는다.

어떤 학자들은 심지어 4중 칭의, 즉 영원부터의 칭의, 그리스도의 부활 안에서의 칭의, 믿음으로 말미암는 칭의, 최후 심판에서 이루어질 공식적 칭의를 말하기까지 한다. 그런데 이 견해는 구속에 관한 삼위일체간의 논의에서 선택된 자들에게 그리스도의 의가 전가되었다고 말하는 점에서는 의심의 여지가 없지만, 이것이 과연 성경이 말하는 죄인들에 대한 칭의인가 하는 데에는 의심의 여지가 있다. 우리는 하나님의 계획에서 단순히 관념적인 것과, 역사 과정에서 실현된 것을 구분해야 한다.

2. 그리스도의 부활 안에서의 칭의

어떤 율법폐기론자들은 — 작정 안에서 모든 것이 성취되었고 심지어 그리스도의 사역조차 엄격히 말하자면 불필요했다고 말하는 데까지 나아가지는 않지만 — 그리스도께서 자신의 사역을 완수하신 뒤에는 더 이상 필요한 것이 남아 있지 않았다고 주장하며, 그로써 성령께서 구속 사역을 적용하시는 일을 무시한다. 선택된 자들이 예수 그리스도의 부활 안에서 의롭다 함을 받았다고 그들은 주장한다.

일부 개혁파 신학자들도 그리스도의 부활 안에서의 칭의를 말하긴 하지만, 그들은 당연히 이것을 죄인들에 대한 칭의의 전부로 간주하지 않는다. 그들은 믿음으로 말미암는 칭의도 믿는다. 그리스도의 몸[교회]이 그리스도의 부활 안에서 의롭다 함을 받은 것이 사실이고 그것을 얼마든지 말할 수 있지만, 그것은 순전히 객관적인 칭의이고, 죄인의 개인적 칭의와 혼동해서는 안 된다.

3. 신앙에 의한 칭의

성경이 죄인의 칭의를 말할 때는 대체로 하나님의 의롭게 하시는 은혜를 주관적으로 적용하고 전유(專有:자기 것으로 삼음)하는 것을 가리킨다. 성경은 이것을 신앙에 의한 칭의라고 말한다. 왜냐하면 우리가 그리스도의 공로들을 우리의 칭의의 토대로 활용하고 그로써 하나님의 의롭다 하시는 은혜를 소유하게 되는 것은 신앙으로 되는 일이기 때문이다. 신앙이 칭의와 맺고 있는 관계는 항상 같은 식으로 표현되지만은 않는다. 이 관계를 표현한 것들 가운데 다음 두 가지가 특히 중요하다.

(a) 개신교 신앙고백들에서 신앙은 대개 칭의의 **도구** 혹은 **도구적 원인**으로 불린다. 신앙은 한편으로는 하나님께서 죄인에게 칭의를 베푸시는 선물이며, 이 선물에 의해서 하나님은 마음에 사죄의 선언을 전달하신다. 하지만 다른 한편으로 신앙은 인간이 그리스도와 그분이 끼치신 모든 소중한 선물들을 획득하는(자기 것으로 삼는) 것이기도 하다(롬 4:5; 갈 2:16).

(b) 신앙은 **획득 기관**(the appropriating organ)으로도 자주 불린다. 이 명칭은 죄인이 신앙으로 그리스도의 의를 획득하며, 이 의를 근거로 그가 하나님 앞에서 의롭다 함을 받는다는 개념을 표시한다. 신앙은 그것이 그리스도를 소유하는 한도에서 죄인을 의롭다 한다.

F. 칭의의 근거

칭의의 근거에 관해서는 로마교회와 개혁교회 사이에 아주 중요한 견해 차이가 있었다. 로마 가톨릭 교회는 죄인이 중생할 때 마음에 주입되는 자신의 고유한(inherent) 의를 근거로 칭의를 받는다고 가르친다. 하지만 신자의 고유한 의나 선행은 칭의의 근거가 될 수 없다. 왜냐하면 그것 자체가 하나님의 새롭게 하시는 은혜의 결실이며, 현세에서는 항상 불완전하게 남기 때문이다. 더욱이 성경은 인간이 하나님의 의에 의해 값없이 의롭다 함을 받는다고 가르치며(롬 3:24), 율법의 행위로는 의롭다 함을 받을 수 없다고 가르친다(롬 3:28; 갈 2:16; 3:11). 칭의의 진정한 근거는 오로지 칭의 때 죄인에게 전가되는 예수 그리스도의 완전한 의에서 찾을 수 있다. 이것은 성경의 여러 구절들이 분명하게 가르치는 교훈이다(롬 3:24; 5:9, 19; 8:1; 10:4; 고전 1:30; 6:11; 고후 5:21; 빌 3:9).

G. 칭의 교리에 대한 반론들

칭의 교리에 대해서는 세 가지 반론이 자주 제기된다.

1. 칭의란 법적 조치이며 따라서 은혜를 배제하는 반면에, 성경은 죄인이 은혜로 구원받는다고 가르친다는 반론. 하지만 칭의는 그 안에 포함되는 모든 것과 함께 하나님의 은혜의 행위이다. 그리스도의 선물, 즉 그분이 자기의 의를 전가하신 일과, 하나님께서 신자들을 의롭다고 간주하시는 일은 처음부터 끝까지 모두 은혜이다.

2. 칭의란 죄인들이 실제로는 의롭지 않은데 의롭다고 선언하는 것이므로 하나님께 어울리지 않는 절차라는 반론. 하지만 이 반론은 성립되지 않는다. 왜냐하면 칭의는 죄인들 자신들이 의롭다고 선언하는 것이 아니라, 그들이 예수 그리스도의 의를 옷 입었다고 선언하기 때문이다.

3. 의롭다 함을 받는 사람들이 실질적 경건 생활을 중요하지 않게 생각하기 쉽기 때문에 칭의 교리가 그들을 방종으로 이끈다는 반론. 하지만 칭의가 이루어질 때는 그리스도와 생명의 연합, 영적 연합을 위한 확실한 토대가 닦이며, 이것만큼 참된 경건 생활을 확실히 보장하는 것도 없다.

제6장

성화

A. 성화에 대한 성경의 용어들

'거룩하게 하다'에 해당하는 히브리어(카다쉬)는 '절단하다'라는 뜻의 어근에서 유래했을 가능성이 매우 크며, 따라서 구별의 개념을 강조한다. 이것이 신약성경의 단어(하기아조)의 주된 개념이기도 하다. 성화라는 주제를 다룰 때는 이 점을 유념할 필요가 있다.

대다수 그리스도인들은 성화를 무엇보다도 영적 갱신으로, 즉 인간에게 도덕적·영적 자질들을 부여하는 것으로 이해한다. 하지만 이것은 성화의 원 뜻이 아니다. 성경의 단어들은 영적 자질들이 마음에 부여된다는 개념보다는 하나님과 인간 사이의 위치 혹은 관계의 개념을 표현한다.

성화되는 사람은 원칙상 죄악된 삶에서 끌어올려져 하나님과 새로운 관계에 놓이고, 그 안에서 하나님과 그분께 대한 봉사를 위해 구별된다. 구약성경은 외적으로 하나님을 섬기는 일에 구별된 혹은 성별된 사람들과 사물들을 거론하는 가운데 거룩한 사람들과 거룩한 사물들을 거듭해서 말한다.

하나님을 섬기는 일을 위한 이 외적 성별은 더 깊고 내면적인 마음의 헌신을 상징했다. 하지만 성경의 단어들이 우선적으로 관계를 가리킬지라도, 하나님께서 성령을 통해서 인간 안에 주관적 성결을 일으키시는 사역을 가리키기도 한다(요 17:17; 행 20:32; 26:18; 고전 1:2; 살전 5:23).

B. 거룩함과 성화의 성경적 개념

성경에서 거룩함의 개념은 무엇보다도 하나님께 적용된다. 이것이 주로 가리키는 것은 하나님께서 피조물과 절대 구분되시며, 천상의 엄위로 피조물로부터 높이 떨어져 계시며, 따라서 피조물이 근접할 수 없는 분이라는 점이다. 이 첫째 개념에서부터 점차 둘째 개념이 발전했다. 죄많은 인간은 죄없는 존재보다 하나님의 위엄을 한층 예리하게 의식하기 때문에, 하나님의 엄위로운 순결에 비추어 자신의 불결을 의식하게 된다(참조. 사 6). 따라서 하나님이 피조물과 구별되신다는 개념이 하나님께서 모든 불결로부터, 특히 죄로부터 구별되어 계신다는 개념으로 넘어갔다. 마음이 청결한 사람만 하나님 앞에 설 수 있다(시 24:3 이하). 하지만 이것조차 전부가 아니다. 적극적인 면에서, 하나님이 거룩하시다는 개념이 하나님의 영광의 빛이라는 개념으로 점차 발전하여 결국 거의 동일한 의미가 된다.

둘째로, 거룩함의 개념은 하나님과 특별한 관계에 있는 사람들과 사물들에게도 적용된다. 이스라엘은 예루살렘과 성전 같은 거룩한 장소들과, 제사장들과 레위인들 같은 거룩한 사람들이 있었고, 제사들과 결례(潔禮)들 같은 거룩한 의식들이 있었다. 이 사람들과 사물들은 하나님을 섬기는 일에 구별되었다.

하지만 이렇게 특정인들을 외적으로 성별한 것은 단지 마음의 내면적 성별을 상징하는 역할을 수행했을 뿐이며, 언제나 그러한 내면적 성별을 수반하지만은 않았다. 성별되었으면서도 마음에 하나님의 은혜가 전혀 없는 경우도 있을 수 있었다. 오직 마음에 하나님의 은혜를 가진 사람들만 주님께 진정으로 거룩했다. 성령의 감화를 통해서 윤리적 성품들이 그들의 마음에 전달된다. 이러한 구약적 거룩함의 개념이 신약성경으로 이어졌다.

이러한 성경적 거룩함의 개념은 단지 그 자체로 도덕적 선이 아니라 하나님과의 관계에서 바라본 윤리적 선이라는 것을 유념하는 것이 대단히 중요하다. 도덕적으로 크게 향상된 것을 자랑할지라도 성화의 사역에는 전혀 문외한일 가능성이 있는 것이다. 성경은 단순히 도덕적으로 향상될 것을 요구하지 않고, 하나님과의 관계에서, 하나님을 위해서, 그리고 하나님을 섬기는 일과 관련하여 도덕적으로 향상될 것을 요구한다.

성화는 성령께서 죄인을 죄의 오염에서 씻어주시고, 그의 전 본성을 하나님의 형상으로 다시 새롭게 하시며, 그에게 선행을 할 수 있는 능력을 주시는 자비롭고 끊임없는 사역으로 정의할 수 있다.

C. 성화의 특징들

1. 성화의 창시자는 사람이 아닌 하나님이시다. 하지만 이것은 인간이 성화의 과정에서 철저히 수동적으로 남는다는 뜻은 아니다. 인간은 성화의 일에서 하나님께서 사용하도록 주신 방편들을 부지런히 사용함으로써 하나님과 협력할 수 있고 또 협력해야 한다(고후 7:1; 골 3:5-14; 벧전 1:22).

2. 성화는 칭의처럼 하나님의 법적 행위가 아니라, 도덕적인 재창조 행위이며, 이 행위로써 죄인은 내적 존재가 새로워지고, 하나님의 형상에 점진적으로 부합하도록 만들어진다.

3. 성화는 대체로 기나긴 과정이며, 이생에서는 완성에 도달하지 않는다. 중생과 회심이 있은 뒤 곧 죽음을 맞이하는 경우에는 당연히 그 과정이 매우 짧을 수 있다.

4. 성화 과정은 영혼에 관한 한 죽을 때 혹은 죽은 직후에 완성되며, 육체에 관한 한 부활 때 완성된다(빌 3:21; 히 12:23; 계 14:5; 21:27).

D. 성화의 본질

1. 성화는 하나님의 초자연적 사역이다.

어떤 사람들은 성화가 인간 의지에 동기들을 불어넣고 그로써 더욱 성결에 힘쓰도록 설득함으로써 중생 때 그에게 심겨졌던 새 생명을 이끌어 내는 것일 뿐이라는 그릇된 견해를 주장한다. 실제로 성화는 중생 때 부여된 거룩한 성향이 강화되고, 그 거룩한 실천이 증대되는, 영혼 안에서 이루어지는 신적 사역이다. 본질상 그것은 일부분은 직접적이고 일부분은 간접적인 하나님의 사역이다. 하나님께서 방법들을 사용하시는 한도에서, 인간은 그 방법들을 올바로 사용함으로써 협력할 의무가 있다(살전 5:23; 히 13:20, 21; 고후 7:1; 히 12:14).

2. 성화는 두 부분으로 이루어진다.

a. 옛 사람의 억제

성화의 소극적인 면은 죄로 말미암는 인간 본성의 오염과 부패가 점진적으로 제거되는 데 있다. 옛 사람, 즉 죄에 오염된 인간 본성이 점차 십자가에 못 박힌다(롬 6:6; 갈 5:24).

b. 새 사람의 소생

성화의 적극적인 면은 영혼의 거룩한 성향이 강화되고, 그 거룩한 실천이 증대되며, 그로써 새로운 삶의 과정이 시작되는 데 있다(롬 6:4, 5; 골 2:12; 3:1, 3). 성화가 이끄는 새로운 삶을 가리켜 '하나님을 향한 삶'이라고 한다(롬 6:11; 갈 2:19).

3. 성화는 전인(全人)에 영향을 준다.

성화는 마음에 발생하기 때문에 자연히 전체 유기체에 영향을 준다. 속사람에서 일어나는 변화는 외적 생활에도 변화를 일으키게 마련이다(롬 6:12; 고전 6:15, 20; 고후 5:17; 살전 5:23). 성화는 특히 죽음의 위기와 죽은 자의 부활에서 완성된다. 성경은 성화가 지식에 영향을 주고(렘 31:34; 요 6:45), 의지(겔 36:25-27; 빌 3:13), 감정(갈 5:24), 양심(딛 1:15; 히 9:14)에도 영향을 준다고 가르친다.

4. 성화는 신자들이 협력하는 하나님의 사역이다.

인간이 성화 사역에서 협력해야 한다는 것은 악과 유혹에 대한 거듭된 경고(롬 12:9, 16, 17; 고전 6:9, 10; 갈 5:16-23)와 거룩하게 살라는 끊임없는 권면(미 6:8; 요 15:2, 8, 16; 롬 8:12, 13; 12:1, 2, 17; 갈 6:7,

8, 15)에 잘 나타난다.

E. 이생에서 성화의 불완전성

성화는 인간의 모든 부분에 영향을 줄지라도, 신자들이 이생에서 이뤄 가는 영적 발전은 불완전하게 남는다. 신자들은 살아 있는 동안 죄와 싸워야 한다(왕상 8:46; 잠 20:9; 전 7:20; 약 3:2; 요일 1:8). 성경에 따르면, 하나님의 자녀들의 삶에는 육체와 영 사이에 전쟁이 끊이지 않으며, 심지어 그들 중 아주 훌륭한 사람들조차 완전을 위해서 여전히 분투한다(롬 7:7-26; 갈 2:20; 5:17; 빌 3:12-14). 죄의 자백과 사죄를 바라는 기도가 필요한 일로 언급된다(욥 9:3, 20; 시 32:5; 130:3; 잠 20:9; 사 64:6; 단 9:16; 롬 7:14; 마 6:12, 13; 요일 1:9).

완전주의자들은 이 진리를 부정한다. 그들은 인간이 이생에서 완전에 도달할 수 있다고 믿는다. 그들이 근거로 제시하는 것은 성경이 신자들에게 완전하라고 명령하는 사실(벧전 1:16; 마 5:48; 약 1:4)과, 종종 신자들을 가리켜 거룩하고 완전하다고 하는 사실(고전 2:6; 고후 5:17; 엡 5:27; 히 5:14; 빌 3:15; 골 2:10), 성경의 어떤 성도들, 이를테면 노아(창 6:9), 욥(욥 1:8), 아사(왕상 15:14) 같은 사람들이 완전한 삶을 살았던 사실, 사도 요한이 하나님께로서 난 사람들은 범죄치 않는다고 천명한 사실(요일 3:6, 8, 9; 5:18)을 근거로 제시한다.

하지만 이런 예들은 근거가 되지 못한다. 하나님께서는 중생한 사람들뿐 아니라 중생하지 못한 사람들에게도 성결을 요구하시지만, 그렇다고 해서 이것이 중생하지 못한 사람들도 거룩한 생활을 할 수 있음을 입증하지 못하는 것이다. 만약 성경이 경우에 따라서 신자들을 완전하다고 말한다면, 이것은 꼭 그들이 죄가 없다는 뜻은 아니다. 신자들은 그리스도 안에서 완전하다고, 즉 원리상 완전하다고, 혹은 충분히 장성했다는 의미에서 완전하다고 말할 수 있다(고전 2:6; 3:1, 2; 히 5:14; 딤후 3:17).

성경은 죄 없이 살아간 신자들의 예를 보여 주지 않는다. 모범으로 언급된 사람들조차 중대한 죄에 빠졌다(창 9:21; 욥 3:1; 대하 16:7 이하).

그리고 하나님께로서 난 사람은 범죄치 않는다는 요한일서의 말씀은 새 사람이 죄를 범하지 않는다는 뜻이거나, 아니면 신자가 죄 가운데서 그냥 눌러 살지 않는다는 뜻이다. 더욱이 요한의 이 진술, 즉 신자가 사실상 죄를 짓지 않는다는 진술은 완전주의자들로서도 감당하기 힘든 말씀인 줄을 알 것이다. 아무리 완전주의자들일지라도 그렇게까지 주장하지 않기 때문이다. 결과적으로 완전주의자들의 주장은 무의미하다.

F. 성화와 선행

성화는 자연스럽게 선행을 행하는 삶으로 귀결된다. 선행은 성화의 결실이라고 할 수 있으며, 여기서 상고할 것은 바로 성화의 결실인 선행이다.

1. 선행의 본질

우리는 선행을 말할 때 완전한 행위라는 뜻으로 말하지 않고, 적어도 원리상 하나님께서 요구하는 조건들에 부응하고, 영적 의미에서 선한 행위라는 뜻으로 말한다. 이러한 선행은 하나님께 대한 사랑의 원리와 그분의 뜻을 행하려는 의욕에서 솟아난다(신 6:2: 삼상 15:22: 사 1:12: 마 7:17, 18: 12:33). 선행은 하나님의 율법을 외적으로 준수하는 것일 뿐 아니라, 하나님의 나타난 뜻에 의식적으로 순종하는 것이기도 하다. 그리고 선행의 목전의 목표가 무엇이든간에, 그것의 최종 목표는 하나님의 영광이다(롬 12:1: 고전 10:31: 골 3:17, 23).

하나님의 영으로 거듭난 사람들만 그러한 선행을 할 수 있다. 하지만 이것은 중생하지 못한 사람이 어떤 의미로도 선행을 할 수 없다는 뜻이 아니다. 이렇게 말한다면 그것은 성경의 명백한 가르침과 모순될 것이다(왕하 10:29, 30: 12:2: 14:3: 눅 6:33: 롬 2:14). 중생하지 못한 사람도 겉으로는 율법에 부합하고, 동료 인간들을 배려하려는 고상한 동기들에서 우러나오고, 하나님의 인정을 받을 만한 가까운 목표에 부합하는 행위들을 할 수 있다. 이런 행위들은 오로지 하나님의 일반 은총에서 그 설명을 발견하게 된다. 이런 행위들을 가리켜 일반적으로 선하다고 할 수 있지만, 그럴지라도 이 행위들은 근본적인 결핍을 안고 있다. 왜냐하면 하나님께 대한 사랑이라는 영적 뿌리에서 잘려나가 있고, 하나님의 율법에 대해 진지한 내적 순종을 조금도 나타내지 못하며, 하나님의 영광을 목표로 삼지 않기 때문이다.

2. 선행의 공로적 성격

신자들의 선행은 엄격한 의미에서 공로가 아니다. 즉, 신자들의 선행은 자연스럽게 정당한 보상을 요구하는 내적 가치를 지니지 않는다. 만약 하나님께서 그들의 선행을 보상하신다면, 그것은 하나님께서 그들에게 의무를 지고 계시기 때문이 아니라, 다만 하나님께서 인정하시는 조건에 부합한 행위에 상을 주시겠다고 약속하셨기 때문이다. 그것은 마치 부모가 경우에 따라 자녀들에게 내리는 상과 비슷하다. 성경은 신자들의 선행이 공로가 아니라고 분명히 가르친다(눅 17:9, 10; 롬 5:15-18; 6:23; 엡 2:8-10; 딤후 1:9; 딛 3:5).

그것이 공로가 될 수 없는 여러 이유가 있다. (a) 신자들은 삶 전체를 하나님께 드려야 하며, 따라서 하나님께 마땅히 드려야 할 것을 드린 것을 가지고 공로라고 할 수 없다(눅 17:9, 10). (b) 신자들은 하나님께서 매일 주시는 힘이 아니면 선행을 할 수 없으며, 따라서 선행을 공로로 내세울 수 없다(고전 15:10; 빌 2:13). (c) 아무리 훌륭한 선행이라도 불완전한 반면에, 하나님께서는 완전한 순종 외에는 그 어떤 것으로도 만족하시지 않는다(사 64:6; 약 3:2). (d) 신자들의 선행은 영광스러운 영원한 상과 도무지 비교할 수 없다. 로마 가톨릭 교회는 죄인이 마음으로 하나님의 은혜를 받은 뒤에는 공로가 되는 행위, 즉 구원과 영광을 정당하게 요구할 수 있게 하는 행위를 할 수 있다고 주장한다.

3. 선행의 필요성

선행의 필요성에 대해서는 의문의 여지가 없지만, 그럴지라도 이 필요성을 올바로 이해해야 한다. 선행은 구원의 공로를 쌓는 데 필요하지 않고, 심지어 구원의 필수 조건도 아니다. 유아들은 어떠한 선행도 하지 않고서도 천국에 들어간다. 성경은 선행을 하지 않으면 아무도 구원받을 수 없다고 가르치지 않는다. 그럴지라도 성인(成人) 신자들의 삶에 선행이 꼭 필요한 이유는, 그것이 하나님께서 요구하시는 것이기 때문이고(롬 7:4; 8:12, 13; 갈 6:2), 그것이 신앙의 열매이기 때문이고(약 2:14, 17, 20-22), 감사의 표시이기 때문이고(고전 6:20), 신앙의 확신을 위해서이며(벧후 1:5-10), 하나님께 영광을 돌리기 위해서이다(요 15:8; 고전 10:31).

선행의 필요성은 율법폐기론자들에 대해서 반드시 견지되어야 한다. 그들은 그리스도께서 신자들을 위해서 죽으셨으므로 신자들이 삶의 준칙으로서의 율법을 지킬 의무에서 해방되어 있다고 주장한다. 이것은 철저히 잘못된 입장이다. 그리스도께서는 언약의 의무인 율법을 완성하셨고, 자기 백성을 위해서 율법의 형벌을 담당하셨지만, 자신을 위해, 그리고 오직 자신을 위해 삶의 준칙으로서의 율법을 지키셨다. 그리스도께서는 성령의 사역에 의해서 신자들에게 원리상 스스로 율법을 지킬 수 있는 능력을 주시며, 그 결과 그들은 어떠한 강제에 의하지 않은 채 마음으로부터 자진하여 율법에 순종한다.

제7장

성도의 견인(堅忍)

A. 성도의 견인의 본질

개혁교회만이 사실상, 그리스도인이 은혜의 상태에서 떨어질 수 없다고 주장한다. 로마 가톨릭 교회, 소지니파, 아르미니우스파, 심지어 루터교조차 그리스도인이 은혜에서 떨어질 수 있다고 주장하며, 따라서 성도의 견인을 믿지 않는다. 이 교리는 오해하기가 쉽다. 그 명칭은 신자들이 인내하며 구원의 길을 가는 꾸준한 행위를 자연스럽게 암시한다. 하지만 이 인내[견인]는 비록 신자들이 협력하는 행위로 간주할 수 있긴 하지만 주로 신자들의 행위인 것은 아니다. 신자들은 만약 그들 홀로 남겨진다면 넘어지고 말 것이다. 엄격히 말해서, 견인하시는 이는 인간이 아니라 하나님이시다. 견인은 신자의 마음에서 시작된 하나님의 은혜의 역사가 지속되어 완성에 이르도록 성령께서 신자 속에서 끊임없이 행하시는 사역이다.

B. 견인 교리의 증거

견인 교리는 성경의 직접적인 진술들로 입증될 수 있다(요 10:28, 29; 롬 11:29; 빌 1:6; 살후 3:3; 딤후 1:12; 4:18). 이 교리는 선택 교리의 귀결이기도 하다. 선택 교리가 가르치는 바는 단지 구원의 어떤 수단이나 인간이 구원받을 수 있는 방법만 선택되지 않고, 완전한 구원이라는 목표도 선택되었다는 것이다. 견인은 그리스도의 공로들과 중보의 효과에서도 추론할 수 있다. 그리스도께서 값을 치르신 사람들은 다시 정죄 아래로 떨어질 수 없다. 더욱이 그리스도께서 그들을 위해 끊임없이 중보하시는 일은 언제나 효과가 있다(요 11:42; 히 7:25). 견인은 신자들이 그리스도와 이루는 신비한 연합에서도 자연스럽게 추론할 수 있다. 그리스도 안에 한 번 심겨지고 그로써 영생을 얻은 사람들이 어떻게 다시 그리스도의 몸에서 단절되며 이 생명을 잃을 수 있겠는가? 영생이 영원하지 않을 것이라는 가정이 과연 타당할 수 있는가? 마지막으로, 견인은 신자들이 이생에서 구원의 확신을 얻을 수 있다는 사실에서 추론된다(히 3:14; 6:11; 10:22; 벧후 1:10). 만약 신자들이 어느 순간에든 은혜에서 떨어질 수 있다고 한다면 이런 확신을 가질 수 없을 것이다.

C. 견인 교리에 대한 반론들

견인 교리가 거짓 안전과 나태와 방종과 부도덕으로 이어진다는 주장이 자주 제기된다. 하지만 이것은 사실이 아니다. 성경은 우리가 하나님의 은혜로 보호하심을 받는다고 가르치면서도, 우리가 끊임없이 경성하고 근면하고 기도에 힘쓰지 않더라도 하나님께서 우리를 지키신다는 생각을 권장하지 않는다. 더 나아가 성경에는 이 교리에 반대된다고 주장하는 사람들이 근거로 제시하는 세 부류의 구절들이 있다.

(1) 만약 신자가 타락할 수 없다면 불필요하게 될 배교를 경고하는 구절들(마 24:12; 골 1:23; 히 2:1; 3:14; 6:11; 요일 2:6). 하지만 이 구절들은 신자가 견인 사역에 반드시 협력해야 함을 입증할 뿐이다. 사도행전 27:22-25을 31절과 비교해 보면 이해에 도움이 된다.

(2) 신자들에게 성화를 위해 계속해서 힘쓰라고 권면하는 구절들. 만약 신자들이 그들의 존속에 의심이 없다면 이런 권면들이 불필요할 것이다. 하지만 이런 권면들은 하나님께서 자신의 목표를 성취하시기 위해서 도덕적 방법들을 쓰신다는 점을 보여줄 뿐이다.

(3) 실제로 배교한 사례들을 기록하는 구절들(딤전 1:19-20; 딤후 2:17, 18; 4:10; 벧후 2:1, 2). 하지만 그 구절들에 언급된 사람들이 참된 신자들이라는 증거가 없다. 성경 자체가 신앙을 고백하면서도 신앙에 속하지

않은 사람들이 있다고 가르친다(롬 9:6; 요일 2:9; 계 3:1). 사도 요한은
그런 사람들에 관해서 이렇게 말한다. "저희가 우리에게서 나갔으나 우리
에게 속하지 아니하였나니 만일 우리에게 속하였더면 우리와 함께 거하였
으려니와"(요일 2:19).

교회론

교회와 은혜의 방편에 관한 교리

제1편

교회

제1장

교회의 본질

A. 성경에 나타난 교회의 명칭

구약성경이 교회를 가리킬 때 주로 사용한 단어는 '부르다'라는 뜻의 어근에서 유래한다. 이 단어는 특히 예배하러 모인 이스라엘의 회중을 가리켰다. 신약성경에서 '교회'라는 뜻으로 가장 흔히 사용된 단어는 '불러내다'라는 뜻의 동사에서 유래한다. 두 단어 모두 교회를 하나님께서 부르신 회중이라는 뜻을 지닌다. 신약성경에서 '교회'라는 단어를 예수께서 가장 먼저 사용하신다. 예수께서는 이 단어를 자기 주위에 모여 자신을 자기들의 주(主)로 인정하고 천국의 원리들을 받아들인 무리에게 적용하셨다. 훗날 이 단어는 여러 가지 의미들을 지니게 되었다.

1. 교회라는 단어가 가장 빈번하게 가리키는 것은 예배를 위해 모였는지의 여부와 상관없이 구체적인 지역성을 지닌 신자들의 무리 곧 지교회이다. 몇몇 구절들은 교회를 예배를 위해 모인 무리로 간주하지만(행 5:11; 11:26; 고전 11:18; 14:19, 28, 35), 그렇지 않은 구절들도 있다 (롬 16:4; 고전 16:1; 갈 1:2; 살전 2:14).

2. 어떤 구절들은 교회를 가정 교회, 즉 어떤 개인의 '집에서 모인 교회'를 가리킨다. 추측컨대 부자 교인이 자기들의 집을 예배 처소로 제공한 듯하다(롬 16:5, 23; 고전 16:19; 골 4:15; 몬 2).

3. 가장 포괄적인 의미에서 교회라는 단어는 하늘에서든 땅에서든 구주이신 그리스도와 영적으로 연합되었거나 앞으로 연합될 신자들의 전체 집단을 가리킨다(엡 1:22; 3:10, 21; 5:23, 24, 25, 27, 29, 32; 골 1:18,

24).

성경에는 교회를 비유적으로 가리킨 표현들이 많다. 교회를 '그리스도의 몸'이라고도 하고(고전 12:27; 엡 1:23; 골 1:18), '성령의 전'(고전 3:16; 벧전 2:5), '위에 있는 예루살렘'(갈 4:26), '하늘의 예루살렘'(히 12:22), 혹은 '새 예루살렘'(계 21:2. 참조. 9, 10절), '진리의 기둥과 터'(딤전 3:15)라고도 한다. 우리가 사용하는 '교회'라는 단어는 '주께 속하다'라는 뜻의 단어에서 유래했으며, 따라서 교회가 하나님의 것이라는 사실을 강조한다는 점을 유념해야 한다.

B. 교회의 본질

로마 가톨릭 교회와 개신교 사이에는 교회의 본질에 관해 큰 견해차가 있다. 전자는 교회의 본질을 외적이고 가시적인 조직으로 이해한다. 그리고 이 조직은 엄격히 말해서 교회를 구성하는 모든 신자들의 집단으로 이루어지지 않고, 사제들과 보다 높은 계급인 주교들, 대주교들, 추기경들, 그리고 교황으로 구성되는 교직제도(the hierarchy, 성직 위계제도)로 이루어진다. 로마 교회는 '가르치는 교회'인 이 집단을 '배우는' 혹은 '듣는 교회'인 신자들의 일반 집단과 구분한다. 이 위계 집단은 교회의 영광스러운 속성들, 즉 통일성, 거룩성, 보편성, 사도성을 직접 지니는 데 반해, 신자들의 일반 집단은 이 속성들을 간접적으로만 지닌다. 이론적으로 로마 교회는 여전히 자신들의 외적 조직 밖에는 구원이 없다는 원칙을 고수한다. 비록 현실의 사실들로 인해 이 원칙을 다양한 방식으로 수정할 수밖에 없는 상황이 종종 생기긴 하지만 말이다.

종교개혁은 이러한 외적 교회관에 반대했고, 교회의 본질을 불가시적이고 영적인 성도들의 친교에서 찾았다. 이 교회는 모든 시대의 신자들을 포함하며, 신자가 아닌 사람은 여기에 포함되지 않으며, 교회 밖에는 구원이 없다. 이 교회는 구속 사역에 나타난 바 하나님의 영광을 반영하게 되어 있는 예수 그리스도의 영적인 몸이다.

C. 교회의 다양한 성격

교회에 대해 말하려면 다양한 구분을 고려하게 된다.

1. 전투하는 교회와 승리의 교회

지금 땅에 존재하는 교회는 전투하는 교회이다. 즉 교회는 거룩한 전쟁을 하도록 분부를 받으며 실제로 그러한 전쟁을 수행한다. 교회는 온갖 유형으로 제 모습을 드러내는 적대적 세상과, 흑암의 영적 세력에 맞서서 부단히 전쟁을 수행해야 한다. 반면에 하늘에 있는 교회는 승리의 교회이다. 이 교회에서는 칼이 승리의 종려나무로 바뀌고, 전쟁의 함성이 승리의 노래로 바뀌며, 십자가가 면류관으로 바뀐다.

2. 유형교회와 무형교회

하나인 예수 그리스도의 교회는 한편으로는 유형적(有形的)이고 다른 한편으로는 무형적(無形的)이다. 이것은 땅에 존재하는 교회에게 적용되는 구분이다. 교회가 무형적이라고 불리는 이유는 본질상 영적인데, 본질에 관한 한 육체의 눈으로 식별할 수 없기 때문이고, 누가 이 교회에 속하고 누가 이 교회에 속하지 않는지 판단할 수 없기 때문이다. 하지만 이 동일한 교회가 교인들의 신앙고백과 행위, 말씀과 성례의 사역, 그리고 외적 조직과 정치에서는 유형적이다.

3. 유기체로서의 교회와, 제도 혹은 조직으로서의 교회

이 구분은 유형교회에만 적용된다. 제도 혹은 조직으로서의 교회는 직분들, 말씀과 성례의 사역, 그리고 일정 형태의 교회 정치로써 식별할 수 있다. 하지만 이런 것들이 없을지라도, 교회는 여전히 유기체로서, 신자들의 공동체로서 그들의 공동 생활과 신앙고백, 그리고 그들이 연합하여 세상을 대적하는 데에서 식별할 수 있다.

D. 교회의 정의

교회를 정의할 때는 무형교회와 유형교회의 구분을 염두에 둘 필요가 있다. (1) 무형교회는 하나님의 영에 의해 부름을 받은 선택된 자들의 단체, 혹은 더 간단히, 신자들의 단체로 정의할 수 있다. (2) 유형교회는 보다 넓은 개념이며, 자녀들과 함께 참 신앙을 고백하는 사람들의 공동체로 정의할 수 있다. 이 둘이 철저히 평행선을 긋는 게 아님을 유념하는 것이 중요하다. 무형교회에 속한 어떤 사람들이 유형적 조직의 구성원들이 되지 않을 수가 있거나, 그 조직으로부터 축출될 수가 있다. 그리고 유형교회에 속한 어떤 사람들이 불신자들과 위선자들일 수가 있으며, 따라서 그리스도의 몸에 속하지 않을 수가 있다.

E. 각기 다른 시대에 존재한 교회

교회는 하나님께서 여인의 후손과 뱀의 후손 사이에 적대 관계를 세우신 순간부터 존재하지만, 항상 동일한 형태를 지니지만은 않았다.

1. 족장 시대

족장 시대의 교회는 경건한 가족으로 가장 잘 나타났다. 이 교회에서는 아버지들이 제사장 역할을 수행했다. 처음에는 집단 예배가 없었다. 비록 창세기 4:26은 여호와의 이름을 공식적으로 부른 일을 암시하는 듯하지만 말이다. 홍수 때에 교회는 노아의 가족 안에서 구원을 받았다. 그리고 참 종교가 다시 소멸될 기로에 섰을 때, 하나님께서는 아브라함의 가족을 자신을 위해 구별하셨다. 모세 때까지 하나님을 경외하는 일이 가족들 안에서 유지되었다.

2. 모세 시대

출애굽 뒤에 이스라엘 백성은 한 국가로 조직되었고, 아울러 하나님의 교회를 구성했다. 이들은 민족 종교를 표현하는 의식들을 풍부히 부여받았다. 교회는 독립된 조직이 없었지만, 국가 안에서 조직된 존재를 갖고 있었다. 이스라엘은 교회 국가였다. 외국인들은 귀화해야만 교회에 들어올 수 있었다. 예배가 지극히 상세한 내용까지 규정되었고, 그 내용이 대체로 의식적이고 예전적(禮典的)이었으며, 예루살렘에 있는 중앙 성소에서 가장 지고하게 표현되었다.

3. 신약 시대

오순절에 교회는 이스라엘의 국가 생활에서 벗어나 독립된 조직이 되었다. 그때까지 국가 교회였던 것이 이제는 보편적 성격을 띠게 되었다. 그리고 땅 끝까지 확대되는 이상을 실현하기 위해서, 교회는 구원의 복음을 세계 만방에 전파하는 선교 교회가 되어야 했다. 더욱이 과거의 의식적 예배가 신약의 보다 큰 특권들과 조화를 이루는 영적 예배로 대체되었다.

F. 교회의 속성들

교회의 속성들은 주로 무형교회에 속한다. 비록 로마 가톨릭 교회는 이 속성들을 거의 유형교회에만 적용하지만 말이다.

1. 교회의 통일성

로마 가톨릭 교회에 따르면, 교회의 통일성은 모든 민족을 포함하는 것을 목표로 하는 거대한 세계적 조직으로 구성된다고 한다. 그리고 통일성의 중심을 특히 성직 위계 제도에 둔다. 개신교는 교회의 통일성이 주로 영적 성격을 지닌다고 주장한다. 그것은 모든 신자가 지체들로 속해 있는 예수 그리스도의 신비한 몸의 통일이다. 이 통일은 일정한 한도에서는 그리스도인의 신앙고백과 행위, 공적 예배, 그리고 교회의 외적 조직으로 표현된다.

2. 교회의 거룩성

로마 가톨릭 교회는 교회의 거룩성도 외적인 형식으로 인식한다. 교인들의 내적 거룩 대신에 교회의 교의(dogma), 도덕적 계명, 예배, 권징 같은 의식적 성결을 강조한다. 개신교는 거룩 개념을 교회의 지체들에게 적용한다. 그들은 교인들이 그리스도 안에서 객관적으로 거룩하고, 원리에서 주관적으로 거룩하다고 간주한다. 왜냐하면 그들은 새 생명을 소유했고, 완전히 거룩하게 될 사람들이기 때문이다. 이 거룩성은 하나님께 헌신한 삶에서 외적으로 표현된다.

3. 교회의 보편성

로마 교회는 교회가 온 땅에 퍼져 있고, 분파들이 왔다가 사라지는 것과 달리 처음부터 지금까지 계속해서 존재하고 있으며, 모든 분파들을 합한 수보다 더 많은 교인들을 보유하고 있다는 사실에 비추어 보편성을 특히 강조한다. 그러나 개신교는 무형교회가 참된 보편 교회라는 사실을 강조한다. 왜냐하면 이 교회는 모든 시대 모든 신자들을 포함하고, 세계의 모든 민족들 사이에 교인들을 두고 있으며, 인간의 삶 전체를 감독하는 영향력을 갖고 있기 때문이다.

이 세 가지 속성들 외에도 로마 교회는 사도성을 주장한다. 왜냐하면 로마 교회는 기원을 사도들에 거슬러 올라가 찾고, 교리의 토대를 사도적 전승에 두며, 주교들과 교황을 사도들의 합법적 계승자들로 삼기 때문이다.

G. 교회의 독특한 표지들

교회의 표지들은 유형교회에 속하며, 참 교회와 거짓 교회를 구분하는 역할을 한다. 개혁교회는 대개 세 가지 표지를 언급하지만, 이 세 가지는 한 가지로, 즉 교훈과 행실에서 하나님 말씀의 표준을 충실하게 고수하는 것으로 압축할 수 있다. 교회의 세 가지 표지는 다음과 같다.

1. 하나님 말씀의 참된 선포

이것이 교회의 가장 중요한 표지이다(요 8:31, 32, 47; 14:23; 요일 4:1-3; 요이 9). 이것은 교회가 참 교회로 인정받으려면 말씀 전파가 완전해야 한다거나 절대 순결해야 한다는 뜻이 아니다. 땅에서는 그러한 이상적 상태에 도달할 수 없다. 오히려 그것은 말씀 전파가 근본 교훈들에 충실해야 하며, 신앙과 행위를 감독하는 영향력을 지녀야 한다는 뜻이다. 따라서 하나님 말씀을 충실하게 고수하는 교회가 훌륭한 교회이다.

2. 성례의 바른 집행

로마 교회의 견해와 달리, 성례는 하나님 말씀과 떼어놓을 수 없다. 왜냐하면 성례란 사실상 보이는 형태로 전파되는 말씀이기 때문이다. 성례는 합법적 말씀 사역자들에 의해서 신적 제도에 부합하게 다만 신자들과 그 자녀들에게만 집행되어야 한다. 성례 집행이 초대 교회의 현저한 특징이었다(마 28:19; 막 16:16; 행 2:42; 고전 11:23-30).

3. 권징의 신실한 시행

권징의 신실한 시행은 교리의 순결을 유지하고 성례의 거룩성을 지키는 데 절대 필요하다. 권징에 느슨한 교회는 진리의 빛이 어두워지는 것과, 거룩한 것이 남용되는 것을 곧 발견하게 된다. 하나님의 말씀은 그리스도의 교회에서 올바른 권징이 시행되어야 한다고 가르친다(마 18:18; 고전 5:1-5, 13; 14:33, 40; 계 2:14, 15, 20).

제2장

교회 정치

A. 교회 정치에 관한 상이한 이론들

1. 퀘이커교와 다비파

퀘이커교(**Quakers**)와 다비파(**Darbyites**)는 일체의 교회 정치(**church government**)를 원리상 배격한다. 그들은 모든 외형적 교회 조직들이 필연적으로 타락하게 되어 있고, 기독교 정신에 위배되는 결과를 초래하게 되어 있다고 믿는다. 그들은 하나님 말씀 대신에 특별 계시들을, 그들이 인위적으로 수립된 직분들이라고 부르는 것 대신에 신적으로 부여되는 은사들을, 공적 설교 대신에 성령으로 고무된 권면의 말씀을 강조한다.

2. 에라스투스의 제도

에라스투스주의자들(**Erastians**)은 교회를 국가가 제정한 법규들에 의해 존재하고 형태를 갖추게 되는 사회로 간주한다. 교회의 직원들은 단순히 말씀을 가르치거나 선포하는 자들로서, 국가 관리로부터 권리나 권한을 부여받지 않는 한 다스릴 권리나 권한이 없다고 간주한다. 국가는 필요할 경우 교회를 감독하고, 권징을 시행하고, 출교를 단행한다. 이 제도는 교회의 독립성과 예수 그리스도의 머리되심을 무시한다.

3. 감독 제도

감독교회주의자들(**Episcopalians**)은 교회의 머리이신 그리스도께서 교회 정치를 사도들의 후계자들인 감독들(주교들)의 독립된 체계에 직접적

으로 그리고 독점적으로 위임하셨다고 주장한다. 신자들의 공동체는 교회
정치에 조금도 참여하지 못한다. 이것은 한때 로마 가톨릭 교회의 제도였
으며, 지금은 영국 국교회에서 유행하는 제도이다.

4. 현재의 로마 가톨릭 교회의 제도

이것이 논리적 귀결까지 간 감독 제도이다. 이 제도는 주교들이 사도들
의 계승자라고 인정할 뿐 아니라, 사도들 가운데 수위성(首位性)을 지녔던
교황의 계승자라고까지 인정한다. 교황은 교회의 무류한 머리로 존경을 받
는다. 그는 교회의 대표로서 교리와 예배와 교회 정치를 결정하고 규제할
권리를 지닌다.

5. 회중파 제도

이것은 독립파 제도라고도 불린다. 이 제도에서는 각 지교회 혹은 회중
이 서로에게서 독립된 완전한 교회로 간주된다. 감독권은 오직 교회의 지
체들에게만 있다. 직원들은 교회의 기능인들로서 기능을 수행할 뿐, 교회
의 지체들이 그들에게 위임한 정도를 넘어서는 권한을 갖지 못한다. 이것
은 교회 내의 대중 정부 이론이다.

6. 국가 교회 제도

이것은 교회가 국가와 마찬가지로 자발적인 결사(結社)라는 전제하에
전개된다. 개별 교회들 혹은 회중들은 단지 하나의 국가 교회에 속한 지부
들이다. 국가는 공예배를 개혁하고, 교리와 행위에 관한 분쟁을 결정하고,
교회회의들을 소집할 권한을 지닌다. 지교회의 권한들은 아예 무시된다.

B. 개혁교회 혹은 장로교회 제도의 근본 원리들

개혁교회 제도의 일반 원리들은 성경에서 유래하는 반면에, 세부적 원칙
들은 인간의 지혜나 편의에 의해 결정된다. 그 근본 원칙들은 다음과 같다.

1. 그리스도께서 교회의 머리이시며, 교회의 모든 권위의 근원이시다.

그리스도는 이중적 의미에서 교회의 머리이시다. 먼저, 유기적 의미에서 교회의 머리이시다. 교회는 그리스도께서 생명의 유기적 관계를 맺고 계시는 그분의 몸으로서, 그리스도는 이 몸에 자신의 생명을 채우시며, 성령으로 이 몸을 통제하신다(요 15:1-8; 엡 1:10, 22, 23; 2:20-22; 4:15; 5:30; 골 1:18; 2:19; 3:11).

또한 그리스도께서는 교회에 권위를 가지시고 통치하시는 왕이라는 의미에서도 교회의 머리이시다(마 16:18, 19; 23:8, 10; 요 13:13; 고전 12:5; 엡 1:20-23; 4:4, 5, 11, 12; 5:23, 24). 이 책에서 주로 상고하는 것이 바로 이런 의미에서 교회의 머리가 되신다는 점이다. 그리스도께서는 이러한 지위를 가지고 교회를 세우셨고, 교회의 규례들을 마련해 주셨고, 직분들을 세우고 직원들에게 권위를 입혀주셨으며, 항상 교회에 계시면서 직원들을 통해서 말씀하시고 행동하신다.

2. 그리스도께서는 말씀을 수단으로 삼아 권위를 행사하신다.

그리스도께서는 힘으로 교회를 다스리시지 않고, 성령과 (권위의 표준인) 하나님의 말씀으로 다스리신다. 모든 신자들은 무조건 이 왕의 말씀에 순종할 의무가 있다. 그리스도께서 교회의 유일한 왕이시듯이, 그분의 말씀도 절대적 법이자 모두가 순종해야 하는 유일한 말씀이다. 그것은 왕의 말씀이며, 따라서 양심에 구속력을 지닌다. 교회에서 다스리는 위치에 있는 모든 사람들은 그리스도의 권위로 옷 입으며, 그분 말씀의 지배에 순복해야 한다.

3. 왕이신 그리스도께서 교회에 권세를 부여하셨다.

그리스도께서는 교회에 사명을 위임하시고 그것을 이행하는 데 필요한 권세를 부여하셨다. 교회의 모든 지체들에게 일정한 권세를 부여하시지만, 교회의 직원들에게는 특별한 권세를 부여하신다. 비록 그들은 사람들에 의해 직원들로 선출되었지만, 그들의 권위는 사람들에 의해 위임된 것이 아니다. 그들은 [그리스도께서 교회에 주신] 원래의 권세를 지니는 한편, 그

리스도 교회의 직원들로서 사역하는 데 필요한 부가적인 권세도 그리스도
께 직접 받는다.

4. 다스리는 권세는 기본적으로 지교회에 있다.

교회의 권세는 기본적으로 지교회의 당회에 있으며, 당회에 의해서 노회
와 대회로 권한이 위임된다. 모든 지교회는 일정 분량의 자율권 혹은 독립
성을 지니지만, 이 자율권은 지교회가 다른 지교회들과 연합하자마자 자연
스럽게 다양한 방식으로 제한된다. 그러나 일반적으로 전체 교회의 권리는
다른 지교회의 권리에 희생될 수 없다.

C. 교회의 직원들

교회의 직원들은 여러 유형으로 구분할 수 있다. 가장 일반적인 구분은
비상 직원들과 통상 직원들로 구분하는 것이다.

1. 비상 직원들(extraordinary officers).
이들에 관해서 신약성경은 세 부류로 언급한다.

a. 사도들
엄격히 말하자면 사도라는 칭호는 예수께서 택하신 열두 제자와 바울에
게만 적용된다. 하지만 사도적 역할을 수행한 다른 사람들에게도 이 칭호
가 적용된다(행 14:4, 14; 고전 9:5, 6; 고후 8:23; 갈 1:19). 사도들은
특별한 자격을 지닌다. 그들은 (1) 하나님께로부터 혹은 예수 그리스도로
부터 직접 사명을 받는다(막 3:14; 갈 1:1); (2) 그리스도의 부활의 증인
들이다(고전 9:1); (3) 성령께 감동을 받는 것을 의식했다(고전 2:13; 살
전 4:8); (4) 기적들로써 자신들의 전도를 확증했다(고후 12:12; 히
2:4); (5) 하나님께로부터 노고를 인정받은 표로 풍성한 복을 받았다(고
전 9:1; 고후 3:2, 3; 갈 2:8).

b. 선지자들

신약성경은 선지자들에 관해서도 언급한다(행 11:28; 13:1, 2; 15:32; 고전 12:10; 13:2; 14:3; 엡 2:20; 4:11). 이들은 교회에 덕을 세우기 위해 특히 언변의 은사를 받은 사람들이었으며, 경우에 따라서는 비밀들을 드러내고 미래의 사건들을 예언하는 데 쓰임을 받았다.

c. 전도자들

신약성경의 몇몇 구절들은 전도자들을 언급한다(행 21:8; 엡 4:11; 딤후 4:5). 빌립, 마가, 디도, 디모데가 이 부류에 속한다. 그들은 자주 사도들을 수행하면서 설교를 하고 직원들을 임명하고 권징을 시행하는 일을 도왔다(딛 1:5; 3:10; 딤전 5:22).

2. 통상 직원들(ordinary officers).

꼭 언급해야 할 통상 직원들은 다음과 같다.

a. 장로들

'장로들'(elders)이라는 용어는 때로 공동체의 원로들을 가리키며, 때로는 회당 직원들과 유사한 직원들을 가리킨다. 사도행전에는 그들이 자주 언급된다(11:30; 14:23; 15:2, 6, 22; 16:5; 20:17; 21:18). 직분을 가리키는 이 칭호는 점차 사라졌고, 심지어 '감독'(bishop, 주교)이란 칭호로 대체되기까지 했다. 이 두 용어는 여러 구절들에서 같은 의미로 번갈아 사용된다(행 20:17, 28; 딤전 3:1; 5:17, 19; 딛 1:5, 7; 벧전 5:1, 2). 두 용어가 모두 같은 부류의 직원들에게 적용되었으나, '장로'라는 칭호는 그들의 나이를, '감독'이란 칭호는 감독자로서 그들의 사역을 강조했다.

b. 교사들

장로들이 원래 교사들이었던 것은 아니었음이 분명하다. 처음에는 교사들이 따로 있을 필요가 없었다. 왜냐하면 사도들과 선지자들과 전도자들이 있었기 때문이다. 하지만 점차 가르치는 기능이 장로 혹은 감독의 직무와 연관되었다(엡 4:11; 딤전 5:17; 딤후 2:2). 마침내 이단들이 증가하면서 가르치는 임무가 더욱 중요해지자, 그 직무를 위해 특별한 준비가 필요했다(딤후 2:2; 딛 1:9). 이 직무를 위해 준비한 사람들은 다른 수고에 얽매이지 않았으며, 교회에 의해 생계를 지원 받았다. 소아시아의 일곱 교회의 '사자들'은 그러한 교사들이었을 가능성이 크다(계 2:1, 8, 12, 18; 3:1, 7, 14).

c. 집사들

신약성경은 집사들에 관해서 거듭해서 말한다(빌 1:1; 딤전 3:8, 10, 12). 지배적인 견해에 따르면, 사도행전 6:1-6은 집사직 설립을 기록한다. 하지만 어떤 사람들은 이 단락에 언급된 일곱 사람이 장로들로 임명받은 것이라고 주장한다. 그리고 다른 사람들은 그들이 특별한 기능을 위해서 임시로 임명받았을 뿐이라고 주장한다. 물론 그들의 사역이 당시의 독특한 상황에 요구되는 특별한 형태를 띠긴 했어도, 그들이 초대 집사들일 가능성이 크다.

3. 직원들의 소명과 취임

여기서는 논의의 범위를 통상 직원들로 제한한다.

a. 소명

직원들의 소명은 이중적이다.

1) **내적 소명**. 내적 소명을 특별 계시에 의한 초자연적 부르심으로 간주해서는 안 된다. 내적 소명은 하나님을 사랑하는 심정에서 타오르는 강한 의욕, 하나님 나라의 특별한 사역, 필요한 은사들을 미리 어느 정도 갖춘 확신, 그리고 하나님께서 길을 예비하고 계신 데 대한 체험 등의 섭리적 지시들이다.

2) **외적 소명**. 내적 소명은 교회에 의한 외적 소명에서 필요한 보완을 발견한다. 이 외적 소명은 내적 소명을 확증하는 역할을 하며, 그로써 소명을 발견한 당사자에게 자신이 하나님께 부름을 받았다는 확신을 준다. 교

회의 직원들은 이 소명이 확장되는 것을 주시하고 판단해야 하지만, 사람들의 견해도 무시해서는 안 된다(행 1:15-26; 6:2-6; 14:23).

b. 취임

취임과 관련한 두 가지 의식이 있다.

1) **임직식**(ordination). 이 의식은 후보자의 소명과 시취(試取)를 전제로 한다. 이것은 당회 혹은 노회가 하는 일이며, 후보자가 받는 목회 소명에 대해 공식적으로 인정하고 확증하는 의식이라고 할 수 있다.

2) **안수식**. 임직식에는 안수가 따른다. 사도시대에는 두 의식이 나란히 진행되었다(행 6:6; 13:3; 딤전 4:14; 5:22). 이 의식은 후보자가 특정 직분을 위해 구별되었음과, 특별한 영적 은사가 그에게 부여되었음을 상징한다. 오늘날 안수식은 단지 후보자가 목회 사역을 위해 구별되었음을 상징적으로 표시하는 의식으로 간주된다.

D. 교회의 회의들

1. 다양한 교회의 회의들

개혁교회는 여러 개의 치리 기관들을 둔다. 치리 기관들의 상호 관계는 신중한 법적 등급으로 표시된다. 이 기관들은 당회, 노회(속회), 대회로 알려진다. 어떤 교회들은 노회와 총 대회 곧 총회 사이에 특별 대회로 알려진 중개 고리를 둔다. 당회는 지교회의 목사(목사들)와 장로들로 구성된다. 노회는 특정 지역 내에서 각 지교회가 파견한 목사 일인과 장로 일인으로 구성된다. 그리고 대회는 각 노회에서 동수(同數)로 파견한 목사들과 장로들로 구성된다.

2. 지교회의 정치

종교개혁 교회들에서는 지교회의 정치가 대표적 성격을 띤다. 교인들이 치리 장로들을 자신들의 대표들로 선출하며, 치리 장로들은 목사(들)과 함께 교회 정치를 위한 당회를 형성한다. 이 과정에서 지교회는 초기 사도 교회의 본을 따른다(행 11:30; 14:23; 20:17; 빌 1:1; 딤전 3:1; 딛 1:5, 7). 장로들은 교인들에 의해 선출되는 반면에, 권위를 교인들로부터 받지 않고 교회의 주인이신 예수 그리스도께 직접 받는다. 그들은 왕의 이름으로 치리하며, 오직 그 왕께만 책임을 진다. 모든 지교회는 온전한 교회로서, 교회 정치에 요구되는 자격을 충분히 구비하며, 따라서 상대적으로 독립성을 지닌다. 지교회는 외부로부터 부과되는 어떠한 유형의 정치에도 복종할 수 없고, 하지 않아도 된다.

그럴지라도 지교회는 동시에 공동 합의에 근거하여 다른 교회들과 연합을 결정할 수 있고 또 당연히 그래야 하며, 그런 유형의 모든 연합은 자연히 지교회 본연의 권리들을 일정 부분 제한하게 된다. 그런 경우에는 대개 교회 헌장(church order)이 작성되는데, 이 헌장은 한편으로는 지교회의 권리와 이익을 보호하고, 다른 한편으로는 연합된 교회들의 집단적 권리와 이익을 보호한다. 지교회들이 서로 합의한 문제들은 무시되어서는 안 된다. 경우에 따라 전체 교회의 보다 큰 유익을 위해서 지교회에 대해서 자체의 유익을 부정하도록 요구할 수도 있다.

3. 대회의들

대회의들은 노회와 총회이며, 이 회의들에 대해서는 약간 설명이 필요하다.

a. 대회의들에 대한 성경적 근거

성경에는 지교회가 유기적 연합을 결성하라는 뚜렷한 명령이 없다. 하지만 교회의 영적 통일성을 감안할 때 그러한 연합의 의무는 당연한 듯하다. 교회의 영적 통일성이 어떤 형태로든 외적으로 표현되어야 하는 것이다. 더욱이 예루살렘 교회와 안디옥 교회가 여러 지역 회중들로 구성되었다고 생각할 만한 이유들이 있다. 그리고 마지막으로 사도행전 15장은 예루살렘 공의회에 관해서 전하는데, 이 공의회는 분명히 대회의의 성격을 띠었다.

b. 대회의들의 대표적 성격

회중을 직접 대표하는 사람들이 당회를 구성하고, 당회를 대표하는 사람들이 노회에 참석하며, 노회를 대표하는 사람들이 대회 혹은 총회에 참석한다. 대회가 좀더 전체적인 성격을 띨수록 그 대회는 회중으로부터 한층 멀어진다. 그럴지라도 어떠한 대회의도 교회의 통일성을 표현하는 일과, 선한 질서를 유지하는 일, 그리고 자체 사역의 전반적인 효과를 달성하지 못할 정도로 멀리 떨어져 있지 않다.

c. 대회의들의 관할권에 해당하는 문제들

교회 회의들은 당연히 교회의 문제들, 즉 교리와 도덕, 교회 정치와 권징, 그리고 예수 그리스도의 교회의 통일성과 선한 질서를 유지하는 데 필요한 일에 관한 문제들만 다뤄야 한다. 더 구체적으로 말하자면, 대회의들이 다루는 문제들은 (a) 성격상 소회의들에서 다뤄야 하지만 어떤 이유에서 그 회의들에서 다룰 수 없는 것들과, (b) 교회 일반에 해당하기 때문에 성격상 대회의들에서 다뤄야 하는 것들이다.

d. 대회의들의 권세와 권위

대회의들은 당회에 부여된 것보다 더 높은 종류의 권한을 지니지 않는다. 대회의들은 당회와 동일한 종류의 권한을 지니지만, 단지 권한의 양이 더욱 크다. 대회의들은 여러 교회들을 대표하기 때문에 자연히 권한이 축적된다. 더욱이 이 대회의들이 내리는 결정은 명백히 권고 사항이라는 단서가 붙는 경우를 제외하고는 단순한 권고가 아니라 권위를 지닌다. 그 결정은 하나님의 말씀에 위배된다고 증명될 수 있기 전에는 교회들에게 구속력을 지닌다.

제3장

교회의 권세

A. 교회의 권세의 원천

예수 그리스도께서는 교회를 세우셨을 뿐 아니라, 교회에 필요한 권세 혹은 권위를 부여하셨다. 그분은 영적 왕국인 교회의 왕으로서 이 일을 하셨다. 제자들에게 매고 푸는 권세, 즉 왕국 혹은 교회의 영역에서 무엇이 금지되고 무엇이 허용되는지를 결정할 권세를 주셨으며(마 16:18), 무엇을 용서하고 무엇을 그냥 내버려두며, 무엇을 왕국에 받아들이고 무엇을 왕국에서 축출하는지를 결정할 권세를 주셨다(요 20:23). 사도들에게 충분하게 확대된 이 권세는 비록 사도들에 비해 덜 절대적이긴 하나 교회 일반에게도 부여된다.

교회는 이 권세를 행사할 때 사도적 말씀에 전달된 바 바른 생활과 정당한 행위의 표준에 의해 제재를 받는다. 권세의 일정 분량은 회중 전체에게 부여되지만(고전 5:7, 13; 6:2-4; 12:28), 특별한 분량이 직원들에게 부여되며, 교회는 주로 직원들을 통해서 권세를 행사한다. 이 직원들은 권위를 그리스도께 직접 받는다. 비록 교회가 그들을 직분에 세우는 데 도구 역할을 하지만 말이다.

B. 이 권세의 본질

그리스도께서 교회에게 부여하시는 권세는 다음과 같다.

1. 영적 권세

교회의 권세가 영적인 것이라는 점은 그것이 철저히 내적이고 불가시적이라는 뜻이 아니다. 왜냐하면 그리스도께서는 육체와 영혼을 다 같이 다스리시기 때문이다. 집사들의 사역은 육체의 필요를 채워주는 데 특별히 관계가 있다. 교회의 권세가 영적인 이유는 성령께서 그 권세를 주시기 때문이고(행 20:28), 그것이 성령의 능력의 표현이고(요 20:22, 23; 고전 5:4), 오직 신자들에게만 국한되며(고전 5:12), 도덕적 혹은 영적 방법으로만 행사될 수 있기 때문이다(고후 10:4). 그리고 교회의 권세는 철저히 영적이기 때문에, 선한 질서를 유지하기 위해서 무력을 사용하지 않는다.

2. 사역적 권세

교회의 권세가 독립적이고 주권적 권세가 아니라(마 20:25, 26; 23:8, 10; 고후 10:4, 5; 벧전 5:3) 사역적 권세라는 것은 성경에 분명히 나타난다(행 4:29, 30; 20:24; 롬 1:1). 사역적 권세는 그리스도께로부터 유래하며, 그분이 교회에 대해서 지니시는 주권에 종속된다(마 28:18). 사역적 권세는 성령의 지도하에, 교회의 왕이신 예수 그리스도의 이름으로, 하나님의 말씀에 부합하게 행사되어야 한다(롬 10:14, 15; 엡 5:23; 고전 5:4).

C. 여러 종류의 교회 권세

그리스도의 삼중직으로부터 교회의 삼중 권세도 유래한다.

1. 교리권 혹은 가르치는 권세

교회는 진리에 관련된 의무를 갖고 있다. 하나님의 말씀이 진리의 곳간인 교회에 부여되었고, 교회는 진리를 수호하고, 그것을 대대로 충실하게 전수하며, 모든 불신앙의 세력들로부터 그것을 방어하는 사명을 받았다(딤전 1:3, 4; 딤후 1:13; 딛 1:9-11).

더 나아가 교회는 죄인들을 회심시키고 성도들을 교육하기 위해서 말씀을 전파하는 의무를 갖고 있으며, 성경을 여러 언어로 번역하여 전도의 사역이 세계 모든 민족에게 전달될 수 있도록 하는 의무를 갖고 있다(사 3:10, 11: 고후 5:20; 딤전 4:13; 딤후 2:15; 4:2; 딛 2:1-10).

더 나아가 교회는 신조들과 신앙고백들을 작성함으로써 신앙을 체계적으로 진술하고, 그로써 세상이 교회가 믿는 바를 정확하게 알 수 있도록 해야 한다. 이러한 신조들의 필요성은 특히 많은 사람들이 교회의 역사적 신앙에서 떠나는 배교의 시대에 더욱 절감된다. 마지막으로, 신학 연구에 의해서 진리를 발전시키는 것도 교회의 의무이다. 교회는 하나님의 계시인 진리 자체에 힘입어, 그리고 미래의 사역자들을 훈련하는 데 힘입어 신학 연구를 해나간다. 성경에 따르면 교회는 다음 세대의 교사들과 목사들을 훈련하는 일을 지원하고 감독할 의무가 있다(딤후 2:2).

2. 치리권

교회의 치리권에는 두 가지 요소가 있다.

a. 질서 유지권

"하나님은 어지러움의 하나님이 아니시오 오직 화평의 하나님이시니라" (고전 14:33). 하나님은 교회 안에서 모든 것을 적당하게 하고 질서대로 할 것을 원하신다(40절). 그런 이유에서 하나님은 교회의 문제들을 올바로 규제하기 위해서 규례를 마련해 주셨다. 이 규례에 힘입어 교회는 그리스도께서 교회를 위해 제정하신 법을 집행할 권리를 지닌다. 교회의 모든 지체들이 어느 정도 이 권세를 소유하지만(롬 15:14; 골 3:16; 살전 5:11), 이 권세는 특별한 의미에서 직원들에게 부여된다(요 21:15-17; 행 20:28: 벧전 5:2).

이 권세에는 교회법이나 교회 헌장 같은, 율법을 올바로 적용하기 위한 규정들을 작성할 권한도 포함된다. 이러한 규정들은 어떤 사람들을 교인으로 받아들일 것인지, 교회의 직원을 세울 때 어떤 기준으로 해야 하는지, 공예배를 어떻게 드려야 하는지, 권징을 어떻게 시행해야 하는지를 명문화하는 역할을 한다. 이 규정들은 하나님의 말씀에서 발견되는 일반적 원리들에 토대를 두어야 하지만, 세부 내용은 항상 교회의 특별한 필요와 복지와 건덕(健德)도 어느 정도 고려해야 한다.

b. 권징권(judicial power).

교회는 올바른 권징을 시행함으로써 성결을 지켜야 할 의무가 있다. 권징권은 다음 구절들에 토대를 둔다: 마 16:19; 18:18; 요 20:23; 고전 5:2, 7, 13; 고후 2:5-7; 살후 3:14, 15; 딤전 1:20; 딛 3:10.

교회가 권징을 시행하는 목적은 두 가지이다. 첫째 목적은 입교와 출교에 관한 그리스도의 법을 시행하려는 것이고, 둘째 목적은 교인들로 하여금 그리스도의 법에 순종하게 함으로써 교회 지체들을 영적으로 장성케 하려는 것이다. 두 가지 목적 모두 보다 높은 목적, 즉 예수 그리스도의 교회의 성결 유지라는 목적에 귀속된다.

교인 중에 누가 병에 걸린다면[즉, 죄에 빠진다면], 교회는 그를 치유하는 데 힘써야 하지만, 만약 그것이 불가능하다고 판명된다면 교회는 다른 지체들을 보호하기 위해서 그를 버릴 것이다. 교회의 모든 회원들이 끝내 회개하기를 거부하는 회원을 경고하고 훈계할 의무가 있지만, 교회의 직원들만이 교회의 권징을 시행할 수 있다. 직원들은 사적인 죄에 대해서는 마태복음 18:15-17의 원칙에 따라 자신들이 인지하게 되었을 때에만 그 죄를 처리할 수 있다. 하지만 공적인 죄에 대해서는 정식 고소가 제기되지 않은 때라도 처리할 의무가 있다.

당회의 권징 조치는 세 단계로 이루어진다. (1) 죄를 범한 지체를 성찬에 참여하지 못하도록 금한다. 이 초기 조치는 공포되지 않으며, 죄인을 회개케 하기 위한 은밀한 훈계 노력을 수반한다. (2) 세 차례의 공적 고지(告知)와 훈계. 첫 번째는 죄를 언급하되 죄인은 거명하지 않는다. 두 번째는 노회의 조언에 따라 죄인을 거명한다. 세 번째는 출교를 예고한다. (3) 마지막으로 정식 출교가 단행된다. 이 조치로써 죄인은 교회의 교제에서 단절된다(마 18:17; 고전 5:13; 딛 3:10).

3. 자비의 권세 혹은 자비의 시행

그리스도께서는 사도들과 칠십 문도를 보내실 때 전도하도록 분부하셨을 뿐 아니라 귀신들을 쫓아내고 모든 각종 병자들을 고치도록 분부하기도 하셨다(마 10:1, 8: 눅 9:1, 2: 10:9, 17). 그리고 초기 그리스도인들 중에는 병 고치는 은사를 지닌 사람들과 이적의 능력을 지닌 사람들이 있었다(고전 12:9, 10, 28, 30: 막 16:17, 18). 사도들과 초기의 몇몇 신자들이 부여받은 특별한 은사들은 계시 시대가 끝났을 때 중단되었다.

그 때부터 자비의 사역은 교회가 가난한 자들을 돌보는 일에 주로 국한되었다. 주께서는 이것을 교회의 의무로 암시하셨다(마 26:11: 막 14:7). 초대 교회는 일종의 유무상통을 시행했으며, 그로써 그들 가운데 핍절한 사람이 생기지 않았다(행 4:34). 나중에는 일곱 사람이 가난한 사람들에게 양식을 공정히 분배하는 임무를 띠고 임명되었다(행 6:1-6). 서신서들은 제직회(집사들의 회)를 교회의 직원들로 거듭 언급한다(롬 16:1: 빌 1:1: 딤전 3:8-12).

더욱이 신약성경은 가난한 사람들을 구제할 필요성을 크게 강조한다(행 11:29: 20:35: 고전 16:1, 2: 고후 9:1, 6, 7, 12-14: 갈 2:10: 6:10: 엡 4:28: 딤전 5:10, 16: 약 1:27: 2:15, 16: 요일 3:17).

제2편

은혜의 방편들

제1장

은혜의 방편으로서의 말씀

A. 가장 중요한 은혜의 방편인 하나님의 말씀

'은혜의 방편'(means of grace)이라는 용어는 때로 아주 일반적인 의미로 교회, 말씀 선포, 성례, 안식일의 기도 등 신자들의 영적 안위를 증진시킬 수 있는 것을 가리키는 데 사용된다. 하지만 일반적으로는 보다 제한된 의미로 사용되어, 하나님의 말씀과 성례를 가리킨다. 엄격히 말하자면 이 둘만 은혜의 방편으로 간주할 수 있다.

말씀을 은혜의 방편이라고 말할 때는 인격적 말씀(삼위일체의 제2위, 요 1:1이하)을 가리키지도 않고, 만물을 창조하시고 보존하시는 권능의 말씀을 가리키지도 않으며(시 33:6; 히 1:3), 선지자들이 받은 어떤 종류의 계시도 가리키지도 않는다.

은혜의 방편이라는 말은 아주 구체적으로 성경에 기록되고, 교회에 선포되는 하나님의 말씀을 가리킨다. 그것은 하나님의 은혜의 말씀이며, 따라서 가장 중요한 은혜의 방편이다. 가장 크게 강조되는 것은 하나님의 이름으로 선포되는 말씀이지만, 말씀은 선포 이외의 다른 방법으로도, 즉 가정에서와 학교에서, 대화와 책을 통해서도 인간에게 전달될 수 있다. 성례가 오직 교회에서 합법적인 목사에 의해서만 집례될 수 있는 반면에, 하나님의 말씀은 모든 신자들에 의해서 세상에 전파될 수 있고, 다양한 방식으로 작용할 수 있다.

B. 말씀과 성령의 관계

말씀의 작용과 성령의 사역 사이에 어떤 관계가 있는가 하는 문제에 관해서는 항상 견해 차이가 있었다. 펠라기우스주의자들과 합리주의자들은 말씀의 지적·도덕적 작용으로도 새 생명을 일으키는 데 충분하다고 간주하며, 성령의 부가적인 사역의 필요성을 느끼지 않는다. 반면에 율법폐기론자들은 성령의 사역에서만 모든 것을 기대한다. 그들은 내적인 말씀 혹은 내적 빛의 중요성을 강조하며, 외적 말씀을 아예 필요없다고 간주한다. 하지만 실상은 오직 말씀만으로는 신앙과 회심을 일으키는 데 충분하지 않으며, 다른 한편으로는 성령께서도 비록 얼마든지 능력이 있으시지만 일상적으로는 말씀 없이 역사하시지 않는다. 구속 사역을 적용하는 일에서 말씀과 성령은 함께 역사한다. 즉, 성령께서 말씀을 도구로 쓰신다. 말씀 전파는 그것이 성령에 의해 효과있게 되기 전까지는 소기의 열매를 맺지 못한다.

C. 은혜의 방편인 말씀의 두 부분

우리는 은혜의 방편인 말씀을 율법과 복음으로 구분한다.

1. 율법과 복음의 차이

율법과 복음은 오늘날 가끔 주장되듯이 상반된 것으로 간주해서는 안된다. 율법과 복음을 상반되게 간주하는 사람들은 율법을 행위 언약의 조건으로 생각하며, 대개 율법이 지니는 다른 측면들을 인식하지 못한다. 그런데 만약 율법을 단순히 행위 언약 —파기된 언약 —의 조건으로만 간주한다면 그것은 자연히 은혜의 방편이 될 수 없다. 율법을 은혜의 방편으로 생각한다는 것은 그것을 하나님의 성품과 의지를 필수적으로 표현한 것으로 생각하는 것이고, 보다 구체적으로 그것을 은혜 언약에 종속된 것으로 생각하는 것이다. 따라서 율법은 하나님의 약속들과 긴밀히 연결되어 있고, 심지어 그 약속들에 스며들어 있다. 율법 안에서 복음을 말할 수 있는 것이다. 복음에는 하나님의 약속들이 자연스럽게 전면에 나타나지만, 이것은 복음과 관련하여 아무런 요구들이 없다는 뜻이 아니며, 복음의 경륜 안에서 사는 사람들이 모든 점에서 율법으로부터 자유롭다는 뜻도 아니다. 율법은 복음을 믿을 것을 요구하고, 복음은 삶에서 율법을 성취하는 데 목표를 둔다. 분명히 율법은 신약성경에서도 존중된다(마 5:17-19; 롬 13:10; 엡 6:2; 약 2:8-11; 요일 3:4; 5:3).

2. 율법의 기능

율법은 주로 죄를 억제하고 의를 권장함으로써 세상에서 일반 은총의 목적을 수행한다. 하지만 이것은 은혜의 방편으로서의 구체적인 용도가 아니다. '은혜의 방편'이란 특별 은총의 방편이기 때문이다.

은혜의 방편이라는 지위에서, 율법은 무엇보다도 인간으로 하여금 죄를 깨닫게 하는 목적을 수행한다(롬 3:20). 아울러 인간 자신에게 율법의 요구를 이룰 만한 능력이 전무하다는 것을 깨닫게 하고, 그를 그리스도께 인도하는 몽학선생이 되어준다(갈 3:24).

둘째로, 율법은 신자들에게 삶의 준칙이 되기도 한다. 그로써 그들의 의무를 일깨워 주고, 그들을 생명과 구원의 길로 인도한다. 율법폐기론자들은 율법의 이러한 용도를 부정한다

3. 복음의 기능

율법은 순전히 법으로 이해할 경우 자체에 관해서는 가리킬 것이 없고, 구약성경의 약속들과 관련하여 구원의 길로 오시는 구속주를 가리킬 뿐이다. 복음은 예수 그리스도 안에 계시된 구원의 길을 분명히 소개한다. 복음은 죄인에게 믿음과 회개로써 그리스도께 나올 것을 권하고, 진정으로 회개하고 믿는 사람들에게 현재와 미래의 모든 복을 약속한다. 복음은 믿는 모든 사람에게 구원을 주시는 하나님의 능력이다.

제2장

성례 일반

A. 말씀과 성례의 관계

하나님의 말씀은 성례 없이도 은혜의 방편으로 존재할 수 있고 그 자체로도 온전하지만, 성례는 말씀 없이는 존재할 수 없고, 그 자체로는 온전하지도 않다. 이 점은 로마 가톨릭 교회의 그릇된 주장에 대해서 반드시 견지해야 한다. 로마 교회는 성례가 죄인들의 구원에 필요한 모든 것을 담고 있다는 가정을 토대로 삼는다. 성례는 귀보다 더 민감한 눈에 호소함으로써 인상을 깊게 넣어주기 때문에 인간에게 특별한 도움이 된다.

말씀과 성례는 둘 다 하나님을 주된 행위자로 삼고, 그리스도를 중심 내용으로 삼는다는 점과, 신앙으로 받는 것이라는 점에서 일치한다. 동시에 몇 가지 중요한 점에서는 서로 다르다. (1) 말씀은 절대 필요한 반면에, 성례는 그렇지 않다. (2) 말씀은 신앙을 낳고 강화하는 의도를 지닌 반면에, 성례는 신앙을 강화할 수 있을 뿐이다. (3) 말씀은 온 세상으로 퍼져나가는 반면에, 성례는 언약 안에 있는 사람들에게만 시행된다.

B. '성례'라는 단어의 기원과 의미

'성례'(sacrament)라는 단어는 성경에 나오지 않는다. 그것은 라틴어 사크라멘툼에서 유래한 것으로서, 이 라틴어는 원래 법률 소송중인 쌍방이 예치한 예치금을 가리켰다. 판결이 난 뒤 승소한 측에는 돈이 반환되지만, 패소한 측에게는 그것이 신들에게 바치는 일종의 제물로 몰수되었다. 이 용어가 기독교적 용도로 전환된 사례는 아마 다음 경우에서 찾을 수 있을 것이다. (1) 군인이 자기 지휘관에게 엄숙히 복종을 선서하는 서약을 가리키는 군사적 용도. (2) 비밀이라는 뜻의 헬라어를 번역하는 데 이 용어를 사용한 불가타(the Vulgate, 라틴어 번역성경)의 용도. 따라서 성례는 복종의 서약과 비밀이란 뜻으로 모두 간주되었다.

이러한 점들을 종합해서 성례를 다음과 같이 정의할 수 있다. 성례는 그리스도께서 제정한 거룩한 규례로서, 하나님이 그리스도 안에서 베푸신 은혜를 감지할 수 있는 표징을 통해 신자들에게 제시되고, 인쳐지고, 적용되며, 신자들은 이에 참여함으로써 하나님께 대한 신앙과 복종을 표시한다.

C. 성례를 구성하는 부분들

성례는 세 가지 부분으로 구분해야 한다.

1. 외적이고 가시적인 표징

성례들은 저마다 외적인 요소, 즉 세례의 물과 성찬의 떡과 포도주를 지닌다. 이 요소들을 시행하고 받는 것 자체는 성례의 외적인 면이다. 간혹 불신자가 성례를 받았다고 말하는 경우처럼 이것을 가리켜 성례라고 하는 경우도 있다. 하지만 그것이 성례의 전부가 아니며, 성례의 가장 중요한 부분도 아니다.

2. 성례가 상징하는 내면적이고 영적인 은혜

표징이란 상징되는 어떤 것을 가리키게 마련인데, 성례에서도 상징되는 내용이 성례의 내적 의미를 구성한다. 성경은 이 내적 의미를 다양하게 가르쳐서, 은혜 언약이라고도 하고(창 17:11), 믿음의 의(롬 4:11), 죄 사함(막 1:4; 마 26:28), 신앙과 회개(막 1:4; 16:16), 그리스도의 죽음과 부활 안에서 그분과 연합함(롬 6:3, 4; 골 2:11, 12)이라고도 한다.

3. 표징과 표징 대상의 연합

성례의 본질을 구성하는 것은 표징과 표징 대상의 연합이다. 이것은 마치 외적인 면이 내적인 면을 자연히 포함하는 것처럼 물리적으로 인식하거나(로마 가톨릭 교회), 두 가지가 동일 공간에 존재하는 것처럼 장소적으로 인식(루터교)해서는 안 되고, 영적으로, 즉 성례를 신앙으로 받는 곳에는 하나님의 은혜가 따른다는 것으로 이해해야 한다.

D. 성례의 필요성

로마 가톨릭 교회는 세례가 구원을 얻는 데 절대 필요하다고 주장하며, 고해성사도 세례 뒤에 대죄를 범한 사람들에게 절대 필요하다고 주장한다. 하지만 견진성사(견신례), 성체성사(성찬), 종부성사는 성경에 명령되어졌다는 점에서 필요하며 대단히 유익하다고 주장한다.

하지만 개신교는 성례가 구원을 얻는 데 절대 필요하지는 않되, 하나님이 명하신 것이기 때문에 구속력을 갖는다고 간주한다. 성례를 고의적으로 무시한다면 하나님께 고의적으로 지속적으로 불순종하는 것과 마찬가지로 영혼의 파멸을 초래한다.

E. 구약 성례와 신약 성례의 비교

로마 교회는 구약의 성례와 신약의 성례 사이에 본질적인 차이가 있다고 주장한다. 구약의 성례는 단지 예표적이고, 영적 조건에 영향을 끼치지 않았으며, 다만 그것을 받는 사람에게 법적 표준이었을 뿐이고, 그것을 받는 사람이 신앙을 어떻게 발휘하느냐의 여부에 좌우되었다고 주장한다. 그러나 신약의 성례는 단지 성례적 행위 그 자체로 그것을 받는 사람에게 영적 은혜를 끼친다(ex opere operato, 사효성〈事效性〉)고 주장한다.

하지만 구약과 신약의 성례들 사이에 본질적인 차이가 없다는 것은 자명한 사실이다. 이 점은 로마서 4:11; 고린도전서 5:7; 10:1-4; 골로새서 2:11 같은 구절들에서 추론할 수 있다. 동시에 두 성례 사이에는 특정한 차이점들이 있다. (1) 구약의 성례는 영적 의미 외에도 민족적 양상을 띠었다. (2) 구약의 성례는 그리스도를 가리키며, 장차 공로로 나타나야 했던 은혜의 인(印)이었던 반면에, 신약의 성례는 시간을 거슬러 그리스도와 그분이 완수하신 구속의 제사를 가리킨다. (3) 구약의 전체 경륜이 그랬던 것과 똑같이, 구약의 성례도 그것을 받는 사람에게 신약의 성례가 전달하는 것과 같은 풍성한 영적 은혜를 전달하지 않았다.

F. 성례의 수

구약 시대에는 성례가 두 가지, 즉 할례와 유월절뿐이었다. 할례는 다른 민족들 사이에서도 건강의 이유로 시행되었지만, 이스라엘에서는 죄를 베어내는 것을 상징하는 은혜 언약의 성례가 되었다. 모세 시대에는 하나님 백성의 구원을 상징하고 예표하는 유월절이 추가되었다. 두 성례 모두 피의 성례였으며, 따라서 구약의 제사 제도와 조화를 이루었다.

신약의 교회도 두 가지 성례, 즉 세례와 성찬을 지닌다. 신약 시대 전체가 그렇듯이, 이 두 성례는 피 흘림이 없는 성례이다. 그리스도께서 십자가에서 완전한 제사를 드리신 뒤에는 더 이상 피 흘리는 일이 필요하지 않다. 로마 교회는 전혀 근거 없이 견진성사, 고해성사, 신품성사, 혼인성사, 종부성사를 추가함으로써 성례[성사]의 수를 일곱 개로 늘려 놓았다.

제3장

기독교 세례

A. 기독교 세례의 제정

그리스도께서는 부활하신 뒤에, 즉 구속 사역을 완수하신 뒤에 세례를 제정하셨다. 중보자로서의 충분한 권위를 가지고 그렇게 하셨으며, 오는 모든 세대에 그것을 시행하도록 명하셨다. 제자로 삼은 모든 사람들에게 그들이 새로운 관계에 들어갔다는 표로써 세례를 주도록 하셨다. 사도들은 "아버지와 아들과 성령의 이름으로(안으로)" 세례를 주도록 분부를 받았다. 이것은 그들이 회심자들에게 삼위 하나님의 권위로 세례를 주라는 뜻이라기보다, 그들에게 삼위 하나님과의 관계 안에서 세례주어야 한다는 것을 의미한다. 세례는 그들이 믿음을 통해 하나님과 새로운 관계로 들어갔다는 사실을 표현하는 것이다.

그리스도께서는 세례 식문(式文)을 작성해 주실 의도가 없으셨지만, 훗날 교회가 그 식문의 필요를 느꼈을 때 그리스도께서 성찬을 제정하시며 하신 말씀에 담긴 내용보다 더 나은 것을 발견할 수 없었다. 이 식문은 2세기 초반에 이미 사용되고 있었다.

B. 세례의 올바른 양식

침례교는 완전 침수(浸水) 뒤에 나오는 것만이 올바른 세례의 방식이라고 주장하면서, 이 의식이 신자의 영적 죽음과 부활을 상징해야 하기 때문이라고 그 이유를 제시한다. 이 주장에는 두 가지 질문이 제기된다. (1) 세례의 상징에서 본질적인 것이 무엇인가? (2) 침수가 유일하게 올바른 세례의 형식인가?

1. 세례의 상징에서 본질적인 것이 무엇인가?

침례교에 따르면, 세례에서 본질적인 것은 물에 잠기는 것[침수]이다. 다른 형식으로 시행하는 것은 세례가 아니다. 왜냐하면 세례의 참뜻이 물에 들어갔다가 나오는 것으로 표현되기 때문이다. 침수에 씻는다는 의미도 내포되어 있긴 하지만, 그것은 순전히 부수적인 것이다. 이러한 침례교의 주장은 마가복음 10:38, 39; 누가복음 12:50; 로마서 6:3, 4; 골로새서 2:12을 토대로 삼지만, 이 구절들은 그들의 주장을 뒷받침하지 않는다. 성경은 분명히 씻음의 개념을 세례의 본질로 설명한다. 이러한 개념이 구약의 모든 씻는 의식들에 담겨 있으며(시 51:7; 겔 36:25), 요한과 예수님의 세례에도 담겨 있다(요 3:25, 26). 세례가 영적 씻음 혹은 정화를 상징한다는 것은 여러 구절들에서 분명하게 나타난다(행 2:38; 22:16; 고전 6:11; 딛 3:5; 히 10:22; 벧전 3:21). 이것이 성경이 강조하는 사항이다.

2. 침수가 유일하게 올바른 세례의 양식인가?

침수만을 유일하게 올바른 세례 양식으로 간주하는 침례교의 견해와 달리, 우리는 씻음이라는 근본 개념이 의식에 나타나는 한 양식은 비본질적이라고 주장한다. 예수께서는 특정한 세례 양식을 규정하지 않으셨고, 성경도 특정 양식을 강조하지 않는다. 예수께서 사용하신 단어는 반드시 ‘침수하다’ 라는 뜻이 아니라, ‘씻음으로 정결케 하다’ 라는 뜻일 수도 있다. 성경에 언급된 몇몇 경우들이 침수에 의한 세례들인 경우들일 가능성이 있고, 그럴 개연성이 높다. 하지만 한 가지 경우도 절대로 그렇다고 장담할 수 없다. 초창기부터 침수뿐 아니라 뿌리고 붓는 방식으로 세례를 시행하는 것이 관습이었다. 구약시대의 정결 의식은 비록 다 그랬던 것은 아니지만 빈번하게 뿌리는 형식으로 이루어졌다(민 8:7; 19:13, 18, 19, 20; 시 51:7; 겔 36:25; 히 9:10, 13). 성령 세례는 분명히 침수의 형식으로 발생하지 않았다(마 3:11; 고전 3:11). 누가복음 11:37, 38; 12:50; 고린도전서 10:1, 2에 언급된 세례들도 마찬가지였다. 세례 요한에게 몰려온 군중도 오순절에 회심한 삼천 명도 침수에 의해 세례를 받지 않았다. 게다가 사도행전 9:18; 10:47; 16:33, 34에 언급된 경우들에도 이 형식을 따른 것 같지 않다. 때로는 뿌리는 형식으로 영적 쇄신이 이루어졌다고 언급된다(겔 36:25; 히 10:22).

C. 세례의 합법적 집례자

개신교는 일반적으로 말씀 사역과 성례 사역이 함께 속하며, 따라서 오직 복음 사역자만 세례의 합법적 집례자라고 주장한다. 더 나아가 세례가 어른들의 공적 집회에서 시행되어야 한다고 주장한다. 대개 개신교는 정식으로 자격을 갖춘 목사가 삼위 하나님의 이름으로 시행되는 세례를 합법적인 것으로 간주한다. 로마 가톨릭 교회는 세례가 구원에 절대적으로 필요하다고 간주한다. 그리고 그들은 사제가 있기도 하고 없기도 하는 상황에 따라 구원이 결정된다는 것은 잔인하다고 생각하기 때문에, 사제가 아닌 다른 사람들, 특히 조산원들에게 필요한 경우에 세례를 주도록 허용한다.

D. 세례의 적합한 대상들

세례를 받아야 대상은 성인(成人)들과 유아들 두 계층이다.

1. 성인 세례

세례는 신자들과 그들의 자손들에게 주도록 의도되었다. 예수께서 제자들에게 대 사명을 주시면서 모든 민족을 제자로 삼고 그들을 삼위 하나님의 이름으로 세례를 주라고 분부하셨을 때 주로 성인 세례를 염두에 두셨음에 틀림없다. 사도들이 선교 사역을 시작할 수 있는 대상이 바로 이들이었기 때문이다. 예수님의 분부에는 비록 명시되지는 않았지만 성인 세례의 경우 신앙 고백 이후에 시행되어야 한다는 뜻이 함축되어 있다(막

16:16). 오순절에 베드로의 설교를 받아들인 사람들이 세례를 받았다(행 2:41). 에디오피아 내시의 경우(행 8:37. 어떤 사본에는 나오지 않음)와 빌립보 간수의 경우에도 신앙이 앞섰다. 따라서 교회가 세례를 받고자 하는 모든 어른들에게 신앙 고백을 요구하는 것이 지극히 당연하다. 그러한 신앙 고백이 나올 때 교회는 그 진실성을 의심할 충분한 이유가 있을 경우를 제외하고는 그것을 액면 그대로 받아들인다. 마음의 비밀을 조사하여 그런 고백의 진실성을 판단하는 것은 교회의 영역에 속하지 않는다. 그 책임은 신앙을 고백하는 사람에게 있다.

2. 유아 세례

성인 신자의 세례가 합법적이라는 데에는 대체로 견해가 일치하지만, 그들의 자녀에게 세례를 주는 것이 합법적인가 하는 점에 관해서는 그러한 일치가 없다. 침례교는 유아가 세례를 받을 자격이 없다고 주장한다. 유아 세례에 관련하여 몇 가지 상고할 점이 있다.

a. 유아 세례에 대한 성경적 근거

성경에는 어린이들에게 세례를 주라는 명백한 명령이 없다. 게다가 어린이가 세례를 받았다고 명시하는 사례도 없다. 하지만 그렇다고 해서 유아 세례가 비성경적인 것은 아니다. 유아 세례에 대한 성경적 근거는 다음 사항들에서 발견된다.

1) 하나님께서 아브라함과 맺으신 언약은 비록 민족적 양상도 띠고 있지만 주로 영적 언약이며, 이 영적 언약에 대해서 할례가 상징과 인(印)이었다. 언약의 영적 본질은 신약성경에 그 약속들이 해석된 내용들로써(롬 4:16-18; 고후 6:16-18; 갈 3:8, 9, 14, 16; 히 8:10; 11:9, 10, 13), 그리고 할례에 부여되는 영적 의미로써 입증된다(신 10:16; 30:6; 렘 4:4; 9:25, 26; 행 15:1; 롬 2:26-29; 4:11; 빌 3:2; 갈 3:8).

2) 이 언약은 여전히 효력이 있으며, 본질상 신약 시대의 '새 언약'과 동일하다. 바울은 로마서 4:13-18과 갈라디아서 3:15-18에서 율법이 부여됨으로 말미암아 언약이 변경되거나 폐지되지 않았다는 점과, 그리스도

께 속한 사람들은 약속이 적용되는 자손이라는 점, 그리고 따라서 신약의 신자들이 약속에 따른 후사들이라는 점을 논증한다. 그리고 히브리서 저자는 언약이 변할 수 없다고 말한다(히 6:13-18).

3) 자녀들도 언약의 축복을 공유했으며, 따라서 언약의 상징과 인(印)인 할례를 받았다. 언약이 새롭게 공포될 때마다 유아들도 그 자리에 있었고(신 29:10-13; 수 8:35; 대하 20:13), 이스라엘 회중의 일부로 간주되었다(대하 20:13; 욜 2:16). 그리고 구약성경에 담긴 풍성한 약속들을 감안할 때(사 54:13; 렘 31:34; 욜 2:28), 유아들이 새 언약에 배제된다는 것은 생각할 수 없는 일이다.

4) 신약성경에서 세례는 은혜 언약에 들어가는 표지와 인이 되었다. 할례가 사라졌는데(행 15:1, 2; 21:21; 갈 2:3-5; 5:2-6; 6:12, 13, 15), 만약 세례가 그 자리를 차지하지 않는다면 아무런 입교 의식도 없게 되는 셈이다. 하지만 그리스도께서는 그러한 의식을 제정하셨다(마 28:19, 20; 막 16:15, 16). 이 의식은 죄를 제거한다는 영적 의미에서 할례와 일치한다(행 2:38; 벧전 3:21; 딛 3:5). 더욱이 그것은 약속과 연결되어 있다(행 2:39). 마지막으로 골로새서 2:11, 12은 세례가 할례를 대신했다는 점을 토대로 진행된다. 만약 신약의 자녀들이 배제된다면, 그 점을 가르치는 분명한 진술이 당연히 있어야겠지만, 오히려 발견되는 것은 정반대의 사례들이다(행 2:39; 마 19:14; 고전 7:14).

5) 심지어 사도 시대에도 때로 어린이들이 부모와 함께 세례를 받았다고 믿을 만한 이유들이 있다. 신약의 언어는 구약의 상태가 그대로 지속된다는 점을 잘 보여준다(마 19:14; 행 2:39; 고전 7:14). 가족 전체가 세례 받는 모습이 거듭 나오며, 이것이 지극히 정상적인 것으로 소개된다. 가족 가운데 어린이들이 있었다고 생각하는 것이 매우 자연스럽다. 분명한 것은 2세기에 어린이들이 세례를 받았다는 것이다.

6) 신약성경에는 어린이들에게 세례를 주라고 명시적으로 명령하는 말씀이 없고, 뚜렷한 유아 세례 사례가 없는 것이 사실이지만, 침례교의 관행을 명백히 뒷받침하는 증거도 없는 것이 사실이다. 기독교 가정에서 태어나 자란 사람들이 사리를 분별할 나이가 되어 그리스도께 대한 신앙을 고

백할 때까지 세례를 받아서는 안 된다는 것을 우리는 말씀으로든 어떤 사례로든 배운 바 없다.

b. 유아 세례의 근거

어떤 근거에서 신자들의 자녀들에게 세례를 주어야 하는가 하는 질문이 제기된다. 개혁교회는 이 질문에 대해서 두 가지 대답을 제시한다. 어떤 이들은 **추정적 중생**을 근거로 유아들에게 세례를 준다고 말했다. 이 견해를 취하는 사람들은 부모에 의해 세례를 받으려 하는 유아들이 중생한 것을 안다고 장담하지 않고, 아마 중생했을 것이라고 추정하고, 그 추정에 힘입어 유아들에게 세례를 준다. 그들은 이 유아들이 중생하지 않았다는 증거를 드러내기 전까지는 중생했다고 간주한다.

다른 이들은 언약에 담긴 하나님의 **포괄적인 약속**, 즉 중생도 포함하는 약속을 근거로 유아들에게 세례를 준다고 주장한다. 이것이 유일하게 조리 있는 견해인 듯하다. 언약과 언약에 담긴 약속은 유아 세례를 위한 유일하게 확실하고 객관적인 토대를 제시한다. 신자의 자녀들에게 세례를 주는 이유는 그들이 이미 중생했는지의 여부와 상관없이 언약 안에 있기 때문이다.

c. 은혜의 방편인 유아 세례

만약 성례가 마음에 자리잡고 있는 하나님의 은혜를 강하게 해주는 역할만 한다면, 유아들의 경우에 은혜의 방편으로서의 세례가 어떤 작용을 한다고 이해해야 하는가 하는 질문이 자연스럽게 제기된다. 이 질문에 대해서는 추정적 중생 교리가 대답을 제시한다. 만약 유아들이 세례 받을 때 중생한다고 가정한다면, 이미 마음에 자리잡고 있는 은혜가 신비스러운 방식으로 강화된다고 추정할 수 있다. 하지만 세례가 은혜의 방편으로서 작용하는 시점을 세례 받는 그 순간으로 굳이 제한해서 생각할 필요가 없다. 유아 세례는 훗날 본인이 자라서 세례의 의미를 명확하게 이해할 때 믿음을 강화하는 역할을 하게 될 수 있다.

제4장

성찬

A. 성찬 제정

성찬 제정을 전하는 네 가지 기사가 있다(마 26:26-29; 막 14:22-25; 눅 22:19, 20; 고전 11:23-25). 신약의 성찬은 본질적 요소에서 유월절 식사와 관련되었다. 유월절 양과 함께 먹은 떡은 새로운 용도로 성별(聖別)되었고, 제3의 잔 곧 '축복의 잔'도 새로운 용도로 성별되었다. 하나님의 진짜 유월절 양이 죽임을 당하셨을 때, 피 흘리는 성례가 피 흘리지 않는 성례, 즉 자양분을 지닌 성례로 대체되었다. 민족적 특징을 지닌 상징이었던 유월절이 민족주의의 의취가 조금도 없는 상징으로 대체되었다. 떼인 떡과 포도주는 주님의 상하신 몸과 흘리신 피를 상징한다. 이 요소들을 육신으로 먹고 마시는 것은 주님의 살과 피, 즉 예수 그리스도께서 십자가의 제사로 이루신 결실을 영적으로 받는 것을 암시하며, 주님의 구속 사역을 위대한 재림의 날까지 끊임없이 기억하는 것이다.

B. 성찬이 상징하고 인치는 것들

1. 상징하는 것들

성례들은 항상 외적 표징들(signs)로써 한 가지 이상의 영적 진리를 나타낸다. 성찬에서의 표징은 떡과 포도주라는 보이는 요소를 포함할 뿐 아니라, 먹고 마심으로써 이 요소들을 받는 것도 포함한다. 성찬은 여러 가지를 상징한다. (a) 성찬은 주의 죽으심을 상징적으로 나타낸다(고전

11:26). (b) 성찬은 신자가 십자가에 못박히신 그리스도 안에 참여하는 것을 상징한다. (c) 성찬은 영적으로 먹고 마시는 행위의 효과를 영혼에게 생명과 힘과 기쁨을 주는 것으로 나타낸다. (d) 성찬은 예수 그리스도의 신비한 몸에 속한 지체들로서 신자들이 서로간에 연합하는 것을 상징한다.

2. 인치는 것들

성찬은 표징일 뿐 아니라 인(印)이기도 하다. 성찬이 지니는 이러한 두 양상은 서로 밀접하게 연관되어 있다. 성찬은 표징으로서 혹은 그것이 상징하는 모든 것과 함께 인(印)을 형성한다. 인은 그것이 표명하는 것에 찍히며, 그로써 그 실현을 보증한다. (a) 성찬은 그리스도께서 자신을 고통스럽고 수치스러운 죽음에 내어주신 일에 나타난 위대한 사랑에 참여하는 자를 인친다. (b) 성찬은 믿음으로 참여하는 사람에게 언약의 모든 약속과 복음의 모든 부요가 그의 것이라는 확신을 준다. (c) 성찬은 믿음으로 참여하는 사람에게 구원의 복이 실제로 그의 소유임을 확신케 한다. (d) 성찬은 믿음으로 참여하는 사람들이 내놓는 신앙고백의 표시이다. 그들은 그리스도가 자기들의 구주이시며, 자기들의 왕이신 그분께 충성을 다한다고 고백하며, 그분이 내리신 신적 명령에 순종하며 살겠다고 엄숙히 서약한다.

C. 성찬에 그리스도께서 실제로 임재하시는가 하는 문제

성찬에 그리스도께서 어떤 본질로 임재하시는가 하는 질문은 오랫동안 쟁점이 되어왔으며, 지금도 견해차가 좁혀지지 않는다. 여기서는 네 가지 견해를 상고한다.

1. 로마 교회의 견해

로마 교회는 그리스도께서 성찬에 육체로 임재하신다고 이해한다. 사제가 "이것은 내 몸이라"는 문구를 말할 때 떡과 포도주가 그리스도의 살과 피로 변한다고 주장한다. 이 견해는 주로 "이것은 내 몸이라"(this *is* my body)는 성찬 제정의 말씀을 문자적으로 해석한 것이다. 그 문구를 선포한 뒤에도 성찬의 요소들이 여전히 떡과 포도주의 맛을 지니지 않느냐는 반론에 대해서, 로마 교회는 떡과 포도주의 본질이 변한 반면에 그 속성들은 그대로 남는다고 답변한다. 이 견해는 여러 방향에서 논박되었다.

(a) 예수께서는 제자들 앞에 육체로 서 계셨고, 따라서 자신이 손에 자기 몸을 들고 계시다고 말씀하셨을 리가 없다. (b) 성경은 이른바 변화가 발생한 뒤에도 떡을 떡으로 말한다(고전 10:17; 11:26-28). (c) 사물의 본질이 변화할 때 속성들의 변화가 따르지 않는다는 것은 불가능하다. (d) 떡과 포도주처럼 보이고 냄새나고 맛이 나는 것을 실제 살과 피로 믿는다는 것은 상식에 어긋난다.

2. 루터교의 견해

루터는 로마 가톨릭 교회의 화체(化體, transubstantiation) 설을 배척하고, 그 대신 공재(共在, consubstantiation) 설을 채택했다. 공재설은 떡과 포도주가 본질을 유지하는 반면에 그리스도의 전인(全人)을 뜻하는 살과 피가 성찬의 요소들 안에, 아래에, [그리고 요소들과] 함께 임재한다고 주장한다. 그리스도께서 떡을 손에 드셨을 때 떡과 함께 자신의 몸을 드신 것이며, 따라서 "이것은 내 몸이라"고 말씀하실 수 있었다. 이 견해에 입각하자면, 떡을 받는 사람은 신자든 신자가 아니든 그리스도의 몸을 받는 셈이 된다. 이것은 로마 가톨릭의 교리에서 그리 크게 개선된 것이 아니다. 이것은 예수님의 말씀을 사실상 이것은 내 몸을 동반한다는 뜻으로 만드는 셈이며, 아주 부자연스러운 해석이다. 더욱이 이것은 영광스럽게 변한 주님의 인성이 편재(遍在)한다는 불가능한 개념을 부담으로 안고 있다. 공재설에 따르면, 성찬이 시행되는 곳이면 어디서든 그리스도께서 그 지역에 인성을 지니신 채 임재하신다는 뜻이 되기 때문이다.

3. 츠빙글리의 견해

츠빙글리는 그리스도께서 성찬에 몸으로 임재하신다는 생각을 부정하지만, 동시에 참된 성찬 참여자라면 그리스도께서 영적으로 임재하신다고 이해한다고 믿었다. 그는 성찬이 그리스도께서 죄인들을 위해서 죽으신 일을 기념하는 예식이며, 참여자의 입장에서는 신앙 고백 행위라는 점을 강조했다. 하지만 이것이 그 스위스 개혁자가 말하고자 했던 전부라고 생각하는 것은 옳지 않다. 그의 몇몇 진술들은 성찬이 지니는 보다 깊은 의미를 지적하며, 그것을 하나님께서 그리스도 안에서 신자에게 행하시는 일의 인(印) 혹은 보증으로 간주한다. 그럴지라도 그는 이 개념을 제대로 설명하지 않는다. 그가 성찬을 주로 표징 혹은 상징, 즉 그리스도의 죽으심을 기념하는 행위이자, 신자의 입장에서는 신앙고백 행위로 간주했다는 인상이 남는다. 성찬에서 신비스러운 요소를 아예 제거하려는 경향이 완연하다.

4. 개혁파의 견해

칼빈은 로마 가톨릭과 루터교의 견해뿐 아니라 츠빙글리의 견해에 대해서도 이견을 제시했다. 그의 개념은 둘 사이의 중간을 표방한다. 그는 그리스도께서 성찬에 육체적으로 장소적으로 임재하신다고 이해하는 대신에, 영적으로 임재하신다고 보았다. 하지만 츠빙글리와 달리, 성찬의 보다 깊은 의미와, 신자가 그 안에서 누리는 신비스러운 친교를 강조했다. 더욱이 그는 성찬을, 신자가 하나님께 대해서 내놓는 헌신의 보증으로 이해하기보다 하나님께서 믿음으로 참여하는 자를 위해서 내놓으신 인(印)과 보증으로 이해했다. 그리스도께서 십자가에서 치르신 희생의 공로와 효과가 성령의 능력으로 성찬을 합당하게 받는 사람들에게 임재하고 실제로 전달된다고 이해했다.

D. 은혜의 방편으로서 성찬이 지니는 효과

성찬은 신자들만을 위해서 제정되었으며, 따라서 마음에 은혜 사역을 시작하려는 의도보다는 그 사역을 강화하려는 의도를 지닌다. 성찬에 참여하여 받는 은혜는 말씀을 통해서 받는 은혜와 종류가 다르지 않다. 성찬은 말씀의 효과와 이미 받은 은혜의 양에 보탤 뿐이다. 성찬을 통해서 받는 은혜는 그리스도와 한층 가까운 교제에 들어가고, 영적인 자양과 활력을 받고, 더 큰 구원의 확신을 받는 은혜이다. 로마 가톨릭 교회와 여러 성공회 및 루터교 교회들에 따르면, 성찬에 참여하는 모든 사람은, 성찬에 장애를 놓지 않는 한, 참여라는 그 행위로써 성찬이 상징하는 은혜를 받는다고 한다. 성찬의 은혜로운 작용이 받는 자의 신앙에 어떤 식으로든 좌우되지 않는다고 한다. 하지만 개혁파 성찬관에 따르면, 믿음으로 성찬에 참여하는 사람들만 외적 요소들에 의해 상징되는 은혜를 받는다고 한다.

E. 성찬은 누구를 위해서 제정되었는가?

성찬은 차별 없이 모든 사람을 위해서 제정되지 않고, 능동적으로 신앙을 발휘할 수 있는 사람들, 성찬의 영적 의미를 정확히 이해하고 있음을 스스로 입증할 수 있는 사람들만을 위해서 제정되었다. 이것은 아직 사리를 분별할 나이가 되지 못한 어린이들이 성찬에 참여하는 게 적합하지 않음을 뜻한다. 그리고 참된 신자들이라 할지라도 그들의 행위가 신앙고백과 다르지 않을 때에만 성찬에 참여할 자격이 있다. 따라서 사도 바울은 자기를 살피라고 경고한다(고전 11:28-32). 불신자들은 자연히 주의 식탁에서 배제되며, 위선적인 그리스도인들도 진리에서 의도적으로 지속적으로 떠나 있거나 죄악된 생활을 하고 있다면 참여할 수 없다.

종말론

제1편

개인적 종말론

제1장

육체적 죽음

A. 육체적 죽음의 본질

성경은 육체적 죽음을 다양하게 표현한다. 영혼의 죽음과 구분하여 육체의 죽음이라고도 하고(마 10:28; 눅 12:4), 동물적 생명을 죽이거나 잃는 것이라고도 하며(눅 6:9; 요 12:25), 육체와 영혼이 분리되는 것이라고도 한다(전 12:7; 약 2:26). 이러한 성경의 표현들에 근거하자면, 육체의 죽음은 육체와 영혼이 분리됨으로써 육체적 생명이 끝나는 것으로 묘사할 수 있다. 이것은 소멸이 아니다. 비록 어떤 분파들은 악인들의 죽음을 그렇게 표현하긴 하지만 말이다. 죽음은 존재가 종식되는 것이 아니라, 생명의 자연적 관계들이 단절되는 것이다.

B. 죄와 죽음의 관련성

펠라기우스주의자들과 소지니주의자들은 인간이 죽을 운명으로 창조되되, 단순히 그가 죽음에 떨어질 수도 있었다는 뜻으로 그렇게 창조된 것이 아니라, 그가 해체의 법칙에 종속되었고, 따라서 처음부터 죽을 운명을 지녔다는 뜻으로 그렇게 창조되었다고 가르친다. 하지만 이것은 성경의 교훈과 분명히 일치하지 않는다. 성경은 죽음을 분명히 죄에 의해서 그리고 죄에 대한 형벌로서 인간 세상에 들어온 것으로 지적하기 때문이다(창 2:17; 3:19; 롬 5:12, 17; 6:23; 고전 15:21; 약 1:15).

성경은 죽음을 인간의 삶에서 자연스러운 것으로 표현하지 않고, 인간의 삶에 낯설고 적대적인 것으로 표현한다. 그것은 하나님의 진노의 표현이고

(시 90:7, 11), 심판(롬 1:32), 정죄(롬 5:16), 저주(갈 3:13)의 표현이며, 인간들의 마음을 공포와 염려로 가득 채운다. 죄가 세상에 들어오면서 사망이 죄와 함께 왕 노릇하게 되었다. 하나님께서 엄격히 심판하셨더라면 인간이 범죄한 직후에 말 그대로 온전한 죽음을 내리실 수도 있었다(창 2:17). 하지만 일반 은총으로써 죄와 죽음의 작용을 억제하셨고, 그리스도 예수 안에서 베푸신 특별 은총으로써 이 적대 세력들을 정복하셨다(롬 5:17; 고전 15:45; 딤후 1:10; 히 2:14; 계 1:18; 20:14).

C. 신자들의 죽음이 갖는 의미

성경은 육체적 죽음을 형벌이자 '죄의 삯'이라고 말한다. 그런데 신자들이 죄책에서 해방되었기 때문에 왜 신자들도 죽느냐 하는 질문이 자연스럽게 제기된다. 분명한 것은 그들에게는 죽음이 형벌일 수가 없다는 것이다. 왜냐하면 그들은 더 이상 정죄 아래 있지 않기 때문이다. 그렇다면 왜 하나님께서는 그들에게 죽음이라는 고통스러운 체험을 통과하게 하시는가? 신자들의 경우에는 죽음을 하나님께서 자기 백성을 성화하시기 위해서 정하신 징계의 종결로 간주해야 한다. 죽는다는 생각 자체, 죽음으로 인한 사별, 질병과 고통이 죽음의 전조라는 느낌, 죽음이 임박했다는 의식 — 이 모든 것이 하나님의 백성에게는 대단히 유익한 효과를 끼친다. 이런 것들은 교만한 자를 겸손하게 하고, 육체[옛사람]를 굴복시키고, 세상으로 향하는 정신을 제어하고, 성령의 인도를 받고 살려는 마음을 일으킨다.

제2장

중간 상태

개인의 죽음과 일반적 부활 사이의 시기에 개인이 어떤 상태로 존재하는가 하는 문제에 관해서는 상당한 견해차가 있다. 가장 중요한 견해들을 간략히 논해 보자.

A. 인간이 사후에 스올–하데스로 간다는 현대의 견해

오늘날은 사람이 죽으면 그가 경건한 사람이든 악인이든 중간 상태, 즉 구약성경이 스올이라고 하고 신약성경이 하데스라고 하는 상태로 내려간다는 것이 오늘날 가장 널리 퍼져 있는 견해이다. 이 지하 세계는 벌이나 상을 받는 장소가 아니라, 모든 사람이 같은 운명을 공유하는 장소이다. 이곳은 단지 꿈꾸듯 지상에서의 생애를 반추할 뿐인 두려운 거처이다. 의식이 흐리고, 선잠 든 것처럼 활동이 정지되어 있는 곳으로서, 이곳에서는 삶에 대한 관심이 사라지고 삶의 기쁨이 슬픔으로 바뀐다. 하지만 이렇게 천당도 지옥도 아닌 격리된 장소에 죽은 사람이 모두 모여 항구적으로든 아니면 일반적 부활 때까지든 머물러 있다는 개념이 일반인들 사이에 다소 널리 퍼져 있을 수도 있고, 또 죽은 자의 상태에 대한 회화적 묘사들이 생기게도 했겠지만, 그것이 성경의 확고한 가르침은 아니다.

스올과 하데스라는 용어는 성경에서 항상 같은 뜻으로만 사용되지는 않는다. 만약 그것이 언제나 경건한 자들과 악인들이 다 같이 내려가는 장소를 가리킨다면, 성경의 여러 곳에서 악인들에 대해서 스올에 내려가는 것을 경고로 삼을 수 있겠는가(욥 21:12; 시 9:17; 잠 5:5; 7:27; 9:18; 15:24; 23:14)? 이런 구절들을 감안할 때 우리는 이 용어들이 때로는 악인들이 사후에 형벌을 받는 장소를 가리킨다고 추정할 수 있다. 하지만 이 용어들이 항상 그런 뜻만 갖고 있는 것은 분명히 아니다. 왜냐하면 성경은 경건한 사람들도 스올에 내려가거나 그곳에 거한다고 말하기 때문이다.

여러 경우에는 이 용어들이 아예 한 장소를 가리키지 않고, 단순히 죽음의 상태, 즉 육체와 영혼이 분리된 상태를 가리킬 뿐이다. 이 상태가 때로는 비유적으로 큰 자든 작은 자든, 부자든 가난한 자든, 경건한 자든 악인이든 모든 죽은 자들이 가는 장소로 묘사된다. 그들은 똑같이 죽음의 상태에 있다. 아래에 소개할 구절들은 스올과 하데스가 장소라기보다 죽음의 상태를 가리키는 몇몇 구절들이다: 욥 14:13, 14; 17:13, 14; 시 89:48; 호 13:14; 고전 15:55; 계 1:18; 6:8.

마지막으로, 스올과 음부가 무덤을 가리키는 구절들도 있다. 비록 어느 특정 구절에서 그 단어들이 무덤이나 죽음의 상태를 가리키는지 판단하기란 항상 쉽지만은 않지만 말이다: 창 42:38; 44:29, 31; 민 16:30, 33; 요 17:13; 시 16:10; 49:14, 15.

B. 연옥, 선조 림보와 유아 림보에 관한 교리

1. 연옥(煉獄)

로마 교회에 따르면 죽을 때 완전한 상태였던 사람들의 영혼은 즉시 하늘로, 즉 하나님을 직접 뵙는 상태[지복직관⟨至福直觀⟩]로 들어가지만(참조. 마 25:46; 빌 1:23), 완전히 씻음을 받지 못하고 여전히 용서받을 수 있는 죄들을 지닌 채 죽은 사람들 — 대다수 신자들이 이러한 상태에서 죽는다 — 은 완전한 복락에 들어가 천국의 기쁨을 누릴 수 있기 전에 먼저 씻는 과정을 거쳐야 한다고 한다. 이 씻음이 연옥에서 이루어진다. 이곳에서 영혼들은 박탈감에 짓눌리지만, 실질적인 고통도 겪는다. 연옥에서의 체류 기간과 고통의 강도는 개인의 필요에 따라 다양하다. 살아 있는 신자들의 기도와 선행, 특히 미사의 제사에 의해서 그 시간이 짧아질 수 있고,

고통이 경감될 수 있다. 연옥 교리의 근거로 주로 지적되는 것은 마카베오 하 12:42-45이며, 그 밖에도 다음 구절들도 근거로 제시된다: 사 4:4; 미 7:8; 슥 9:11; 말 3:2; 마 12:32; 고전 3:13-15; 15:29. 하지만 이 구절들은 연옥 교리를 조금도 뒷받침하지 않는다.

2. 선조(先祖) 림보(Limbus Patrum)

로마 가톨릭 교회에 따르면, 이곳은 구약 성도들의 영혼들이 주께서 죽은 자 가운데서 부활하실 때까지 거하도록 정해진 장소라고 한다. 그리스도께서는 죽으신 뒤에 이 음부에 내려가서 지옥의 권세를 물리치시고 구약의 성도들을 풀어주시고 그들을 천국으로 데려가셨다고 한다.

3. 유아 림보(Limbus Infantum)

로마 가톨릭 교회는 이곳을 이교도 부모에게서 났든 그리스도인 부모에게서 났든 세례 받지 않고 죽은 유아들이 거하는 장소라고 말한다. 이 유아들은 천국에 들어가는 것이 허용되지 않으며, 하나님 나라에 들어갈 수도 없다(요 3:5). 이들은 아무런 구원의 소망도 없이 유아 림보에 머물러 있다. 이들의 정확한 상태에 대해서는 일치된 견해가 없다. 우세한 견해는 그들이 실질적인 형벌은 당하지 않고, 다만 천국의 복에서 배제될 뿐이라는 것이다. 이들은 선천적 능력에 힘입어 하나님을 알고 사랑하며, 완전한 자연적 행복을 누린다.

C. 영혼수면설

기독교의 처음 몇 세기와 중세, 그리고 종교개혁 시대에도 특정 분파들은 영혼이 사후에도 계속 존재하지만, 의식이 없이 쉬거나 잠자는 상태로 존재한다고 주장했다. 영국의 어빙파(the Irvingites)와 미국의 러셀파(the Russellites)도 이 견해를 주장했다. 이 교리는 의식이 뇌 없이도 존속한다는 말을 믿기 어려워하는 사람들에게 독특한 매력을 지닌다. 이 교리에 대한 성경적 뒷받침은 특히 죽음을 잠자는 것으로 묘사하는 구절들(마

9:24; 행 7:60; 고전 15:51; 살전 4:13)과 죽은 자들이 의식이 없다고 말하는 듯한 구절들(시 6:5; 30:9; 115:17; 146:4; 전 9:10; 사 38:18, 19)이다.

하지만 성경은 영혼이 잠잔다거나 육체가 잠잔다고 하지 않고, 죽은 자가 잠잔다고 할 뿐임을 유념해야 한다. 그리고 이 성경적 표현은 단순히 죽은 몸과 잠자는 몸의 유사성에 입각한 것일 뿐이다. 더욱이 죽은 자가 의식이 없다고 가르치는 듯한 구절들은 분명히 죽음의 상태에서 인간이 현세에서 이루어지는 활동들을 더 이상 알 수도 없고 동참할 수도 없다는 사실을 강조하려는 의도만 가지고 있을 뿐이다. 성경은 신자들이 죽은 뒤에 의식이 있는 상태에서 하나님 및 예수 그리스도와 친교를 누린다고 묘사한다(눅 16:19-31; 23:43; 행 7:59; 고후 5:8; 빌 1:23; 계 6:9; 7:9; 20:4).

D. 멸절설과 조건적 불멸설

이 교리들에 따르면, 악인들은 사후에 비록 존재는 하더라도 의식 상태로 존재하지는 않는다고 한다. 이 두 견해는 악인들이 처하게 되는 궁극적 상태에 관해서는 일치하지만, 여러 가지 근본적인 점에서는 차이가 있다. 멸절설은, 인간이 불멸하도록 지음을 받았으나, 여전히 죄 가운데 있는 사람들은 하나님의 적극적인 조치에 의해서 불멸의 은사를 박탈당하고 궁극적으로 멸망하거나 혹은 — 사실상 같은 말이지만 — 영원히 의식을 박탈당한다고 가르친다.

하지만 조건적 불멸설에 따르면, 불멸이 인간의 자연적 은사가 아니라, 하나님께서 그리스도 안에서 믿는 자들에게 부여하신 은사라고 한다. 그리스도를 영접하지 않는 사람은 결국 멸절하거나 모든 의식을 상실한다. 이 교리들을 옹호하는 일부 사람들은 악인들이 사후에 제한된 기간 동안 의식이 있는 상태에서 고통을 당한다고 가르친다.

이 교리들은 주로 성경이 영생을 하나님이 그리스도 예수 안에 있는 사람들에게 베푸신 선물로 표현하며(요 10:27, 28; 17:3; 롬 2:7; 6:22;

갈 6:8), 죄인들에게 '죽음'과 '멸망'으로 경고하면서, 그들이 '멸망할' 것
이라고 가르치는 사실을 근거로 삼는다. 물론 이 교리를 옹호하는 사람들
은 '죽음'과 '멸망'이라는 단어들을 죄인들이 무존재의 상태에 떨어질 것
이라는 의미로 이해한다.

이 주장들에는 허점이 있다. 영생이 예수 그리스도 안에 베풀어진 하나
님의 선물인 것은 사실이지만, 이것은 단순한 불멸보다 훨씬 더 크고 부요
로운 선물이다. 더욱이 '죽음', '멸망', '멸망하다'라는 단어들을 멸절로 이
해하는 것도 크게 잘못된 것이다.

성경은 성도들뿐 아니라 죄인들도 영원히 존재할 것이라고 가르치며(전
12:7; 마 25:46; 롬 2:8-10; 계 14:11; 20:10), 악인들이 받을 형벌에도
등급이 있을 것이라고 가르친다(눅 12:47, 48; 롬 2:12). 존재나 의식의
소멸은 그런 등급의 가능성을 사전에 차단한다. 더욱이 멸절을 형벌이라고
할 수도 없다. 이것은 벌을 받는다는 의식이나 고통도 사라지는 셈이기 때
문이다. 삶이 고달픈 사람들은 오히려 존재의 멸절을 크게 바라는 경우도
종종 있는 것이다.

E. 제2 시험설

여러 학자들은, 죄를 지닌 채 죽은 사람들이 중간 상태에서 회개하고 구
원의 신앙을 지닐 또 한 번의 기회를 얻게 될 것이라는 이론을 받아들인
다. 그들에 따르면, 인간의 영원한 상태가 심판 날까지는 철회될 수 없을
정도로 고정되지는 않을 것이라고 한다. 많은 사람들에게는 구원이 죽음과
부활 사이에 이루어지는 자신들의 결정에 따라 좌우될 것이다. 예수를 알
고 영접할 유리한 기회를 제공받지 않은 채 멸망할 사람은 아무도 없을
것이다. 사람이 정죄를 받게 되는 유일한 이유는 그리스도 예수 안에 제시
된 구원을 완고히 거절하기 때문이다. 이 이론의 옹호자들은 다음 구절들
에 호소한다: 엡 4:8, 9; 고전 15:24-28; 빌 2:9-11; 골 1:19, 20; 마
12:31, 32; 벧전 3:19; 4:6.

하지만 이 구절들은 이 이론에 대해 확신을 주지 않는다. 더욱이 성경은

불신자들의 사후 상태를 고정된 상태로 묘사한다(전 11:3; 눅 16:19-31; 요 8:21, 24; 벧후 2:4, 9; 유 7, 13). 아울러 최후 심판이 육체로 행한 일에 의해 결정될 것이라고 말하며, 이것을 어떤 식으로든 중간 상태에서 이루어지는 일에 좌우되는 것으로 묘사하지 않는다(마 7:22, 23; 10:32, 33; 25:34-46; 눅 12:47, 48; 고후 5:9, 10; 갈 6:7, 8; 살후 1:8; 히 9:27).

제2편

일반적 종말론

제1장

그리스도의 재림

신약성경은 주의 초림에 이어 재림이 있을 것을 분명히 가르친다. 예수께서 친히 한 번 이상 자신의 재림을 언급하셨고(마 24:30; 25:19, 31; 26:64; 요 14:3), 천사들도 승천 때 이것을 주지시켰으며(행 1:11), 사도들도 서신서들의 여러 구절들에서 이것을 말한다(행 3:20, 21; 빌 3:20; 살전 4:15, 16; 살후 1:7, 10; 딛 2:13; 히 9:28).

A. 재림에 앞서 발생할 대사건들

주의 재림에 앞서 여러 중요한 사건들이 발생할 것이다.

1. 이방인들을 부르심

신약성경의 여러 구절들은 주의 재림 전에 천국 복음이 만민에게 전파되어야 한다는 사실을 지적한다(마 24:14; 막 13:10; 롬 11:25). 이것은 단순히 각 민족에게 적어도 한 사람의 선교사를 파송해야 한다는 뜻이 아니다. 아울러 복음이 세계 모든 나라 모든 개인에게 전파되어야 한다는 뜻도 아니다.

위에 소개한 구절들은 각 나라들이 철저히 복음화되어 복음이 사람들의 삶에서 능력이 되고, 결단을 요구하는 표적이 되어야 한다는 것을 뜻할 뿐이다.

2. 이스라엘의 회심

구약과 신약 모두 장차 이스라엘이 회심할 것을 언급한다(슥 12:10; 13:1; 고후 3:15, 16; 롬 11:25-29). 로마서 11장의 단락은 이것을 종말과 관련짓는 듯하다. 어떤 이들은 이 구절들을 토대로 이스라엘이 민족 차원에서 마침내 주께 돌아올 것이라고 추론한다. 하지만 이 추론은 다소 불명확하다. 예수께서 천국의 본 자손들이 쫓겨날 것(마 8:11, 12)과, 그들이 천국을 빼앗길 것(마 21:43)을 말씀하시되, 그들이 본래의 상태를 회복할 것에 관해서는 한 번도 말씀하시지 않았다는 것은 매우 의미심장한 사실이다.

마태복음 19:28과 누가복음 21:24에는 이스라엘의 회심이 암시조차 되지 않는다. 로마서 11:11-32은 틀림없이 민족의 회심을 가르친다고 생각할 수 있다. 하지만 여러 구절들을 연관지어 판단할 때, 26절의 '온 이스라엘'이란 표현은 단순히 옛 언약 백성으로부터 선택된 자들의 충만한 수를 뜻할 가능성이 좀더 크다. 그 단락 전체는 종국에 이스라엘 백성의 많은 수가 주께 돌아올 것을 가르치는 듯하다.

3. 적그리스도의 등장

성경은 적그리스도의 등장을 예고한다. 그는 불법의 사람으로서, 스스로 예수 그리스도를 대적하는 위치에 서지만, 주께서 재림하실 때 입의 기운으로 그를 죽이실 것이다(살후 2:3-10). 성경은 복수형으로 적그리스도들에 관해서 말하며(요일 2:18, '거짓 그리스도들', 마 24:24), 단수형으로 적그리스도의 영(요일 4:3)과 적그리스도에 관해서 말하며(요일 2:22; 요이 7), 적그리스도를 가리켜 '불법의 사람'이라고도 부른다(살후 2:3).

성경이 이렇게 다양하게 말하는 이유는 예수 그리스도를 대적하는 적그리스도의 영이 이미 사도들의 시대에 그리스도의 사역을 무너뜨리려고 하는 사람들의 노력을 통해 뚜렷이 나타나 있었기 때문이다. 하지만 그리스도께 대한 이러한 대적은 한 개인이 등장하면서 마침내 절정에 달하게 될 것이다. 그는 그리스도를 대적하면서 "범사에 일컫는 하나님이나 숭배함을 받는 자 위에 뛰어나 자존하여 하나님 성전에 앉아 자기를 보여 하나님이라"고 할 것이다.

4. 표적과 기사

여러 가지 징조들이 세상의 종말과 그리스도의 재림을 알리는 전조로 언급된다. 성경은 (a) 각처에 전쟁과 기근과 지진이 일어날 것이고, 이런 일들이 우주의 재탄생에 앞서 발생할 환난의 시작이라고 하며, (b) 대환난이 일어나 의인들 중 더러가 그리스도를 위해서 박해와 순교를 당하게 될 것이라고 하며, (c) 거짓 선지자들과 거짓 그리스도들이 나타나 많은 사람들을 그릇된 길로 이끌고 갈 것이라고 하며, (d) 하늘에 두려운 징조들이 나타나 하늘의 권능들이 흔들릴 것이라고 한다(마 24:29, 30; 막 13:24, 25; 눅 21:25, 26).

B. 재림

위에 언급한 징조들이 일어난 직후에 인자가 하늘 구름을 타고 오시는 것을 보게 될 것이다.

1. 재림의 때

전천년주의자들은 그리스도의 재림이 임박했다고 믿는다. 지금이라도 언제든 발생할 수 있다는 말이다. 하지만 성경은 재림 전에 위에 언급한 사건들이 먼저 발생해야 한다고 가르친다(마 24:14; 살후 2:2, 3; 벧후 3:9). 그리스도의 재림에 관해서 말하거나 종말이 임박했다고 말하는 구절들을 읽을 때는 이 점을 유념해야 한다(마 16:28; 24:34; 히 10:25; 약 5:9; 벧전 4:5; 요일 2:18).

하나님의 관점에서 볼 때는 주의 재림이 항상 가깝다. 더욱이 사도들이 재림을 임박한 것으로 간주한 이유는 오순절부터 종말, 즉 마지막 시대가 시작되었기 때문이었다. 그 외에도 사도들이 주의 재림을 임박한 일로 말할 때는 항상 최후의 강림만을 염두에 둔 것이 아니라, 예루살렘의 멸망 같은 예비적 강림을 가리키는 경우도 있었다.

2. 재림의 방식
그리스도의 재림은 다음과 같은 방식으로 이루어질 것이다.

a. 인격적 강림
현대의 많은 합리주의자들과 자유주의 신학자들은 예수 그리스도의 인격적 재림을 부정한다. 그들은 재림에 관한 명확한 묘사들을 상징적으로 해석하여, 그리스도의 종교 원칙들이 점차 사회에 두루 퍼지게 될 것이라는 뜻으로 받아들인다. 하지만 이것은 다음과 같은 구절들의 본의를 왜곡한 것이다(행 1:11; 3:20, 21; 마 24:44; 고전 15:23; 빌 3:20; 골 3:4; 살전 2:19; 3:13; 4:15-17; 딤후 4:8; 딛 2:13; 히 9:28).

b. 육체적 강림
어떤 이들은 주께서 이미 재림하셨다고 주장한다. 그들은 그리스도의 재림을 그분이 오순절에 성령으로 강림하신 일과 동일시한다(요 14:18, 23). 하지만 이 강림은 성경이 예고하는 그리스도의 재림과 명백히 동일하지 않다. 재림은 오순절 강림 이후에도 여전히 미래의 사건으로 언급되기 때문이다. 더욱이 다음과 같은 구절들은 재림이 육체적인 방식으로 이루어질 것임을 입증한다(행 1:11; 3:20, 21; 히 9:28; 계 1:7).

c. 가시적 강림
만약 주의 재림이 육체적으로 이루어진다면 그것은 가시적인 사건이 될 것이라고 말할 수 있다. 그리고 성경은 이 점에 관해서 의심의 여지를 남기지 않는다(마 24:30; 26:64; 막 13:26; 눅 21:27; 행 1:11; 골 3:4; 딛 2:13; 히 9:28; 계 1:7). 러셀파는 주께서 1914년에 보이지 않는 방식으로 재림하셔서 지금은 공중에 거하신다고 주장함으로써 오류를 범했다.

d. 갑작스러운 강림
재림에 앞서 여러 징조들이 발생하겠지만, 그럴지라도 그 사건은 여전히 예기치 않게 발생하여 사람들을 놀라게 할 것이다(마 24:37-44; 25:1-12; 막 13:33-37; 살전 5:2, 3; 계 3:3; 16:15). 이것은 모순이 아니다. 왜냐하면 예고된 징조들은 정확한 때를 가리키는 그런 종류의 것들이 아니기 때문이다.

e. 영광스러운 승리의 강림

그리스도께서는 낮아지신 몸이 아니라 영광의 몸을 입고 다시 오실 것이다(히 9:28). 하늘의 구름은 그분의 병거가 될 것이고(마 24:30), 천사들은 그분의 호위대가 될 것이고(살후 1:7), 대천사들은 그분의 포고자들이 될 것이며(살전 4:16), 하나님의 성도들은 그분의 영광스러운 수행원들이 될 것이다(살전 3:13; 살후 1:10). 그분은 왕의 왕이자 주의 주로서 모든 악의 세력을 누르시고 오실 것이다(계 19:11-16).

3. 재림의 목적

그리스도께서는 미래의 시대, 즉 만물의 영원한 상태를 출범시키실 목적으로 세상 끝에 다시 오실 것이며, 두 가지 권능의 사역, 즉 죽은 자들의 부활과 최후 심판을 시작하여 완수하심으로써 그 일을 하실 것이다(마 13:49, 50; 16:27; 24:3; 25:14-30; 눅 9:26; 19:15, 26, 27; 요 5:25-29; 행 17:31; 롬 2:3-16; 고전 4:5; 15:23; 고후 5:10; 빌 3:20, 21; 살전 4:13-17; 살후 1:7-10; 2:7, 8; 딤후 4:1, 8; 벧후 3:10-13; 유 14, 15; 계 20:11-15; 22:12).

제2장

천년 왕국과 부활

A. 천년 왕국에 관한 질문

어떤 사람들은 요한계시록 20:1-6을 토대로 재림 전이든 후든 예수 그리스도의 천년 왕국이 있을 것이라고 믿는다. 하지만 다른 이들은 성경이 어떤 의미로든 그러한 천년 왕국에 대한 기대를 보증하지 않는다고 주장한다. 그 결과 이 문제에 관해서 세 가지 이론, 즉 무천년설, 전천년설, 후천년설이 있게 되었다. 무천년설은 순전히 부정적이기 때문에 따로 논의할 필요가 없다. 이것은 이 책이 채택하는 견해로서, 그리스도의 재림과 죽은 자들의 일반적 부활과 최후 심판이 모두 동시에 발생할 것이라고 주장하며, 따라서 현존하는 하나님의 영적 나라가 예수 그리스도의 영원한 나라로 이어질 것이라고 주장한다.

나머지 두 견해에 대해서는 간략히 논의할 필요가 있다.

1. 후천년설

후천년설은 그리스도의 재림이 천년 왕국 뒤에 임할 것이라고 가르친다. 천년 왕국은 복음 시대에, 즉 우리가 살고 있는 시대에 발생할 것이며, 이 시대가 끝나면 그리스도께서 오실 것이라고 한다.

a. 두 종류의 후천년설

과거든 현재든 어떤 보수적인 학자들은 복음이 점진적으로 온 세상에 두루 퍼지다가 종국에는 현재보다 훨씬 더 효과 있게 될 것이고, 풍성한 영적 축복의 시대를 열 것이고, 그런 뒤에 잠깐 동안의 배교와 악의 세력과의 두려운 최후 투쟁이 발생할 것이며, 그 이후에 그리스도의 강림과 일반적 부활과 최후 심판이 동시에 발생할 것이라고 주장한다.

하지만 오늘날 상당수의 후천년주의자들은 전혀 다른 유형의 견해를 갖고 있다. 그들은 복음 전파와 그에 따른 성령의 사역이 천년 왕국을 도래케 할 것이지만, 이것은 철저히 자연적 진화 과정의 대 결실일 것이라고 주장한다. 인간 자신은 교육과 개선된 법과 사회 개혁에 힘입어 새 시대를 열게 될 것이라고 주장한다.

b. 후천년설에 대한 반론들

이 교리의 근본 개념, 즉 전 세계가 점차 그리스도의 소유가 되어 가다가 그리스도께서 재림하실 때에는 대개 그리스도인이 될 것이라는 개념은 성경이 가르치는 종말의 상황과 일치하지 않는다(마 24:6-14, 21, 22; 눅 18:8; 21:25-28; 살후 2:3-12; 딤후 3:1-13; 계 13장). 어떤 후천년주의자들은 이 점을 의식하고서 그리스도의 재림 직전에 배교와 대환난이 발생할 것이라는 개념을 도입하지만, 이 두 사건에 최소한의 의미를 부여하여 종교적 삶의 본류에 이렇다 할 영향을 주지 못할 사건들로 설명한다.

더 나아가 대표적인 후천년주의자들의 공통된 견해, 즉 현 시대가 크고 급격한 변화로 끝나지 않고 거의 인지되지 않은 채 장차 올 시대로 넘어갈 것이라는 견해도 성경의 가르침과 일치하지 않는다(마 24:29-31, 35-44; 히 12:26, 27; 벧후 3:10-13). 성경은 "세상이 새롭게 되어"라고 할 정도로 커다란 분기점이 도래할 것을 말한다(마 19:28).

마지막으로, 인간이 교육과 입법과 사회 개혁에 힘입어 그리스도의 완전한 통치를 임하게 할 것이라는 현대의 개념은 성경이 이 점에 관해서 가르치는 모든 내용과 일치하지 않는다. 미래의 왕국은 자연적 방법으로는 수립될 수 없고, 오직 초자연적인 방법으로만 수립될 수 있다.

2. 전천년설

전천년설은 그리스도께서 재림하실 때 기존에 죽은 모든 의인들을 부활시키시고, 유대인들을 회심시키시고, 그들을 도로 성지로 돌려보내시며, 전례 없는 영광과 권능으로 유대인들의 민족적 왕국을 다시 세우시며, 그런 뒤 자신의 성도들과 함께 천년 동안 이 왕국을 통치하실 것이라고 주장한다.

a. 전천년설의 구도

전천년주의자들에 따르면, 구약의 선지자들이 메시야의 날에 다윗 왕국의 영광스러운 재건이 이루어질 것을 예언한다고 한다. 그리스도께서는 땅에 계실 때 그 나라를 세우실 의도를 지니셨지만, 유대인들이 회개하기를 거부했기 때문에 그 일을 재림 때로 연기하셨다. 그러는 동안 유대인들과 이방인들 가운데서 불러낸 사람들로 교회를 세우셨다. 하지만 복음은 사람들을 대규모로 회심시키는 데 충분하지 못하다는 것이 입증될 것이다. 마침내 그리스도께서 공중에 다시 오셔서 죽은 모든 성도들을 부활시키시고, 그들을 살아 있는 신자들과 함께 끌어올리셔서 어린양의 혼인 잔치를 여실 것이다.

땅에는 환난의 시기가 있을 것이고, 이 시기에 이스라엘이 회심하여 성지로 돌아갈 것이다. 환난 시기가 끝나면 그리스도께서 땅에 내려오셔서 민족들을 심판하신다. 이 때는 양들과 염소들이 분리되고, 사단이 천년 동안 결박되고, 적그리스도가 멸망하고, 환난으로 죽임 당한 성도들이 부활되고, 천년 왕국이 시작된다.

이제 수립된 왕국은 세계 전역에 대해 통치권을 지닌 유대인들의 왕국이다. 그리스도와 그분의 성도들이 예루살렘에서 다스리고, 성전과 성전의 제사 예배가 회복된다. 세상은 이제 빠른 속도로 회심한다. 천년 왕국이 끝난 뒤에는 사단과 그의 군대에 대해 최후 전투가 벌어지며, 그 뒤에는 사단이 무저갱으로 던져진다. 그런 뒤에는 불신자들의 부활이 있고, 흰 보좌에서 최후 심판이 시작된다. 교회는 하늘로 옮겨지고, 이스라엘은 영원히 땅에 남는다.

b. 전천년설에 대한 반론들

이 이론은 성경의 예언들에 대한 근거없는 문자적 해석에 토대를 두고 있으며, 신약성경이 암시하는 영적 해석을 고려하지 않는다. 이 이론은 하나님 나라를 지상적이고 민족적인 왕국으로 이해하는 반면에, 신약성경은 이 나라를 분명히 영적이고 보편적인 왕국으로 가르친다. 이 이론은 하나님 나라를 명백히 현재적 실재로 묘사하는 성경 구절들과 일치하지 않는다(마 11:12; 12:28; 눅 17:21; 요 18:36, 37; 골 1:13).

성경은 의인들과 악인들의 부활을 단숨에 말하고(단 12:2; 요 5:28, 29; 행 24:15), 의인들의 부활이 마지막 날에 발생할 것으로 묘사하는 데 반해(요 6:39, 40, 44, 54; 11:24), 전천년설은 의인들의 부활을 천년 기간에 의해서 악인들의 부활과 구분한다. 성경의 가르침과 달리, 이 이론은 세(네) 번의 부활과 네 번의 심판을 말한다. 영화롭게 된 성도들과 육체 안에 있는 죄인들이 여전히 죄와 사망이 기승을 부리고 있는 세상에서 어떻게 함께 살며 교류할 수 있는지 설명하지 못한다.

마지막으로, 전천년설은 그 주된 근거를 천상의 장면을 묘사하고, 유대인들과 지상적 민족적 왕국에 관해서나 팔레스타인 땅에 관해서 전혀 언급하지 않는 단락(계 20:1-6)에서 찾는 오류를 범한다.

B. 부활

성경은 그리스도께서 재림하실 때 죽은 자들이 부활할 것이라고 가르친다.

1. 부활에 대한 성경적 증거

때로 구약성경에 죽은 자들의 부활에 대한 아무런 증거도 없다는 주장이 제기된다. 하지만 이것은 전혀 바른 주장이 아니다. 그리스도께서는 그 증거를 출애굽기 3:6에서 찾으신다(참조. 마 22:31, 32). 구약성경에서 죽은 자들의 부활은 스올로부터의 구원을 말하는 구절들에 함축되어 있으며 (시 49:15; 73:24, 25; 잠 23:14), 이사야 26:19; 다니엘 12:2에 분명히 가르쳐져 있다. 하지만 신약성경에는 한층 분명하고 풍부한 증거가 있다.

예수께서는 부활을 부정하는 사두개인들에 대해서 죽은 자의 부활을 강조하시고(마 22:23-33), 요한복음 5:25-29; 6:39, 40, 44; 11:24, 25; 14:3; 17:24에서 아주 명확하게 가르치신다. 이 점에 관한 신약성경의 고전적 단락은 고린도전서 15장이다. 그 밖의 중요한 단락들은 데살로니가전서 4:13-17; 고린도후서 5:1-10; 요한계시록 20:13이다.

2. 부활의 성격

성경이 가르치는 부활은 다음과 같다.

a. 육체적 부활

영적 부활만 믿는 사람들이 바울 시대에도 더러 있었고, 오늘날도 많이 있다. 하지만 성경은 분명히 육체적 부활을 가르친다. 성경은 그리스도를 가리켜 부활의 '첫 열매'라고 하며, 죽은 자들 가운데 '먼저 나신 자'라고 한다. 이것은 그 백성의 부활이 그분의 부활과 같을 것임을 암시하는데, 이것이 곧 육체적 부활이었다. 더욱이 성경은 그리스도 안에서 이루어지는 구속이 육체를 포함한다고 가르친다(롬 8:23; 고전 6:13-20). 마지막으로, 로마서 8:11과 고린도전서 15장이 육체적 부활을 분명하게 가르친다. 이 장에서 바울은 부활의 몸이 비록 중요한 변화들을 거치겠지만, 땅에서 지녔던 몸과 동일할 것이라고 말한다.

b. 의인들과 악인들 모두의 부활

오늘날 어떤 분파들은 불신자들의 부활을 부정한다. 안식교(the Adventists)와 러셀파는 모두 불신자들의 완전한 멸절을 믿는다. 성경이 악인들의 부활을 가르치지 않는다는 주장도 가끔 제기된다. 하지만 이것은 분명히 잘못된 견해이다(단 12:2; 요 5:28, 29; 행 24:15). 물론 성경이 악인들의 부활을 현저하게 강조하지 않는다는 점은 시인해야 하지만 말이다.

c. 의인들과 악인들에게 각기 다른 의미를 지니는 부활

의인들의 부활은 구원과 영화의 행위이다. 육체가 무덤에서 일어나 영혼과 재결합하지만, 의인들의 부활이 지니는 위대한 점은 그들의 육체가 이제는 영광스럽고 복된 생명을 부여받는다는 점이다. 악인들의 부활에는 이러한 변화가 없다. 악인들의 경우에는 육체와 영혼의 재결합이 최종적인 죽음의 형벌로 귀결된다.

3. 부활의 시기

a. 성경이 때에 관해서 가르치는 내용

성경에 따르면 부활은 그리스도의 재림과 세상 종말과 동시에 발생하며, 그 직후에 최후 심판이 시작된다고 한다. 부활이 그리스도의 재림과 어떻게 연관되며(고전 15:23: 빌 3:20, 21: 살전 4:16), 종말(요 6:39, 40, 44, 54: 11:24)과 최후 심판(요 5:27-29: 계 20:11-15)과 어떻게 연관되는지 눈여겨보라.

b. 이중 부활 이론

전천년주의자들은 의인들의 부활과 악인들의 부활 사이에 천년의 기간이 있다고 믿는다. 그들은 이런 주장의 근거를 특히 고린도전서 15:23-28: 데살로니가전서 4:13-18: 요한계시록 20:4-6에 둔다. 하지만 이 단락들 가운데 어느 것도 그 점을 입증하지 않는다. 첫째 단락은 악인들의 부활에 관해서는 아예 언급하지 않는다. 둘째 단락은 그리스도 안에서 죽은 자들이 살아난 뒤에 살아 있는 성도들이 구름으로 들려질 것이라고 말할 뿐이다. 그리고 셋째 단락은 육체 부활에 관해 아예 언급하지 않는다. 성경은 의인들의 부활과 악인들의 부활을 언급할 때마다 둘 사이에 긴 시간 간격이 있다는 암시를 조금도 하지 않는다. 성경은 의인들의 부활도 마지막 날에 있을 것이라고 분명히 가르친다(요 6:39, 40, 44, 54: 11:24).

제3장

최후의 심판과 최후의 상태

A. 최후의 심판

부활 교리는 최후의 심판 교리로 곧장 이어진다. 미래에 모든 사람이 심판을 받을 것이라는 생각은 인간의 마음에 가장 깊이 존재하는 확신들 가운데 하나이며, 기독교에만 한정되지 않는다. 성경은 모호하지 않은 용어로 최후의 심판의 도래를 가르친다. 구약성경이 이미 그것을 말하며(시 96:13; 전 3:17; 12:14), 신약성경은 훨씬 더 분명하게 가르친다(마 11:22; 16:27; 25:31-46; 행 17:31; 롬 2:5-10, 16; 14:12; 고전 4:5; 고후 5:10; 딤후 4:1; 히 9:27; 벧전 4:5; 계 20:11-14).

1. 심판장과 그의 조력자들

중보자이신 그리스도께서 장차 심판장이 되실 것이다(마 25:31, 32; 요 5:27; 행 10:42; 17:31; 빌 2:10; 딤후 4:1). 이 영예는 구속 사역에 대한 상으로 그리스도께 수여될 것이며, 이것이 그분의 승귀(昇貴)의 한 부분을 이룬다. 천사들이 이 위대한 사역에서 그리스도를 도울 것이다(마 13:41, 42; 24:31; 25:31). 분명히 성도들도 어떤 의미에서는 그리스도의 재판 행위에 참여할 것이다(시 149:5-9; 고전 6:2, 3; 계 20:4). 물론 그들이 어떤 역할을 수행할지 정확히 알 수는 없지만 말이다.

2. 심판 받게 될 무리들

성경은 적어도 두 무리가 심판을 받게 될 것이라고 분명히 지적한다. 인류의 모든 개인들이 심판대에 서야 한다는 것은 자명한 사실이다(전 12:14; 시 50:4-6; 마 12:36, 37; 25:32; 롬 14:10; 고후 5:10; 계 20:12). 어떤 이들은 의인들이 이미 죄를 사함 받았기 때문에 심판을 면제받을 것이라고 주장하지만, 그것은 마태복음 13:30, 40-43, 49; 25:31-46 같은 구절들과 일치하지 않는다.

아울러 사단과 그의 귀신들이 심판을 받으리라는 것도 분명하다(마 8:29; 고전 6:3; 벧후 2:4; 유 6). 선한 천사들도 최후 심판을 받게 될 것인가 하는 문제는 비록 고린도전서 6:3에 근거하여 그렇게 추정하는 사람들도 있긴 하지만 판단하기가 그다지 쉽지 않다. 천사들은 심판 사역과 관련하여 하나님의 사역자들로만 소개된다(마 13:30, 41; 25:31; 살후 1:7, 8).

3. 심판의 때

최후의 심판은 모든 사람의 전 생애에 대해 시행될 것이기 때문에, 자연히 세상 끝에 시행될 것이며, 죽은 자들의 부활이 있은 직후에 시행될 것이다(요 5:28, 29; 계 20:12, 13). 심판의 기간은 구체적으로 파악할 수 없다. 성경은 '심판 날'(마 11:22; 12:36)과 '진노의 날'(롬 2:5)에 관해서 말한다. 이 구절들과 그 밖의 구절들로 미루어 볼 때, 그 날이 정확히 스물네 시간으로 이루어진 날이라고 추론할 필요가 있다. 동시에 심판 날을 전천년주의자들처럼 천년으로 이루어진 하루로 생각할 근거는 없다.

4. 심판의 표준

성도들과 죄인들이 심판을 받게 될 표준은 분명히 '하나님의 나타난 뜻'이 될 것이다. 이방인들은 자연법으로, 유대인들은 구약의 계시로, 신약의 신자들은 구약의 계시에다 복음의 요구들을 더한 표준으로 심판을 받게 될 것이다. 하나님께서는 모든 사람에게 각자 받아야 할 보응을 주실 것이다. 의인들에게 돌아갈 상에도 등급이 있겠지만, 악인들에게 돌아갈 형벌에도 등급이 있을 것이다(마 11:22, 24; 눅 12:47, 48; 20:47; 단 12:3; 고후 9:6).

B. 최후의 상태

1. 악인들의 최후의 상태
여기서 세 가지 점을 숙고할 필요가 있다.

a. 악인들에게 할당된 장소
형벌의 장소를 대개 '지옥'이라고 한다. 어떤 이들은 지옥이 구체적인 장소라는 생각을 부정하고, 그것을 단순히 주관적 상태, 즉 인간이 심지어 오늘날에도 자신을 발견할 수 있는 상태이자, 미래에 항구적인 것이 될 수 있는 상태라고 생각한다. 하지만 성경은 분명히 장소적 용어들을 사용하여 '풀무불'(마 13:42), '불못'(계 20:14, 15), '옥', '무저갱', '구덩이'(벧전 3:19; 눅 8:31; 벧후 2:4)를 말하는데, 이것들은 모두 장소적 용어들이다.

b. 그들이 존재하게 될 상태
악인들이 어떤 방식으로 형벌을 받을 것인지는 구체적으로 말하기가 불가능하다. 확실한 것은 그들이 하나님의 호의를 완전히 박탈당할 것이고, 끝없는 혼란을 받을 것이고, 육체와 영혼으로 실질적인 고통을 당할 것이며, 양심의 가책과 번민과 절망을 느끼고 울고 이를 갈게 될 것이다(마 8:12; 13:50; 막 9:47, 48; 눅 16:23, 28; 계 14:10; 21:8). 그들의 받을 형벌에는 등급이 있을 것이다(마 11:22, 24; 눅 12:47, 48; 20:47). 형벌의 등급은 그들이 빛을 받고서 거역하고 죄를 지은 정도와 비례할 것이다.

c. 형벌의 기간
어떤 이들은 미래의 형벌이 영원히 지속될 것이라는 생각을 부정한다. 그들은 성경이 말하는 '영원무궁'과 '영원'이라는 단어들이 그냥 불특정한 긴 기간을 가리킬 수도 있다고 주장한다. 물론 이 단어들이 어떤 경우들에는 제한된 의미를 지니는 것이 사실이지만, 그런 경우에는 대체로 그것이 문맥에 분명히 나타난다. 더 나아가 이 단어들이 미래의 형벌 기간을 가리키는 데 사용될 때 그런 제한된 의미를 지니지 않는다고 생각할 만한 실질적인 이유들이 있다.

마태복음 25:46에서 같은 단어가 성도들이 복을 누릴 기간과 악인들이 벌을 받을 기간을 묘사한다. 만약 후자가 끝이 없는 기간이 아니라면, 전자도 그러한 셈인데, 하지만 성도들이 영원한 복락을 누린다는 것은 의심할 여지가 없다. 마지막으로, 제한된 해석을 허용하지 않는 다른 표현들도 사용된다. 지옥불은 꺼지지 않고(막 9:43), 그곳에는 구더기도 죽지 않으며(막 9:48), 성도들과 죄인들을 구분하는 간격은 고정되어 건널 수 없다(눅 16:26).

2. 의인들의 최후의 상태

a. 새 창조

신자들이 최종 상태에 들어가기 전에 이 세상이 지나가고 새 창조가 확립되는 일이 있을 것이다. 마태복음 19:28은 '세상이 새롭게 됨'에 관해서 말하고, 사도행전 3:21은 '만물의 회복'을 말한다. 하늘과 땅이 사라질 것이며(히 12:27; 벧후 3:13), 새 창조가 이루어질 것이다(계 21:1). 미래의 창조는 전혀 새로운 창조가 아니라, 오히려 현재 창조계의 갱신이 될 것이다(시 102:26, 27; 히 12:26-28).

b. 의인들이 영원히 거할 처소

많은 사람들은 하늘을 인간들이 현재에 누릴 수 있는 상태이자, 미래에 영원하게 될 상태로 인식한다. 하지만 성경은 하늘을 엄연한 장소로 생각하라고 가르친다. 하늘은 거할 곳이 많은 우리 아버지의 집이다(요 14:2). 신자들은 그 안에 있게 될 것이지만, 불신자들은 밖에 있게 될 것이다(마 22:12, 13; 25:10-12). 의인들은 하늘을 상속할 뿐 아니라, 새 창조계 전체를 상속하게 될 것이다(마 5:5; 계 21:1-3).

c. 의인들이 받을 상의 본질

의인들이 받을 상은 영원한 생명, 즉 단순히 끝이 없는 생명이 아니라, 모든 점에서 충만하고, 현재에 안고 있는 모든 불완전한 점들과 불안들이 조금도 없는 생명으로 묘사된다(마 25:46; 롬 2:7). 이 생명은 하나님과 친교를 나누는 데서 충만히 누리게 되며, 이것이 영생의 진정한 본질이다 (계 21:3). 모든 신자가 온전한 복을 누리게 될 것이지만, 하늘의 복에도 등급이 있을 것이다(단 12:3; 고후 9:6).

— 끝 —